Strade blu

NON FICTION

Aldo Cazzullo

LA GUERRA DEI NOSTRI NONNI

1915-1918: storie di uomini, donne, famiglie

A Carlo

con amicizia

e riconoscenza

Aldo

MONDADORI

Dello stesso autore
in edizione Mondadori

I ragazzi di via Po
I ragazzi che volevano fare la rivoluzione
Il caso Sofri
I grandi vecchi
Outlet Italia
L'Italia de noantri
Viva l'Italia!
La mia anima è ovunque tu sia
L'Italia s'è ridesta
Basta piangere!

con Edgardo Sogno
Testamento di un anticomunista

con Vittorio Messori
Il mistero di Torino

con Angelo Scola
La vita buona

La guerra dei nostri nonni
di Aldo Cazzullo
Collezione Strade blu

ISBN 978-88-04-62299-4

I edizione settembre 2014

Indice

La guerra dei nostri nonni

A mio nonno soldato
ai suoi pronipoti Francesco, Rossana
Marcello, Lorenzo, Claudio
e ai 650 mila soldati
che non sono diventati nonni

Avvertenza

I testi dei diari e delle lettere dei soldati sono riportati nella grafia originale.

Dal diario di guerra di Silvio D'Amico:

«In un reggimento di fanteria avviene un'insurrezione. Si tirano colpi di fucile, si grida "non vogliamo andare in trincea". Il colonnello ordina un'inchiesta, ma i colpevoli non sono scoperti. Allora comanda che siano estratti a sorte dieci uomini; e siano fucilati. Ma i fatti erano avvenuti il 28 del mese, e il giudizio fu pronunciato il 30. Il 29 del mese erano arrivati i "complementi", uomini inviati a colmare i vuoti aperti dalle battaglie. Si domanda al colonnello:

"Dobbiamo imbussolare anche i nomi dei complementi? Essi non possono aver preso parte al tumulto del 28: sono arrivati il 29".

Il colonnello risponde:

"Imbussolate tutti i nomi".

Su dieci uomini da fucilare, due degli estratti sono arrivati il 29, e non possono essere colpevoli di nulla. All'ora della fucilazione la scena è feroce. Uno dei due complementi, entrambi di classi anziane, è svenuto. Ma l'altro, bendato, cerca col viso da che parte sia il comandante del reggimento, chiamando a gran voce:

"Signor colonnello! signor colonnello!".

Si fa un silenzio di tomba. Il colonnello deve rispondere.

"Che c'è, figliuolo?"

L'uomo bendato grida:

"Signor colonnello! Io sono della classe del '75. Io sono padre di famiglia. Io il giorno 28 non c'ero. In nome di Dio!".

Risponde paterno il colonnello:

"Figliuolo, io non posso cercare tutti quelli che c'erano e che non c'erano. La nostra giustizia fa quello che può. Se tu sei innocente, Dio ne terrà conto. Confida in Dio"».

Il nonno della guerra non parlava mai. In casa non c'erano diplomi da cavaliere di Vittorio Veneto, medaglie, cimeli. È rimasta la foto in divisa da bersagliere, con le piume di struzzo sul cappello. I ragazzi sloveni che videro arrivare i primi bersaglieri sull'Isonzo, venuti a «liberarli», corsero a chiamare i padri dicendo: «Ci sono le ballerine!».

Il nonno era un ragazzo del '99. Fu richiamato dopo Caporetto. Salì su uno dei treni di cui si cantava: «La tradotta che parte da Torino / a Milano non si ferma più / perché va diritta al Piave / cimitero della gioventù». Qualcosa però era cambiato, rispetto alle stragi dei primi anni di guerra. Non si doveva più avanzare sotto il fuoco nemico in terra slava, per conquistare città in cui nessuno era mai stato e montagne che nessuno aveva mai sentito nominare. C'era da difendere terra italiana, palmo a palmo, per impedire che gli austriaci se la riprendessero tutta. Era un'operazione che ai contadini com'era il nonno, com'erano quasi tutti i soldati italiani, risultava familiare. Non a caso, fu la cosa che fecero meglio in tutta la guerra: difendere la loro, la nostra terra.

Sul Piave il nonno fu fatto prigioniero, durante un contrattacco. Le condizioni dei prigionieri nella prima guerra mondiale erano molto più dure che nella seconda. L'Austria era alla fame. Non avevano pane i borghesi di Vienna; figurarsi i prigionieri italiani. Il nonno raccontava con affetto del custode del campo, un padre di famiglia che ogni tanto sollevava la rete per consentire a quei ragazzi di diciotto anni, affamatissimi, che avrebbero potuto essere i suoi figli, di andare a raccogliere le patate lì vicino, con l'impegno di tornare prima di sera. A parte il custode del campo, il nonno come tutti gli italiani della sua generazione detestava gli austriaci e i tedeschi. «Et sei gram pei d'n austriac!», sei cattivo come un austriaco, era il suo massimo rimprovero.

Oggi i fanti non ci sono più. L'ultimo, Carlo Orelli, se n'è andato a 110 anni, nel 2005. La memoria diretta della Grande Guerra si è spenta per sempre. Ora è affidata a noi. Sta a noi figli, nipoti, pronipoti recuperare le loro storie, e raccontarle ai nostri ragazzi. Che si confrontano con altre difficoltà, e appaiono a volte facili alla depressione, per motivi comprensibili; ma dovrebbero sapere che, cento anni fa, i loro coetanei di allora, i loro antenati, si armavano per massacrarsi a vicenda nella guerra più spaventosa che l'umanità abbia mai conosciuto. Questo non renderà meno amare le loro angosce; ma forse servirà a collocarle in un contesto, ad apprezzare un poco di più la nostra epoca di pace (almeno in Europa), a ritrovare una parte di quell'energia, di quella capacità di sacrificio, di quella forza morale che non possono essere andate perdute con il passare delle generazioni.

Forse può essere utile a tutti noi italiani, ora che abbiamo sempre meno fiducia in noi stessi e nel nostro futuro, ricordare che un secolo fa l'Italia fu sottoposta alla prima grande prova della sua giovane storia. Poteva essere spazzata via; invece resistette. Dimostrò di non essere soltanto «un nome geografico», come credevano gli austriaci, ma una nazione. Questo non toglie nulla alle gravissime responsabilità di una classe politica, intellettuale e affaristica che trascinò in guerra un Paese che nella grande maggioranza voleva la pace, e di una casta militare che fino a Caporetto si dimostrò la più sprezzante d'Europa (tranne forse quella russa) nei confronti dei propri soldati. Ma aiuta a ricordarci chi siamo, su quali sofferenze si fondano la nostra indipendenza, la nostra libertà, il nostro benessere, per quanto declinante; e può essere utile a ritrovare la consapevolezza di noi stessi e la speranza in un avvenire che non è segnato né nel bene né nel male, ma dipende soprattutto da noi.

Questo non vale solo per gli uomini. Vale anche, se non soprattutto, per le donne. Di solito la guerra è considerata una roba da maschi. Ma non la Grande Guerra. E non soltanto perché sul fronte ci furono crocerossine, portatrici, prostitute, spie, persino soldatesse in incognito. Le donne rimaste a casa dimostrarono di saper fare i lavori «da uomo»: tenere il ritmo alla catena di montaggio, guidare i tram, saldare il metallo, caricare i camion, curare le ferite, e anche frequentare l'università, scioperare, reclamare i propri diritti. Al di là della gelata del fascismo, la prima guerra mondiale dimostrò in tutta Europa che la donna era pronta a uscire di casa per lavorare, rendersi indipendente, costruirsi il proprio destino e contribuire a decidere il destino della nazione. Forse si deve anche a questo imponente fenomeno storico, oltre che all'amore per l'Italia e per la propria famiglia, se la memoria della Grande Guerra – racconti, fotografie, lettere – è custodita soprattutto dalle donne. Per questo i prossimi capitoli alterneranno storie di uomini e di donne.

Della storia di mio nonno non so altro. Ma in Langa c'è ancora la vedova di un fante, Onorato detto Nuretu, un altro ragazzo del '99, mobilitato insieme con nonno Lorenzo.

Il mattino in cui partì per il fronte, Nuretu prese congedo dalla sua famiglia con grande contegno. Baciò la madre. Strinse la mano al padre. Si incamminò a piedi verso la stazione più vicina, distante quindici chilometri. Quando fu sicuro che i genitori e i compaesani non potessero più sentirlo, scoppiò in un pianto dirotto. Piangeva se stesso e la propria morte che presagiva inevitabile: per una scheggia di granata, per una pallottola, per il tifo, per la fame nei campi di prigionia.

Invece Nuretu sopravvisse. Un mattino di ventiquattro anni dopo, toccò a lui salutare un figlio in partenza per un'altra guerra: la spedizione italiana in Russia. A differenza sua, il figlio non tornò. Per tutti i giorni che gli restarono da vivere, Nuretu tutte le sere uscì di casa dopo cena, per andare a vedere se all'orizzonte si indovinava il profilo del figlio. All'inizio lo diceva apertamente: «Vag a vughe s'u ruva», vado a vedere se sta arrivando. Quando si capì che il rito non aveva alcun senso, continuò a compierlo, inventando ogni volta una scusa. Il figlio disperso in guerra era diventato la sua ossessione. La moglie mi ha raccontato che le sue parole sul letto di morte furono: «Va a vughe s'u ruva», vai a vedere se arriva.

La Grande Guerra 1914-1918, che noi italiani chiamiamo 15-18, è l'unica guerra dell'umanità senza un eroe, uno stratega, un generale o uno statista vittorioso oppure sconfitto. Non c'è un Annibale, un Cesare, un Alessandro Magno. Altre guerre, per esempio quelle napoleoniche, portano il protagonista nel nome. La seconda guerra mondiale è legata al ricordo dei vincitori – Roosevelt, Churchill, Stalin, Eisenhower, Patton, Montgomery – e dei vinti: il Duce Mussolini, l'imperatore Hirohito, la volpe Rommel, il feldmaresciallo Kesselring, il Führer Hitler. Oggi solo gli storici si ricordano di Cadorna e di Capello, di Salandra e di Orlando, di Joffre e di Nivelle, di Clemenceau e di Lloyd George, di Falkenhayn e di Boroević.

Gli eroi, o meglio i protagonisti della Grande Guerra, sono i nostri nonni. È la grande massa dei corpi sacrificati alle atrocità della guerra industriale. Sono i reparti che diventano il prezzo da pagare per il terreno conquistato: un ettaro, diecimila morti. Sono i feriti, i mutilati, gli esseri rimasti senza volto, e talora non in senso metaforico: le «gueules cassées», le facce deformate dalle schegge e dalle esplosioni, come le chiamavano in Francia, furono una delle grandi questioni sociali rimosse nel dopoguerra; come gli «ammalati di testa», i fanti resi folli da quel che avevano visto e patito; come le donne violentate dagli eserciti di occupazione, e i figli delle violenze, gli «orfani dei vivi».

Poi ci sono le storie a lieto fine. Che, paradossalmente, sono la maggioranza. Perché i sopravvissuti hanno avuto qualcuno a cui tramandare la loro vicenda. I morti spesso erano ragazzi che non hanno avuto figli e nipoti cui affidare il loro ricordo. Il recupero della memoria della Grande Guerra, cent'anni dopo, è un dovere nei confronti dei salvati e più ancora dei sommersi. Perché il mare grande dell'oblio talora restituisce un frammento del grande naufragio – uno scheletro, una fotografia, un racconto di famiglia, un diario di guerra – da cui si indovina la storia di un giovane che cent'anni fa era «alto, bello e ben fatto» come sono oggi i nostri ragazzi.

I

Un diario di guerra

«Recitami il Bacio di Rossana...»

«Rammento una dolorosa teoria di fanti, pallidi e disfatti, portati a braccia coi piedi congelati giù dal Pasubio. Li avrei rivisti qualche mese più tardi, con gli arti amputati, nel grande ospedale chirurgico della Baggina in Milano dove io stesso venivo ricoverato...»

Gli austriaci attaccano da nord. Siamo nel momento decisivo della Strafexpedition, la spedizione punitiva che il nemico ha sferrato dal Trentino nella primavera 1916, a un anno dall'ingresso dell'Italia in guerra. L'obiettivo è sfondare le difese sul Pasubio e sull'altopiano di Asiago, dilagare nella pianura veneta, prendere alle spalle le armate dell'Isonzo e del Carso e mettere fuori combattimento i traditori italiani. La visione spettrale dei fanti portati a braccia giù dal Pasubio si deve al diario di guerra di un ufficiale, Tullio Urangia Tazzoli.

Il 27 maggio 1916 il capitano Urangia Tazzoli fu promosso maggiore. Motivazione ufficiale: il coraggio dimostrato nei combattimenti in Val Cismon. Ma c'è un'altra motivazione, non detta: quasi tutti gli ufficiali del 2° e del 12° reggimento bersaglieri sono morti, compresi i colonnelli De Negri e

Durando. Tullio Urangia Tazzoli è messo alla testa di un battaglione di rincalzo della brigata Roma.

Il piano del nemico sta per realizzarsi. Gli austriaci già vedono, dalle ultime cime, Vicenza e la grande pianura che a est arriva a Venezia e a ovest a Milano.

Scrive il maggiore: «Il Col Santo, antemurale del Pasubio, pilastro del nostro sistema difensivo, è caduto. Nella notte di questa partenza forse verso la gloria e la morte che ci attendono, attacchi vengono sferrati dal nemico e respinti dai nostri in valle Posina, passo Buole, Pasubio. Passo Buole, Termopili d'Italia!». Nel battaglione ci sono «alcuni volontari e giovanissimi come il sottotenente Silvio Cabianca, che ho rimproverato perché giunto in ritardo questa mattina alla stazione».

Il sottotenente Cabianca è venuto con il padre, che lo riempie di consigli e raccomandazioni. Lui lo congeda così: «Papà sta tranquillo. Tu non avrai che a lodarti di tuo figlio soldato». Annota Urangia Tazzoli: «Sacra promessa che egli mantenne col sacrificio della propria vita».

Si sale verso il fronte. «Romba continuamente il cannone. Si sente il nemico vicino. Col vento fresco dell'alba, nell'umidore dei boschi all'intorno, sale odore di morte, a ondate, dal fondo valle. Erano i morti insepolti, o male sepolti, della VII e della IX compagnia. Odore di morte, odore di cadavere, che tutti ci prese penetrandoci nelle ossa, nel sangue.»

Nel camminamento che sale verso le trincee il maggiore incontra il colonnello Scotti. Si sono conosciuti anni prima a Ivrea, una domenica di maggio, in una pausa della scuola di guerra. Insieme ricordano la sera in cui Scotti aveva recitato un passo del *Cyrano di Bergerac*, per fare colpo sulle ragazze in vacanza all'Albergo della Corona. Urangia

Tazzoli ha un'idea: «Scotti, recitami un'altra volta il Bacio di Rossana. Vuoi?».

Il colonnello comincia a sussurrare: «Ma poi che cos'è un bacio? Un giuramento fatto poco più da presso, un più preciso patto, una confessione che sigillar si vuole, un apostrofo rosa messo tra le parole "T'amo"; un segreto detto sulla bocca, un istante d'infinito che ha il fruscio d'un'ape tra le piante, una comunione che ha gusto di fiore, un mezzo di potersi respirare un po' il cuore e assaporarsi l'anima a fior di labbra...».

I fanti escono dalle trincee e arrivano a uno a uno, incuriositi, increduli, per ascoltare anche loro.

Nel primo scontro, il battaglione perde 157 soldati su 657 e 9 ufficiali su 14. Quando cala la sera, il maggiore guida il recupero dei feriti e dei cadaveri. Quasi tutti sono soldati siciliani e calabresi. Molti hanno in tasca lettere ricevute da casa. Una madre ha scritto al figlio: «Mi piace di sentire che sei così sperto e leale e che ti vanti e vuoi andare avanti fino a che puoi perché vincano gli italiani. Ricordati però di non arrabiarti mai, di non bestemmiare, di dire ogni sera un'Ave Maria, e di portare questa medaglieta che tua madre vecchia ti offriva». Annota il maggiore: «Poi c'è una lettera di una moglie: essa narra tutti i fatterelli di casa e del vicinato, i piccoli dolori, gli incidenti e le gioie quotidiane e benedice il marito combattente per la Patria. Trovo una lettera di un bimbo che scrive al padre con grandi scarabocchi significativi, affettuosissimi».

Il linguaggio del diario di guerra di Urangia Tazzoli è a volte aulico. Diventa duro e secco quando parla dei giornalisti. Quando incrocia «il signor D.B., corrispondente del Giornale d'Italia», lo aggredisce: «Credono forse essi con quelle fugacissime apparizioni di poter onestamente e sinceramente illuminare l'opinione pubblica, mentre tante famiglie vivono in un'ansietà dolorosa, fabbricando e stampando descrizioni di azioni non mai viste, di località non mai conosciute?». Il giornalista protesta, risentito con il maggiore, che però tiene il punto: «Accenno all'attacco del Parmesan in Vallarsa, descritto dal corrispondente del Corriere della Sera ampiamente e con dovizia di particolari. "Immagini lei – dico – che proprio per una strana combinazione, in una farmacia di Verona parlandone col proprietario, mi accorse di sapere che quel tale corrispondente era suo nipote e che l'articolo l'aveva proprio scritto in farmacia: mi fu indicato anche il tavolino sul quale lavorò!"».

La salita al Pasubio di Tullio Urangia Tazzoli è una scena da inferno dantesco. «Notte tragica che mai dimenticherò! Camminiamo molto lentamente, io, il tenente e la guida, su un terreno coperto di morti, di feriti e di moribondi che inavvertitamente urtiamo al nostro passaggio. Gemiti continui nella notte buia. Preghiere di aiuto che stringono il cuore. Non sappiamo dove mettere i piedi senza urtare qualcuno che geme. E non poter fermarsi, non poter soccorrere... che strazio! Finalmente da lungi ci appare un lume fioco. "Ci siamo", dice la guida, "quella è la baracchetta del comando della brigata Verona."»

Dentro c'è il generale Roversi, «l'animatore della difesa di quelle giornate memorabili». È ferito, la testa fasciata sporca di sangue. Pallidissimo, non dorme da 48 ore. Comunica a Urangia Tazzoli la destinazione del suo reparto, la Cima Palon del Pasubio: «È forse la località più contrastata, quindi la sistemazione a difesa è stata completamente sconvolta e distrutta. È una posizione di somma importanza: l'affido a lei e ai suoi. Non aspetti rinforzi. Ella sia deciso a mantenerla a prezzo di qualunque sacrificio. Se necessario, bisogna morire sul posto». Il generale e il maggiore si stringono la mano.

Salendo nella notte verso la postazione, Urangia Tazzoli annota: «Intravedo alla mia destra una piramide fatta di terra e di cadaveri: al di sopra, sinistramente, sporge una testa di morto. Mi dice la guida: "Questo è il posto di comando del reggimento. Un grosso calibro lo prese ieri in pieno compiendo tanta orrenda carneficina"».

L'ultima pagina del diario è datata 3 luglio, ore 10. «I miei ufficiali e soldati dormono stanchissimi sulle petraie, come possono, con un sasso e la coperta da campo per cuscino. C'è qualcuno che scherza e ride col compagno mentre addenta avidamente la pagnotta e la carne della scatoletta che ha levato dal tascapane. Il sole caldo riempie di luci e di colori le balze già tanto tormentate. Ovunque un silenzio alto. Solo, dappresso, un piccolo rio di acqua cristallina sembra chiacchieri sommesso ed irrida forse a tante miserie umane fluendo lentamente a valle con ritmo e senza posa... E io sento in me, al cospetto di tanti eroismi, al di sopra dell'umano dolore, la mente e il cuore assurgere, naturalmente, alla confezione vivissima e prepotente della fratellanza umana. Così sia.»

II

Sante e puttane

Le crocerossine e i bordelli al fronte

«Iersera quello che era meno grave mi è morto tra le braccia, dissanguato. Sono rimasta intrisa del suo sangue: mai ne avevo visto tanto e ne avevo sentito l'orrore sulle mie vesti e sulle mie mani...»

È una pagina del racconto di Elisa Mayer Rizzioli, una delle diecimila crocerossine volontarie della Grande Guerra. Come Margherita d'Incisa Rossi Passavanti, che annota: «Siamo stanche, abbiamo medicato sino alle tre del mattino e non possiamo abbandonare la corsia. Ci sono troppi casi gravi. I feriti arrivano sempre a notte fatta, le barelle sono a terra, la gente si lamenta: tutto è un orribile spettacolo». Come Stella Diana, la prima a offrirsi per un trapianto di pelle, per curare gli ustionati: «Centodieci esseri, dei quali ci si domanda: sono creature umane, mostri, pezzi di carne bruciata? Ai quali, togliendo le bende, le carni cadevano a brandelli in parte già putrefatti e maschere indefinibili e mostruose coprivano per lo più giovani volti di vent'anni...». E come Lydia Tesio, la prima – insieme con Alberta Marazzano Visconti – a essere inviata in zona di operazioni: «Colera, meningite cerebrospinale, tetano, cangrena gassosa, alienati, erisipelatosi, tifo: tutto ci è passato fra le mani in una ridda straziante di orrore e di morte».

Le crocerossine furono l'avanguardia dell'enorme sforzo delle donne italiane per sostenere la guerra. Avevano i gradi da ufficiale, per poter tenere testa agli ufficiali maschi, che le accolsero senza entusiasmo, pieni di pregiudizi. Durante la guerra di Libia, alle donne non era stato permesso scendere a terra dalle navi, trasformate in ospedali: si temeva la promiscuità con i fanti, che venivano curati, ma soltanto a bordo. Di fronte ai 984 mila feriti della Grande Guerra, anche i tabù dell'epoca crollarono. E si lasciò che nelle retrovie mani femminili si occupassero di corpi maschili.

Le prime crocerossine erano aristocratiche, come Matilde Visconti di Modrone e Sita Meyer Camperio, che fondò a Milano l'ospedale-scuola intitolato alla principessa Jolanda. Poi vennero le donne borghesi. Infine le donne del popolo. Avevano bisogno del consenso del padre o del marito, ma molte arrivarono al fronte da «clandestine». Capaci di sforzi enormi: lavorare tutta la notte sui treni-ospedali, prestare i primi soccorsi inginocchiate sui paglericci, assistere i medici nelle amputazioni. E anche fornire assistenza morale ai mutilati, chiudere gli occhi ai morti, scrivere lettere a casa, dire una parola di tenerezza a uomini abbrutiti dalle sofferenze e dalla paura. Anche se la propaganda preferiva stampare cartoline che raffiguravano le infermiere civettuole, se non apertamente seduttive.

Il loro capo era la duchessa Elena d'Aosta, moglie di Emanuele Filiberto, il comandante della III Armata. Lei stessa aveva il grado di generale. Visitò ospedali per malati di colera, di tigna, di scabbia. Sarà Elena, nel maggio 1918, a far liberare le crocerossine rimaste accanto ai feriti dopo la rotta di Caporetto e internate nel campo di prigionia di Katzenau. Nel suo diario annota, in una pagina scritta dall'ospedale di Scodovacca, nelle retrovie del fronte dell'Isonzo: «Quasi tutti hanno i piedi congelati. Molti parlavano i dialetti delle coste del Tirreno e neanche sapevano cos'era il ghiaccio. Un ufficiale di complemento, ragazzo di 20 anni, ha una lesione alla colonna vertebrale. Ha la madre accanto».

Quarantaquattro crocerossine morirono, quasi tutte di malattia. Soprattutto negli ultimi mesi, quando scoppia l'epidemia di spagnola, su cui la censura militare impone il velo del silenzio. Scorrere il martirologio è impressionante:

Laura Agliardi, di Bergamo, morta a 29 anni di spagnola;

Emilia Anselmi Malatesta, di Roma, veterana del terremoto di Messina, morta a 58 anni dopo «penosa malattia»;

Amalia Boninsegni, di Firenze, morta a 38 anni di meningite;

Maria Alessandra Caligaris, terziara cappuccina, morta di colera;

Lina Conrieri, di Bordighera, morta a 32 anni di spagnola;

Rhoda de Bellegarde de Saint Lary, di Firenze, morta a 28 anni di polmonite;

Lucia Garelli, di Morozzo (Cuneo), morta a 38 anni «per esaurimento», dopo aver prestato servizio nell'ospedale da campo n. 57, di fronte all'Hermada;

Zita Maschè, di Venezia, terziaria francescana, morta nel bombardamento di Padova. Delle suore non è indicata l'età.

Una sola donna è sepolta a Redipuglia, insieme con centomila caduti, tutti uomini. È Margherita Kaiser Parodi Orlando, medaglia di bronzo al valor militare, «per essere rimasta al suo posto a confortare gli infermi affidati alle sue cure, mentre il nemico bombardava la zona dove era situato l'ospedale di Pieris, cui era addetta». La motivazione tace che anche Margherita morì di spagnola, il 1° dicembre 1918. Papa Francesco si è soffermato sulla sua tomba, quando il 13 settembre 2014 è stato a Redipuglia a pregare per i caduti di tutte le guerre e a ritrovare le sue radici italiane: Giovanni Bergoglio, suo nonno, combatté sull'Isonzo e sul Piave.

Maria Plozner Mentil invece fu colpita da un cecchino austriaco. Non era una crocerossina, ma una portatrice della Carnia. È diventata il simbolo di duemila donne tra i dodici e i sessant'anni, reclutate dall'esercito per portare in prima linea nelle loro gerle fino a 40 chili di rifornimenti lungo chilometri di sentieri, affondando con gli zoccoli nella neve, la pelle segnata dalle cinghie, pagate una lira e mezza – 4 euro di oggi – a viaggio.

Allo scoppio della guerra, i villaggi della Carnia lungo il confine – Timau, Cleulis, Forni Avoltri, Val Aupa – furono sgomberati: gli abitanti parlavano un dialetto carinziano che suonava tedesco, e furono considerati «austriacanti». Poi si scoprì che neppure i muli riuscivano a salire le balze su cui si erano schierati i due eserciti contrapposti. E fu consentito alle donne di tornare alle loro case, purché facessero da portatrici. Così le ragazze della Carnia passarono alla storia come «volontarie».

In tempo di pace erano abituate a portare viveri ai mariti nei pascoli, oppure legna, patate, granturco. Ora nelle gerle c'erano munizioni, bombe a mano, granate, medicine, o nei migliori dei casi biancheria piena di pidocchi. Avevano un bracciale rosso di riconoscimento, con il numero del reparto cui erano assegnate. A volte si fidanzavano con i fanti che dividevano con loro il rancio; a volte scendevano portando a valle la barella con un ferito. La nonna di Manuela Di Centa, la campionessa olimpica di sci di fondo, era una di loro, Irma Englaro, cavaliere di Vittorio Veneto: «Non cambierei mai le mie medaglie con le tue» diceva sorridendo alla nipote.

Maria Plozner aveva trentadue anni ed era di Timau, frazione di Paluzza, provincia di Udine. Da piccola aveva perso il padre, morto in Romania dove era emigrato per lavorare come boscaiolo. A 21 anni aveva sposato un compaesano, Giuseppe Mentil. Avevano avuto quattro figli. Grazie alla studiosa Francesca Sancin, che ne ha ricostruito la storia, conosciamo il nome di due di loro: la più grande, Dorina, e il più piccolo, Gildo.

Come molte compagne, Maria aveva l'abitudine di salire e scendere lavorando a maglia: una calza nell'andare, un'altra nel tornare. Una sua amica, Rosalia Primus Bellina, era già stata ferita dai cecchini austriaci, come altre due ragazze di Timau, Maria Muser Olivotto e Maria Silverio Matiz. Lei fu colpita il 15 febbraio 1916. Medicata sommariamente, venne portata dagli alpini all'ospedale da campo. Morì nella notte. Il marito stava combattendo sul Carso, e non fece in tempo a rivederla.

Maria Plozner Mentil fu sepolta nella fossa 17 del cimitero di Paluzza. Dopo la guerra le sue spoglie ebbero una sepoltura più dignitosa, nell'ossario di Timau. Con il tempo, la sua memoria è stata riscoperta. Oscar Luigi Scalfaro le ha conferito la medaglia d'oro al valor militare. È l'unica donna cui sia intitolata una caserma degli alpini.

La guerra cambia anche il costume sessuale degli italiani. Mette in movimento milioni di persone, allontana le famiglie, separa coppie e ne crea altre. Il senso di morte e di provvisorietà fa cadere i freni inibitori del cattolicesimo e del romanticismo.

«Operaie, modiste, sarte concedono i loro favori a chi sappia destar loro la simpatia» scrive allarmato dalla provincia di Udine l'ispettore Puccinelli, nel suo primo rapporto alla Direzione generale della sanità pubblica, datato 28 maggio 1915, quinto giorno di guerra. Per punire la libertà femminile, le donne definite «di dubbia moralità» vengono prontamente allontanate dalle zone di guerra e internate.

La libertà distrae i soldati e sovverte l'ordine. Già l'11 giugno, il generalissimo Luigi Cadorna sollecita la creazione di «appositi locali accessibili soltanto ai militari»: nel linguaggio della truppa diventano i «casini di guerra». Il vescovo di Padova protesta e scrive al Papa per denunciare il mercimonio. Partono verso il fronte le prime prostitute: si fanno chiamare Wanda, Sonia, Maruska. L'ispettore Puccinelli è sempre più preoccupato: «Guerra e attività sessuale sono fatti intimamente collegati. Il soldato in armi sembra soggiacere a condizioni di orgasmo che attivano ed eccitano il desiderio sessuale, nel tempo stesso che abbassano e smorzano il sentimento morale...». L'8 aprile 1917 i bersaglieri in rivolta entreranno in un bordello del Carso e porteranno una prostituta «in trionfo, nuda e sbigottita, accompagnata da grida sediziose contro le istituzioni e inneggianti alla fine della guerra», come scrive il capitano Attilio Frescura.

La quotidianità è molto meno letteraria. A causa del conflitto molte donne giuliane, friulane, trentine hanno dovuto lasciare case e campi, e sono cadute nella miseria più nera. Maria G., vedova, e Anna V., madre di dieci figli, sono arrestate perché si prostituiscono clandestinamente vicino a Montebelluna: Anna con le tre figlie, di 22, 18 e 17 anni. Nel 1916 ad Asiago una casa vanta di poter offrire seicento prostitute, «disponibili a rotazione». A Vicenza, una delle città-retrovia, ci sono 25 case di tolleranza. Quella di Palmanova riceve tra i 700 e i 900 militari al giorno. Un ufficiale medico parla di «campi di concentramento della lussuria»: «In fila si attende il proprio turno, cercando di vincere l'imbarazzo, consumando l'atto in pochi istanti».

Giovanni Comisso, uno dei tanti scrittori mobilitati durante la guerra, ricorda l'ingresso «pieno di soldati, molti scesi dalle trincee col vestito pieno di croste di terra rossa», una donna grassa e spavalda che incassa i soldi, un cartello sul muro: «Il coito sia breve». «Eravamo prossimi al nostro turno» scrive Comisso. «Una porta si aperse, intravvidi una donna seminuda e un soldato uscì aggiustandosi le giberne. Quegli che mi precedeva gli chiese se poteva levarsi le scarpe: gli rispose seriamente che appena si poteva togliersi le giberne, per non rovinarle la pelle». E Filippo Tommaso Marinetti, rigorosamente senza punteggiatura: «Come si va al bordello di guerra gonfio rimpinzato di soldati tenenti e con poche donne brutte che frettolosamente meccanizzano il piacere – così si va all'assalto. Strafottenza per le malattie veneree e per la morte».

Più che prostitute, sono schiave, costrette anche a 120 rapporti al giorno, con i carabinieri alla porta a vigilare. Luigi Bartolini, l'autore di *Ladri di biciclette*, nel suo *Ritorno sul Carso* descrive «quei soldati coi calzoni sbracati, in fila indiana, come ad aspettare il rancio fermi dinnanzi a certi uscioli. Invece aspettavamo un'altra specie di rancio. E, porta aperta, c'era un lettaccio rosso, sudicio, scricchiolante: in presenza di tutti, la meretrice. E il secondo soldato aspettava lì, quasi addosso al compagno che lo stava precedendo».

Se al fronte infuria la prostituzione, nelle città delle retrovie però comincia una prima, cauta rivoluzione sessuale. In tempo di guerra a Venezia nascono 828 bambini fuori dal matrimonio, a Udine 836. In tutta Italia aumentano le separazioni legali: dalle 2102 del 1915 alle 4448 del 1920. Anche i preti si sono innamorati: a fine guerra vengono comminate 350 sospensioni a divinis.

Ma la libertà sessuale è solo uno dei cambiamenti che la guerra ha portato nella vita delle italiane. I giornali pubblicano fotografie di postine, spazzine, tranviere, campanare, cantoniere, barbiere, boscaiole, tassiste, telegrafiste, cancelliere di tribunale, bigliettaie, direttrici d'orchestra, e anche vigilesse del fuoco: a Siusi una squadra di diciassette donne in divisa, guidate dalla caposquadra Zenzi Gasser, interviene nei boschi e spegne un incendio in poche ore. Ma le donne dimostrano soprattutto di poter fare le operaie e le impiegate, le avvocate e le professoresse. In duemila si iscrivono all'università: gli uomini sono dieci volte tanti, ma perdono il monopolio.

Le donne assumono abitudini maschili. Fumano. Dopo il lavoro le operaie si ritrovano al bar o al circolo a bere un bicchiere di vino. Cominciano a uscire da sole, vivere da sole, prendersi responsabilità da sole: non a caso è del 1919 la riforma che riconosce alle donne il diritto di comprare e vendere beni senza l'autorizzazione del marito. In Francia una sarta geniale, Gabrielle Chanel detta Coco, studia a modo suo la moda maschile – «amo frugare nell'armadio dei miei amanti per vestire anche le altre donne» – e disegna vestiti per una femmina nuova, che possa fare sport, guidare l'automobile, e innanzitutto vestirsi e spogliarsi da sola: basta corpetti e busti; addio grandi cappelli con piume e fiori, ora servono cappellini da piegare e portare in tasca.

Gli uomini rimasti a casa ne sono scandalizzati. Quando si viene a sapere che a Milano le donne guideranno i tram, la rivolta nasce spontanea, i giornali stampano vignette con vetture deragliate: invece non ci sarà alcun incidente. Anche le prime postine suscitano proteste: considerata la nota curiosità femminile, sarà ancora assicurata la segretezza della corrispondenza? Alcuni tra gli operai non ancora richiamati sotto le armi scrivono ai dirigenti per denunciare le compagne di lavoro, «sgualdrine» che «attentano alla moralità» di fabbrica. In realtà, le operaie si dimostrano capaci anche di scioperare.

Costrette a turni lunghissimi, ricompensate con salari magri e razioni insufficienti – un quarto di litro di latte alla settimana, 200 grammi di farina ogni 14 giorni –, le donne trovano il coraggio di protestare. Cominciano le operaie tessili di Como, Vigevano, Borgosesia. Le seguono le torinesi, le novaresi, le milanesi. Particolarmente dura è la vita nelle fabbriche di munizioni: centinaia le vittime delle esalazioni chimiche. Anche le contadine si sacrificano, imparano a guidare il trattore, a vendere e comprare le bestie, ad affrontare i mediatori, i burocrati, i notai: in piena guerra la produzione agricola resta quasi inalterata rispetto a quando nei campi c'erano gli uomini.

Nascono associazioni femminili, dove le donne imparano a collaborare tra loro, a manipolare sostanze chimiche, a inventare accorgimenti per aiutare i soldati al fronte: saponi fatti con noccioli di pesche e albicocche, indumenti imbevuti di miscele che tengono lontani i pidocchi, «coltroni» fatti con la carta di giornale che riparano dal freddo e tengono caldo il cibo nella gavetta. Scrive Claudia Galimberti, nel bel libro *Donne nella Grande Guerra*, introdotto da uno scritto di Dacia Maraini, che un comitato «pro patria» di donne bolognesi lavorò a una maschera antigas, poi perfezionata e prodotta su larga scala. Per raccogliere fondi si tengono lotterie e balli con «baci patriottici» a cento lire l'uno. E se un uomo passeggia per strada in borghese può vedersi regalare una piuma bianca, simbolo di codardia.

Dopo i primi massacri la propaganda crea la figura della «Mater Dolorosa», raffigurata come una Madonna che piange sul figlio morto, ma nella vita reale si rompe l'etichetta della tradizione, si accorciano i tempi del lutto: meglio non mostrare troppo nero per strada, impossibile rinchiudere le vedove in casa, c'è bisogno anche di loro. Le donne sono piegate dal dolore e dal lavoro durissimo; ma nello stesso tempo vogliono in qualche modo prendere parte a quello che avvertono come un tornante della storia. Molte fanno le «madrine di guerra»: scrivono ai soldati, li incoraggiano, spediscono la propria foto (anche se i fanti preferiscono ritagliare quelle delle dive del tempo, Lyda Borelli e Francesca Bertini, mentre Eleonora Duse si porta di persona in prima linea, per rincuorare gli animi). Qualcuna si fa trascinare dall'esaltazione nazionalista: come la madrina di guerra che scrive al comandante del reparto di un soldato rimasto cieco, perché lo mandi lo stesso a tagliare i reticolati risparmiando altre vite. Qualcun'altra vorrebbe anche sparare e uccidere di persona. Maria Amalia Anna von Hauler si arruola vestita da uomo, con il nome di Wolf, Lupo, per vendicare la morte del padre. Viktoria Savs combatte per due anni con la divisa dell'esercito imperiale, fino a quando non la portano in ospedale con un piede spappolato da una mina e scoprono la sua identità: viene premiata con una medaglia al valore. Luigia Ciappi, maestra, tenta di arruolarsi nell'esercito italiano: la beccano subito e la rimandano a casa.

III

Inutili crudeltà

Gli assalti suicidi e le decimazioni

I vecchi del Carso ancora raccontano una leggenda sulle origini della loro terra. Dio aveva mandato nel mondo un arcangelo, perché raccogliesse in un sacco le pietre che impedivano ai contadini di seminare. Il diavolo vide l'arcangelo, di ritorno verso il paradiso, mentre sorvolava una terra meravigliosa, percorsa da fiumi, boschi, colli degradanti verso il mare. Convinto che il sacco nascondesse un tesoro, lo tagliò con un coltello. Così tutte le pietre del mondo caddero in quel frammento di terra: il Carso. Dio non si impietosì: siccome quella gente aveva dato ospitalità al diavolo, avrebbe abitato una landa rocciosa e desolata: «Questo sarà il regno della pietra, in cui gli uomini faticano per vivere. Impareranno a non fidarsi del diavolo».

Il Carso, «fatto di roccia che riflette il calore, spazzato dai venti, privo d'acqua quando non allagato, difficile da percorrere camminando e ancor più correndo, era l'ultimo posto del pianeta dove andare a combattere una guerra di trincea». Scrive lo storico inglese Mark Thompson, nel suo grande libro *La guerra bianca*: «Le esplosioni delle granate erano come eruzioni vulcaniche. Quando i tiri d'artiglieria pesante colpivano il calcare, le schegge di metallo e di pietra arrivavano a mutilare gli uomini a un chilometro di distanza. Era estremamente difficile allestire trincee senza le perforatrici e sotto il fuoco nemico. Zappe e picconi erano inutili». Così i due eserciti costruirono bassi muretti di pietra a secco, alti fino al ginocchio, regolarmente centrati e abbattuti dalle granate. Carlo Emilio Gadda, combattente valoroso, scrisse che sul Carso i generali «strofinarono sopra, alle quote, come fossero zolfanelli, i battaglioni massacrati». Ne divampò un incendio immane.

Dal diario di guerra del tenente Carlo Salsa: «Passato l'Isonzo, i reggimenti furono scagliati contro questa barriera del Carso. Falangi di giovani entusiasti, ignari, generosi, contro questa muraglia di pietre e fango. Il terreno conquistato era coperto di morti; quasi tutti i reggimenti vennero pressoché annientati: non si poteva andare più oltre, senza artiglieria sufficiente, senza bombarde, senza nulla. Ma i comandi sembravano impazziti. "Avanti!". Non si può! "Che importa? Avanti lo stesso." Ma ci sono i reticolati intatti! "Che ragione! I reticolati si sfondano coi petti o coi denti o con le vanghette. Avanti!" Era un'ubriacatura. Coloro che confezionavano gli ordini li spedivano da lontano; e lo spettacolo della fanteria che avanzava, visto al binocolo, doveva essere esaltante. Non erano con noi, i generali; il reticolato non l'avevano mai veduto. I nostri soldati si fecero ammazzare così a migliaia, eroicamente, in questi attacchi assurdi che si ripetevano ogni giorno, ogni ora, contro le stesse posizioni».

Sono almeno sei i casi (il più celebre è quello raccontato da Emilio Lussu in *Un anno sull'altopiano*) di austriaci che interrompono il fuoco e gridano agli italiani di tornare indietro, di non farsi massacrare così. Non si registrano episodi analoghi sugli altri fronti della Grande Guerra, tranne il caso di un ufficiale turco che ordinò di risparmiare i fanti australiani a Gallipoli. Questo non significa che gli austriaci e i vari sudditi dell'imperatore fossero combattenti più teneri (anzi, nei corpo a corpo erano spietati, in particolare i bosniaci, riconoscibili dal fez; i nostri nonni li temevano al punto che spesso anche gli ungheresi o i boemi o i croati indossavano il fez, per terrorizzarli). Significa che su nessun fronte furono condotti assalti sconsiderati come quelli voluti dai nostri generali sul Carso e sulle Alpi trentine.

Accade pure che ufficiali si facciano uccidere pur di interrompere il massacro dei loro uomini. Sul Monte Mrzli e sullo Sleme, vicino a Caporetto, gli italiani attaccano sempre in salita, qualche volta in scalata, uno per volta. Sono un bersaglio facilissimo. Scrive ancora il tenente Salsa: «Come gli alpini hanno tentato di uscire [dalla trincea], in fila, per il varco praticato tra i sacchetti, dal bastione di roccia che orla la cima come una corona titanica sono partite delle fucilate rare, metodiche, come di una vedetta sperduta tra i sassi: ad ogni colpo, un alpino stramazzava fra i nostri reticolati; sono caduti tutti, uno sull'altro, in quella strettoia che, in breve, venne barricata dalla catasta umana».

L'ufficiale degli alpini, «un maggiore taciturno e severo come un asceta», telefona al comando e avverte che l'attacco non ha alcun senso. Il comando chiede quanti sono i caduti. «Una trentina di uomini.» Così pochi? «Si riprenda l'azione» è l'ordine. Ma gli austriaci nel frattempo hanno montato una mitragliatrice. Gli alpini non fanno in tempo ad affacciarsi al varco che vengono colpiti. Il maggiore ritelefona al comando e chiede ancora di interrompere l'azione. Gli rispondono ancora di no.

Conclude il tenente Salsa: «Dopo un conciliabolo serrato, il maggiore fu visto gettare il microfono. Al suo aiutante disse, pacatamente, con quella sua brevità austera e triste: "Esco io. È il solo mezzo per far cessare l'attacco". Si buttò fuori, solo; ricadde sul mucchio dei suoi alpini». Finalmente l'azione fu sospesa.

Gli italiani avevano occupato Caporetto nei primi giorni di guerra, senza incontrare resistenza. La popolazione era slovena. L'unica a parlare italiano era una donna di nome Katerina Medves. Offrì il caffè a un bersagliere del 12° reggimento, che non si fidò: lo bevve solo dopo che l'aveva assaggiato lei. Oltre l'Isonzo c'erano soldati austriaci in agguato, o almeno così pareva. I fanti passarono il ponte con grande cautela: scoprirono che gli «austriaci» erano pupazzi di paglia in uniforme.

Il comandante del 12° reggimento, colonnello De Rossi, chiese il permesso di spingersi avanti, verso la vetta del Monte Mrzli, che gli italiani chiamavano Smerle. Permesso negato. Eppure il Mrzli era sgombro: a corto di uomini, gli austriaci l'avevano considerato perduto. Increduli, di fronte all'inazione degli italiani decisero di occuparlo. Il 1° giugno De Rossi ebbe l'ordine di attaccare il monte. Fu un massacro: i bersaglieri offrivano un comodo bersaglio per le mitragliatrici e per i massi che i nemici gettavano dall'alto. A prezzo di perdite spaventose, De Rossi arrivò in cima; ma l'ultimo pendio era ingombro di filo spinato. Gli italiani non avevano né pinze tagliafili né tantomeno armi pesanti; non restava che ritirarsi. Ma il tenente colonnello Negrotto, reso quasi folle dal furore, ordinò ai suoi uomini di avanzare lo stesso. De Rossi si lanciò a fermare quell'attacco insensato. Colpito alla colonna vertebrale, rimarrà paralizzato per tutta la vita.

Nel primo mese di guerra, l'Italia perse ventimila fanti. A luglio un battaglione della brigata Intra tornò all'attacco sul Mrzli, riuscì ad aprirsi un varco fino al reticolato, ma a prezzo di 300 uomini. L'ufficiale che aveva dato l'ordine dell'assalto si suicidò.

Nell'ultima settimana dell'ottobre 1915 sul San Michele morirono 4 mila soldati. Il 132° reggimento di fanteria – brigata Lazio, 29ª Divisione, III Armata – comandato dal colonnello Viola, perse 26 ufficiali e 707 soldati nell'attacco a quota 124, sul versante nord.

I superstiti si riparano in buche fangose alle pendici del monte; capita di dover strisciare sopra i cadaveri decomposti dei compagni. Sulla vetta, la triplice fila di reticolati è pressoché intatta. La sera del 31 ottobre arriva l'ordine di tornare all'assalto, sotto la pioggia. Il colonnello Viola rifiuta di obbedire, e spiega al generale Schenardi, comandante della brigata, che l'attacco non ha alcuna possibilità di successo. Schenardi sa che Viola è un comandante coraggioso e non si sottrarrebbe mai a un ordine senza una buona ragione. Lo comunica al generale Marazzi, comandante della 29ª Divisione. La notizia arriva al comandante della III Armata, il duca d'Aosta, cugino del re, che è nel comando di Cervignano, a 16 chilometri di distanza. La decisione del duca è di attaccare lo stesso: il vigore avrebbe prevalso su qualsiasi ostacolo.

Il colonnello Viola tenta di prendere tempo mandando pattuglie a tagliare i fili. La mattina del 2 novembre giunge l'ordine di portare subito le truppe all'assalto. Il colonnello replica che i varchi sono ancora troppo stretti, e le micce dei tubi di gelignite che dovrebbero aprirli sono inzuppate di pioggia. Il generale Schenardi risponde che, se non attacca immediatamente, Viola sarà sollevato dal comando. Alle 13 il colonnello si mette alla testa delle truppe e inizia a salire verso i nidi di mitragliatrici. Alle 19 ripiega con i pochi uomini che gli restano. L'acqua ha allagato buche e trincee: il reggimento avrà sette giorni di licenza. Il colonnello Viola morirà sul San Michele tre settimane dopo, il 22 novembre 1915, guidando un ultimo attacco à Quota 124.

Sono decine e decine gli assalti inutili, preceduti da quel grido – «Savoia!» – lanciato più per farsi coraggio che per intimorire il nemico, «quasi a invocare Dio a essere testimone del martirio» ha scritto un reduce. «Alla fine un muro di ferro li blocca e una nube di fuoco li avvolge.»

L'imperizia dei comandi è tale che interi reparti vengono dimenticati. Paolo Caccia Dominioni nel suo diario racconta la vicenda della 4ª sezione lanciafiamme, inviata a Quota 126 del Vippacco, sul Carso. «Andarono su in settanta, e poi, chissà per quali strane successioni di passaggi da una dipendenza all'altra, vennero scordati. Dopo novantadue giorni di trincea, in pieno inverno, si trovò chi poteva assumere la responsabilità di conceder loro il riposo: e calarono giù i dieci superstiti, veri scheletri ricoperti di fango, deboli macchine senza volontà. Dopo poco li rispedirono a quota 89 di Monfalcone».

Nella prima battaglia dell'Isonzo morirono 15 mila uomini. Nella seconda, 42 mila, tra cui centinaia di ufficiali, che ancora guidavano le cariche con la sciabola in pugno. I comandi intermedi cominciarono ad alterare le statistiche. Il generale Reisoli della II Armata ordinò che le perdite non venissero riferite alle autorità superiori, «a meno che non fosse assolutamente necessario».

I giornali si adeguano. Gli italiani intuiscono la gravità di quel che accade quando vedono nelle stazioni treni carichi di feriti. Ma è solo a Natale, quando molti tornano a casa in licenza e possono raccontare liberamente quel che la censura cancella dalle loro lettere, che l'Italia capisce le dimensioni della strage. La risposta è la legge marziale, la repressione.

Un artigliere ventunenne di Viterbo è condannato a 22 mesi di carcere per aver detto a suo padre di riferire alla gente che la guerra è ingiusta, perché «voluta da una minoranza di uomini. Chi fa la guerra è il popolo, i lavoratori, loro che hanno le mani callose sono questi che muoiono». Nella sentenza il tribunale militare precisa che è reato definire ingiusta una guerra «voluta con unanime consenso da tutta la nazione». Un civile viene sorpreso a cantare una canzone di trincea: «Il general Cadorna ha scritto alla regina / se vuoi veder Trieste te la mando in cartolina». Sei mesi di reclusione.

Le condizioni dei fanti si fanno subito drammatiche. Le uniformi di lana diventano dure come fango essiccato, le scarpe si riducono a suole di legno e tomaie di cartone. I pagliericci e le tende non bastano per tutti: si dorme per terra, all'addiaccio, uno addosso all'altro per tentare di scaldarsi. Le sigarette si fumano tenendo in bocca la parte accesa, per non essere visti dai cecchini. Nulla è pensato per difendere le vite dei soldati, visto che il massacro deve essere considerato «un olocausto necessario», come lo definisce il generale di corpo d'armata Vincenzo Garioni; figurarsi se è previsto qualcosa per le libere uscite nelle retrovie. Vietato entrare di giorno nei caffè e nei bar; passeggiare con la fidanzata sottobraccio può portare all'arresto. Le sole alternative sono l'alcol, i postriboli e i romanzi popolari di Guido da Verona: *Mimì Bluette fiore del mio giardino*, storia di una ballerina suicida, è il primo romanzo italiano a vendere più di centomila copie.

Scrive ancora Caccia Dominioni: «Trincea! Abominevole carnaio di putredine e di feci, che la terra si rifiuta di assorbire, che l'aria infuocata non riesce a dissolvere. La pioggia continua snida dal terreno il puzzo della vecchia orina. Il tanfo di cadavere lo ingoiamo col caffè, col pane, col brodo».

Le condizioni igieniche terrificanti favoriscono il proliferare delle malattie, a cominciare dalle infezioni intestinali. Nell'agosto 1915 le truppe austriache portarono il colera dal fronte russo. Eppure, ha scritto Emilio Lussu, «i soldati ridevano del colera. Che cos'è il colera di fronte al fuoco d'infilata di una mitragliatrice? Chi non ha visto l'assalto, non ha visto la guerra».

E se i soldati non se la sentono di correre incontro al ferimento o alla morte? Ha raccontato un reduce, Cesare De Simone: «Tutte le volte che c'era un attacco arrivavano i carabinieri. Entravano nelle nostre trincee, i loro ufficiali li facevano mettere in fila dietro di noi e noi sapevamo che, quando sarebbe stata l'ora, avrebbero sparato addosso a chiunque si fosse attardato nei camminamenti invece di andare all'assalto. Questo succedeva spesso. C'erano dei soldati, ce n'erano sempre, che avevano paura di uscire fuori dalla trincea quando le mitragliatrici austriache sparavano all'impazzata contro di noi. Allora i carabinieri li prendevano e li fucilavano. A volte era l'ufficiale che li ammazzava a rivoltellate».

La scoperta dei gas avviene il 29 giugno 1916, sul San Michele. Nella notte si è scatenata una tempesta. Ora tutto all'apparenza è calmo. Da sud-est scende una brezza leggera. A un tratto le brigate Brescia e Ferrara che tengono la base del monte vedono arrivare nel buio una nube di gas bianco sporco. Le foglie e l'erba appassiscono. Le vedette e gli uomini della prima linea cadono in ginocchio, si portano le mani alla gola, gemono alla disperata ricerca di ossigeno, cadono con la bava alla bocca, spirano tenendosi lo stomaco con le mani. I fanti delle seconde file cercano disperatamente le rudimentali maschere antigas, distribuite dopo che i tedeschi hanno usato per la prima volta quell'arma subdola e micidiale contro gli inglesi, a Ypres: ma la garza imbevuta in una soluzione alcalina non può fermare i gas austriaci, una miscela di cloro e di fosgene.

All'alba, altri reparti delle stesse brigate, che erano appena stati spostati nelle retrovie, ricevono l'ordine di tornare subito nelle trincee del San Michele. Pensano di trovarle vuote, sono convinti che i loro compagni siano stati trasferiti. Invece li vedono lì, distesi, all'apparenza addormentati. Li scuotono, li girano. Scoprono che sono tutti morti. Gli uomini sono terrorizzati. La voce e il panico si diffondono in tutta l'armata.

I morti sono almeno duemila. Tutti hanno la bocca piena di schiuma, gli occhi fuori dalle orbite, le stellette e le canne del fucile verdi. Nella trincea vengono trovate mazze ferrate, come quelle dei cavalieri medievali: sono state usate per finire i superstiti. Verranno mostrate nelle scuole di tutta Italia, per provare «la barbarie germanica». Anche gli austriaci hanno avuto 40 morti e 212 feriti: per qualche minuto il vento è girato e ha sospinto il gas verso di loro.

Il primo ammutinamento scoppia nel dicembre 1915. In quattro mesi di prima linea, il 48° reggimento della brigata Ferrara ha perso 2300 uomini su tremila. L'11 dicembre duecento superstiti, quasi tutti calabresi, ottengono un turno di riposo; gli altri cinquecento sono rimandati al fronte, davanti alla testa di ponte nemica di Tolmino. Esplode la rabbia per l'ingiustizia subìta, si sentono spari. Viene istituito un tribunale militare straordinario, che in ventiquattr'ore ordina due fucilazioni, eseguite prima del calar del sole.

Il 20 dicembre si ammutina un reggimento della brigata Salerno, cui è stato ordinato di tornare in prima linea sull'Isonzo, sotto il Monte Nero. Alcuni soldati sono ubriachi. Parte uno sparo verso la mensa ufficiali. Il reggimento viene circondato da quattro battaglioni rimasti fedeli, con mitragliatrici e cannoni. Otto fanti sono condannati a morte, gli altri a vent'anni di lavori forzati. Scrive Thompson: «I condannati, mentre venivano portati via, piangevano. Dopo aver assistito alle esecuzioni, il reggimento fu scortato fino in prima linea dai carabinieri».

Le fucilazioni cominciano fin dai primi giorni di guerra. Le vittime sono civili dei villaggi di frontiera, accusati di essere spie. Poi entrano in azione i tribunali speciali per i renitenti alla leva, gli ammutinati, i «codardi». Alla giustizia di guerra si affianca quella di trincea, le fucilazioni sul posto, le decimazioni. Anche da questo punto di vista, almeno fino all'autunno 1917, i generali italiani si dimostreranno i più spietati.

Paolo Monelli, dopo la guerra inviato del «Corriere della Sera», racconta così un'esecuzione nel suo libro *Le scarpe al sole*: «Due carabinieri hanno condotto su stanotte da Enego i due alpini condannati alla fucilazione perché un giorno sull'Ortigara, usciti dalla battaglia per una corvè, non vi erano poi più rientrati. Toccano all'aiutante maggiore i compiti più odiosi, persuadere i due che sono vane le speranze che hanno portato trepidamente con sé per tutta la strada (i carabinieri, buoni diavoli, non avevano core di disilluderli); e mandare a chiamare prete e medico; e tirar fuori il plotone d'esecuzione; e intanto far chiudere in una baracca questi due morituri così diversi da quelli che buttiamo fuori della trincea i giorni di battaglia. Appena si son ritrovati con il loro battaglione hanno urlato, pianto, chiamata la famiglia lontana, implorato pietà e perdono: "Andaremo de pattuja tute le sere, sior tenente...". E quando hanno intuito che nessuna forza umana poteva loro ridare la vita, non hanno più detto una parola, hanno solo continuato a piangere lamentosamente».

Viene l'ora dell'esecuzione: «Il plotone s'allinea, sbigottito, occhi atoni sull'aiutante maggiore che con voce che vuole dunque far suonare aspra spiega la necessità di mirar bene, per abbreviare l'agonia a gente irrimediabilmente condannata. Nel plotone ci sono amici, paesani, forse anche parenti dei due condannati. Commenti sommessi nell'allineamento. "Silenzio!" grida l'aiutante. È arrivato il prete, tremante, spaurito; c'è anche il medico, si marcia ad una piccola radura sinistra nel bosco, ai primi lucori dell'alba».

«Ecco il primo condannato» prosegue Monelli. «Un pianto senza lacrime, un rantolo, esce dalla gola serrata una parola. Occhi senza espressione più, sul volto solo terrore ebete della bestia al macello. Condotto presso un abete, non si regge sulle gambe, s'accascia: bisogna legarlo con un filo telefonico al tronco. Il prete, livido, se lo abbraccia. Intanto, il plotone s'è schierato su due righe: la prima riga deve sparare. L'aiutante maggiore ha già spiegato: io faccio un cenno con la mano, e allora fuoco. Ecco il cenno. I soldati guardano l'ufficiale, il condannato bendato, e non sparano.

Nuovo cenno. I soldati non sparano. Il tenente batte nervosamente le mani. Sparano. Ed ecco il corpo investito dalla raffica si piega scivolando un poco lungo il tronco dell'albero, mezza la testa asportata. Con un'occhiata, il medico sbriga la formalità dell'accertamento.»

«Siamo al secondo. Questo scende calmo, quasi sorridente, con appesa al collo una corona benedetta. Dice come estasiato: "L'è justo. Vardè vualtri de rigar drito, no ste a far come che go fato mi". Tocca di sparare a quelli della seconda riga: ma questi tentano di sottrarsi, affermano di aver già sparato, la prima volta. L'aiutante maggiore taglia corto, minaccia, parole grosse. Il plotone si riordina. Un cenno, la scarica. È finito ... La giustizia degli uomini è fatta.»

Alla fine della guerra, i tribunali militari avevano celebrato 350 mila processi ed emesso 210 mila condanne: renitenza, diserzione, indisciplina. Diecimila le condanne per autolesionismo: per non andare o non tornare al fronte, i soldati si sparavano nelle mani, si foravano i timpani con i chiodi, si provocavano ascessi con iniezioni di benzina o di orina, si spalmavano sugli occhi secrezioni da blenorrea che rendevano ciechi. Su 4028 condanne a morte, 729 furono eseguite. Le esecuzioni sommarie furono probabilmente molte di più. Il loro numero preciso non si conoscerà mai.

La prima decimazione è del 27 maggio 1916. Sono i giorni della Strafexpedition, quella raccontata nel diario del maggiore Urangia Tazzoli. Cadorna sposta tutte le truppe disponibili verso il Pasubio e l'altopiano di Asiago. Centinaia di uomini non si presentano. Il generalissimo ordina per iscritto l'immediata esecuzione di qualsiasi soldato indegno «di un esercito che abbia il culto dell'onore militare». Prendendolo alla lettera, un colonnello tira a sorte i nomi di dodici soldati e li fa fucilare. Viene citato nell'ordine del giorno del quartier generale, come esempio.

Nel codice militare non si fa cenno alla decimazione; è Cadorna a introdurla con una direttiva del novembre 1916. Non pretende che venga fucilato un soldato ribelle ogni dieci, come ai tempi dei legionari romani; ma insiste perché la scelta dei condannati sia assolutamente casuale, e prescinda dalle responsabilità individuali. Così i nomi vengono estratti da un elmetto o da uno zaino.

Nel marzo 1917 un reggimento della brigata Ravenna protesta per una licenza promessa più volte e sempre negata. Viene sparato qualche colpo in aria, ma l'ordine è ristabilito con facilità. Il comandante della divisione si porta sul posto con i carabinieri. Non trova nessuno: il reggimento è già in marcia verso il fronte. Vengono scovati due fanti che dormono nelle baracche: l'ordine è di fucilarli. Uno piange disperato: «Ma perché, cosa ho fatto che mi volete fucilare? Ho sette figli!». I carabinieri, impietositi, esitano. Il comandante della divisione grida: «Fate finire questo cicaleccio! Siano fucilati e subito; gli ordini sono ordini».

Il castigo è solo agli inizi. Venti soldati vengono estratti a sorte, e cinque sono scelti per essere fucilati. Il plotone d'esecuzione trema, occorrono sei salve per uccidere tutti. Il comando di divisione valuta che non sia abbastanza: altri vengono mandati sotto processo. Tra loro un caporale che si è presentato volontario nel 1915 e ha già combattuto in Libia. Condannato a morte con altri commilitoni, rifiuta di farsi bendare e dice al plotone d'esecuzione: «Mirate giusto, mirate al petto, e servite sempre il vostro Paese. Viva l'Italia!». Il comandante di brigata, indignato, commenta che «bisognava promuoverlo, non fucilarlo».

Ma il comandante del corpo d'armata vuole a sua volta guadagnarsi qualche merito agli occhi di Cadorna, e ordina di fucilare altri diciotto uomini. La brigata è terrorizzata. In tutto ha visto fucilare 29 commilitoni per una protesta subito rientrata senza violenze.

Le esecuzioni continuano per tutto il 1917. La gara a compiacere Cadorna contribuisce a preparare il disastro. A maggio vengono giustiziati 54 soldati. Il 15 agosto in una trincea sopra Caporetto viene trovato un foglio con una poesia satirica, che dice più o meno: se non ci rimpiazzano, ci arrendiamo. Il responsabile non si trova. Lo scritto viene mostrato al generale Cavaciocchi, che ordina una punizione esemplare: vengono estratti a sorte quattro uomini e fucilati.

A settembre, sul San Gabriele, una pattuglia del 58° reggimento della brigata Abruzzi, mandata di notte a cercare qualche austriaco sbandato da fare prigioniero, torna a mani vuote. Il maggiore accusa i suoi uomini di codardia e ordina due fucilazioni. I soldati si ribellano e sparano al maggiore. Il reggimento viene portato lontano dalle linee: quattordici uomini vengono estratti a sorte e fucilati.

Violazioni minori sono punite legando il colpevole a un palo, in piedi sulla trincea, esposto al fuoco nemico. «Così si risparmiano pallottole» commenta il generale Carignani, comandante del VII corpo d'armata. Un suo collega, il generale Saporiti, deferisce al tribunale militare sette fanti, colpevoli di aver rovesciato un pentolone di minestra. Il colonnello che presiede il tribunale li manda assolti: non se la sente di far fucilare degli uomini per un piatto di zuppa. Il generale Saporiti fa rimuovere il colonnello.

Il più temuto era il generale Andrea Graziani, da Bardolino, Verona. Di lui si raccontava che il suo disprezzo per la vita dei sottoposti sconfinasse nel sadismo. In addestramento un soldato lascia cadere il fucile; lui lo picchia sino a fargli perdere l'uso della mano e lo denuncia per ammutinamento. Il tribunale militare assolve la recluta e rimprovera il generale. Risposta: «Il ministro della guerra mi ha assicurato per iscritto che sul mio curriculum è stato scritto un encomio». Sul Carso, al comando della 33ª Divisione, fa fucilare un soldato, Pietro Scribante, piemontese di Novara, scegliendo per l'esecuzione solo compaesani e amici del «codardo». Tra il 23 e il 26 maggio 1917 lascia il comando per andare di persona con il moschetto a caccia di soldati che tornano indietro dall'assalto: i suoi superiori lo cercano ma non lo trovano più; Cadorna apprezza. Non a caso affida proprio a lui il compito di ristabilire l'ordine dopo Caporetto.

«Dietro le spalle del popolo di fanti» scrive Curzio Malaparte «fu drizzata una barriera feroce. L'ombra del generale Graziani, vestito da Carabiniere, si allungò sulle rive del Piave.» In effetti Graziani, nominato «Ispettore Generale del Movimento di Sgombero», si sposta seguito da un drappello di carabinieri su una camionetta.

Si fucila a caso, con una spietatezza che indigna un testimone americano: Ernest Hemingway. In *Addio alle armi*, così il protagonista, il tenente Frederic Henry, descrive i processi sommari ai ponti sul Tagliamento: «Vidi un ufficiale indicare un uomo nella colonna. Un carabiniere lo seguì e venne fuori tenendo l'uomo per il braccio. Quelli che interrogavano avevano tutta l'efficienza, la freddezza e il controllo di sé degli italiani che sparano senza che nessuno spari a loro ... Stavano giustiziando gli ufficiali dal grado di maggiore in su che si erano separati dalle loro truppe ... Finora avevano fucilato tutti quelli che avevano interrogato». Ancora più severo un altro scrittore americano, John Dos Passos, volontario nella Croce Rossa, che di certi ufficiali italiani ha scritto: «La loro sprezzante cattiveria nei confronti di tutti quelli a cui non leccano gli stivali è rivoltante».

Il 10 novembre Graziani fa fucilare alla schiena diciotto soldati e tre civili a San Pelaio, un sobborgo di Treviso; altri tre civili e trentadue militari sono messi al muro a Padova. Anziché tentare di infondere fiducia nei soldati allo sbando, il generale si accanisce sui dettagli: due fanti vengono giustiziati perché hanno nascosto della farina negli zaini; un artigliere, Alessandro Ruffini, 24 anni, marchigiano di Castelfidardo, viene fucilato per aver salutato senza togliersi di bocca la pipa (secondo altre versioni, il sigaro). Messo a capo di una divisione di disertori cecoslovacchi, per non perdere l'abitudine Graziani ne fa fucilare otto. Finita la guerra, e reso noto il lavoro della commissione d'inchiesta su Caporetto, il generale viene messo prudenzialmente a riposo.

Il 28 luglio 1919 l'«Avanti!», il giornale del Partito socialista, pubblica in prima pagina un lungo articolo in cui è ricostruita l'esecuzione dell'artigliere Ruffini. Sono le 16.30 del 3 novembre 1917. Il generale Graziani vede passare per le vie di Noventa Padovana una colonna di artiglieri. Ruffini lo saluta tenendo la pipa in bocca. «Il generale lo redarguisce e riscaldandosi inveisce e lo bastona. Il soldato non si muove. Molte donne e parecchi borghesi sono presenti. Un borghese interviene e osserva al generale che quello non è il modo di trattare i nostri soldati. Il generale, infuriato, risponde: "Dei soldati io faccio quello che mi piace" e per provarlo fa buttare contro un muricciuolo il Ruffini e lo fa fucilare immediatamente, tra le urla delle povere donne inorridite. Poi ordina al tenente colonnello Folezzani del 28° artiglieria di farlo sotterrare: "È un uomo morto d'asfissia" dice – e, salito sull'automobile, riparte. Il tenente colonnello non ha voluto nel rapporto [porre] la causa della morte. Tutti gli ufficiali del 28° artiglieria possono testimoniare il fatto.»

Nei giorni successivi l'«Avanti!» pubblica una lettera di conferma e due interrogazioni parlamentari «sull'atto di ferocia compiuto dal generale Graziani». Il 6 agosto si fa vivo il generale stesso. Anche lui conferma, anzi rivendica «la terribile decisione». Rievoca il clima drammatico della ritirata, parla di «inenarrabili delitti o sevizie» commesse dagli sbandati «in danno delle popolazioni», che invocavano «energiche esemplari misure a tutela della vita e delle proprietà dei cittadini». Per queste ragioni «occorreva imporsi con mezzi straordinari, con qualunque mezzo»: «Era in giuoco la salvezza dell'Italia». «Fu appunto in tali circostanze» prosegue Graziani «che nel pomeriggio del 3 novembre, sulla piazza di Noventa di Padova, raggiunsi la testa di una colonna di artiglieri.» Improvvisamente il generale sente i commilitoni di Ruffini dirgli più volte: «Levati il sigaro, levati il sigaro». Graziani crede di scorgere sul volto del soldato un riso di scherno: «Valutai tutta la gravità di quella sfida verso un generale ..., valutai la necessità, secondo la mia coscienza, di dare subito un esempio terribile atto a persuadere tutti i duecentomila sbandati che da quel momento vi era una forza superiore alla loro anarchia». Graziani scende dall'auto e bastona il soldato, interviene un civile a difenderlo, ma Graziani si infuria ancora di più, e ordina che Ruffini sia legato e fucilato. «È assolutamente falso che io abbia ordinato o detto di dichiarare la morte avvenuta per asfissia od altra causa che non fosse la fucilazione» conclude nella lettera, sostenendo che quell'esempio «ha fatto risparmiare molte vite di cittadini e anche di militari nella regione tra Piave ed Adige»: è stato fatto «quanto ritenevo indispensabile per il bene della Patria in pericolo».

All'alba del 27 febbraio 1931, una fredda mattinata di fine inverno, il personale del treno 3651 Prato-Firenze scorge un'ombra lungo la scarpata della ferrovia. È un cadavere. Vengono chiamati i carabinieri. La vittima è un anziano signore vestito di nero, capelli e barba bianchi intrisi di sangue. Suicidio? Escluso. L'uomo è un alto esponente del regime fascista: luogotenente generale della milizia volontaria per la sicurezza nazionale; e un vero gerarca non si suicida. È caduto dal treno? Impossibile: l'uomo ha in tasca, oltre a una forte somma in contanti che sembra escludere anche l'ipotesi di una rapina, un biglietto di prima classe Roma-Bologna-Verona; ma il corpo è sulla scarpata sinistra della massicciata, dalla parte opposta al binario su cui viaggiava il suo treno. Solo una forte spinta può aver scaraventato così lontano il corpo del generale Andrea Graziani.

La magistratura di Firenze apre un'inchiesta che verrà subito chiusa. I giornali scrivono solo dei funerali solenni e delle «imponenti manifestazioni di compianto alla salma».

Nel centro di Noventa Padovana, sul muro di una casa oggi sede di una banca, si vedono ancora cinque fori di un proiettile e una piccola lapide:

A RICORDO
DI
RUFFINI ALESSANDRO
N. 29.1.1893
M. 3.11.1917

IV

La misteriosa vedova di Nimis

Come Sante si salvò a Caporetto

Il 23 ottobre 1917, i vertici dell'esercito italiano tengono consiglio di guerra nel giardino di una villa di Carraria, vicino a Cividale del Friuli. Sotto gli ippocastani l'atmosfera è da commedia degli equivoci. Tutti sanno tutto. I racconti dei disertori coincidono: gli austriaci attaccheranno il mattino dopo. A Caporetto. Con loro ci sono sette divisioni tedesche. Due ore di bombardamento con il gas. Poi una breve pausa. Poi un'ora e mezza di bombardamento distruttivo, breve ma di una violenza che sul fronte dell'Isonzo ancora non si è vista. L'attacco muoverà dalla testa di ponte di Tolmino, l'unico lembo di terra controllato dagli austriaci oltre l'Isonzo, e dalla conca di Plezzo, un pianoro erboso tra le montagne che sarà trasformato in una camera a gas.

I generali sono disperati. Sanno che l'esercito è allo stremo. L'undicesima battaglia dell'Isonzo, l'ennesimo inutile bagno di sangue, ha esaurito le riserve di energia e di fiducia. Soltanto sul San Gabriele sono morti 25 mila alpini, ma la vetta è rimasta austriaca. La nazione si è infervorata, Arturo Toscanini è salito sul Monte Santo a dirigere una banda «per suonare il nostro inno in faccia al nemico», ma l'ultimo, colossale sforzo è stato vano.

Luigi Cadorna, il capo dell'esercito, è figlio di Raffaele, comandante dei bersaglieri che aprirono la breccia di Porta

Pia. Ha il *sense of drama*. «Ho comandato il più grande esercito italiano dai tempi dell'antica Roma» rievocherà in giorni più tranquilli. Alla vigilia della rotta, presagisce il peggio: «Mio padre ha preso Roma e a me tocca perderla!». Con i sottoposti parla in dialetto piemontese.

«L'uma la maneuvra», ci resta la manovra, il contrattacco, tenta di tranquillizzarlo il generale Luigi Capello, comandante della II Armata, quella che dovrà reggere l'urto nemico. Cadorna lo considera «un lestofante», perché ha tentato di prendergli il posto; di solito però gli riconosce «la capacità di infondere fiducia a tutti». Ma non quel giorno.

«E chiel? L'on ca fa chiel?», «lei cosa fa?», chiede Cadorna al generale Pietro Badoglio, comandante del XXVII corpo d'armata. Badoglio è il più disperato di tutti. Sulla strada per Carraria, di fronte ai reparti che si trascinano curvi, sfiniti, si è sfogato: «È venuta l'ora del castigo! Aj jè pi gnente, gnanca lu stelùn!»: nulla, neppure lo stellone, può ancora proteggere l'Italia. «L'uma dasla da intende jun cun jauti, e adess a l'è finija!» «Ce la siamo data da intendere gli uni con gli altri», i generali si sono ingannati tra loro e anche con se stessi, a forza di mezze verità e false rassicurazioni sono arrivati alla vigilia della fine avendo intuito tutto e senza aver fatto nulla. Nel giardino degli ippocastani, Badoglio recita l'ultimo atto della commedia. Tenta di rassicurare Cadorna. Ostenta sicurezza: «Mi sun a post, l'hai tut predispost, a sun tranquil, a mi 'n manca gnente».

Il colonnello Cavallero, capo dell'ufficio operazioni, tace. Ma i suoi occhi stravolti dicono tutto: Badoglio sta mentendo. Cavallero lo detesterà sempre, durante la seconda guerra mondiale prenderà il suo posto alla testa dell'esercito, ma pagherà con la vita il rifiuto di mettersi al servizio dei tedeschi dopo l'8 settembre. Interviene ancora Badoglio: «Mi sono dimenticato solo di predisporre un campo di concentramento per i prigionieri che cadranno nelle nostre mani». Cadorna ha un gesto cameratesco, gli mette una mano sulla spalla, come a verificare la sua convinzione.

Alle truppe che incontra sulla via del ritorno fa lo stesso discorso: «Io sono Badoglio, il vostro comandante. State tranquilli, gli austriaci hanno chiesto aiuto ai tedeschi perché con noi non ce la possono più fare; ma io ho tante artiglierie che li stermino tutti appena escono dalle loro trincee. Allegri ragazzi!».

Il mattino di Caporetto, l'artiglieria di Badoglio non tirò. Né si è mai capito perché. Si sospetta che lo scaltro comandante avesse teso una trappola al nemico: gli austriaci sarebbero stati indotti ad avanzare fino a Volzana, dove la strada passa tra due gole di roccia; solo a questo punto i cannoni di Badoglio avrebbero aperto il fuoco, inchiodando l'invasore. Ma forse il motivo è più semplice: l'ordine di sparare non arrivò mai; il nemico aveva messo fuori uso tutte le comunicazioni.

«Più collegati di così si muore» aveva assicurato Badoglio. In effetti c'erano collegamenti telefonici: subito interrotti. Collegamenti radio: non funzionarono. Collegamenti ottici: accecati dalla nebbia. Collegamenti acustici: trombette bitonali, che si dispersero nel fragore della battaglia. Squadre di portaordini: arrivarono sempre in ritardo. Piccioni viaggiatori: caddero tramortiti dal gas o impazzirono per il rimbombo delle cannonate.

Il collega di Badoglio a Caporetto è il generale Alberto Cavaciocchi, comandante del IV corpo d'armata. Lo scrittore-soldato Carlo Emilio Gadda ne ha grande stima: «Un perfetto asino. Non ha mai fatto una visita di quartiere, non s'è mai curato di girare fra gli alloggiamenti dei soldati». Quando crolla il fronte russo, Gadda annota: «I tedeschi hanno evidentemente dei generali meno Cavaciocchi dei nostri». La sua passione è la storia militare. Il 14 ottobre, per rincuorare i soldati, ricorda che è l'anniversario della sconfitta dei prussiani a Jena, una delle grandi vittorie di Napoleone, più di un secolo prima. Ma il vero comandante del IV corpo d'armata è il capo di Stato maggiore, il colonnello Giorgio Boccacci, «Kirghis», come ama farsi chiamare, con un nome da guerriero tartaro. Sui confini del territorio sotto la sua giurisdizione ha fatto mettere grandi cartelli: «Alt per tutti – Controllo – Taglio capelli». Tutti i soldati devono essere rasati a zero. Tutti tranne lui, che porta lunghi capelli biondi, tipo generale Custer.

Scrive Mario Silvestri in *Isonzo 1917*: «La simpatia che l'umanità femminile riscuoteva presso Boccacci era notevole e – non avendo egli pregiudizi di razza – slovene e friulane erano egualmente accette e posavano, secondo le male lingue, completamente nude di fronte agli obiettivi dell'Ufficio fotografico di corpo d'armata, che trascurava di conseguenza lo studio della fotogrammetria. Anche la "casina rossa", il nido di piacere dove le pensionanti portavano sulle giarrettiere le mostrine delle brigate preferite, godeva dell'alta protezione del comando». E il tenente Mario Muccini testimonia: «Quando sullo stradale di Caporetto si ode una sirena d'automobile, tutti i soldati e anche, se ci si trovano, gli ufficiali scappano per i campi e si nascondono dietro gli alberi. È il capo di stato maggiore del IV corpo, l'unico che ha il diritto alla sirena, il biondo e bello colonnello che ha terrorizzato il corpo d'armata, che ha fatto passare la macchinetta su migliaia di teste...».

Anche contro il gas è stato «tutto predisposto». L'apposito manuale informa che per prima cosa «bisogna infilarsi la maschera», e tapparne gli spifferi con la vaselina, in particolare attorno agli occhi e agli zigomi, dove può passare il gas. Inoltre «bisognerebbe spargere davanti alle trincee calce viva, meglio se mescolata con polvere di carbone». All'avvicinarsi della nube «bisognerebbe» bagnare la calce, accendere falò, mettere in funzione lanciafiamme, bombe incendiarie e altri mezzi dilatanti, e poi ancora irrorare la nuvola con soluzioni di soda Solvay al 5%. Il tutto contro un gas, il fosgene, che avanza alla velocità di tre metri al secondo e uccide al primo respiro. Le trincee a volte sono così vicine che i reticolati italiani e quelli nemici si intrecciano, e i fanti dei due eserciti si parlano tra loro.

Sul Rombon, alpini e kaiserjäger condividono una sorta di rito. Dalle linee austriache qualcuno grida: «Di', italiano, cosa c'è di bello a Caporetto?». E dalle nostre linee qualcuno risponde: «Merda!».

La situazione delle truppe è tragica. I soldati non hanno neppure la forza di ribellarsi: escono dalle trincee piangendo, andando incontro alla morte come a una liberazione. Nel maggio 1917 l'undicesima battaglia dell'Isonzo è costata 36 mila caduti e 120 mila tra feriti e prigionieri. Corre voce che tre reggimenti si siano arresi senza combattere: Cadorna vorrebbe scrivere al comandante nemico Boroević per chiedergli di farli fustigare. Fogli che invitano alla rivolta cominciano a circolare in trincea. Sulle baracche di legno si scrive «affittasi agli austriaci». Le truppe rifiutano di salutare i superiori. I soldati in licenza insultano ferrovieri e borghesi – «Imboscati!» – e sparano contro i carabinieri: si decide di togliere loro il fucile. Il passaggio delle automobili che portano gli ufficiali è seguito da insulti e minacce. Non meno detestati gli inviati di guerra, a cominciare dal loro «principe» Luigi Barzini: «Se trovo *Barzino* gli sparo» ringhiano fanti esasperati.

Negli uffici della censura si accumulano montagne di cartoline: i soldati contadini invitano i parenti a casa a non seminare, così verranno la carestia e la fine della guerra. Nelle città è già stato introdotto il razionamento: mancano burro, zucchero, petrolio; aumenta il tasso di mortalità tra i civili, dilagano la malaria e la tubercolosi.

I volontari e gli studenti sono guardati con sospetto crescente, come pazzi e aguzzini che hanno voluto la guerra. La censura lascia che a uno di loro arrivi questa lettera della moglie: «Caro marito, è inutile che tu scriva, perché io di uno snaturato non ne voglio sapere. Sposati la guerra e non mi seccare più. Per mio conto, appena sarò vedova, mi sposo con uno che non sia pazzo e canaglia come te, che hai piantato moglie e bambino per andare alla guerra. Sappiti regolare e non mi seccare più».

Molti ufficiali di prima linea sono fuori combattimento: caduti, feriti, prigionieri, malati (a volte di disturbi nervosi). Racconta il capitano Giuseppe Personeni, uscito dalla scuola mitraglieri di Brescia: «Quasi tutti gli ufficiali vennero sostituiti con altri anziani o aspiranti dell'ultimo corso, scovati nelle retrovie». Alcuni erano «semi-convalescenti, o inabili alle fatiche di guerra. Gli ufficiali della mia compagnia mitraglieri non conoscevano le mitragliatrici». Alla fine del maggio 1917 arrivarono in linea otto aspiranti appena usciti dalla scuola allievi ufficiali; il primo giorno morirono tutti e otto. Nel luglio 1917 il capitano Personeni viene inviato sul Carso presso un battaglione da istruire al combattimento. La tattica è sempre quella dello scontro frontale. Esercitazioni: assalto a ondate. «L'istruttore metteva un battaglione in colonna» testimonia Personeni. «La prima compagnia spiegata è la prima ondata; a cinquanta passi segue la seconda compagnia che è la seconda ondata, e così via. Però per dare l'apparenza del combattimento, a ogni colpo di fischietto i soldati il cui cognome cominciava con A, poi con B, poi con C eccetera dovevano cadere, fingendosi morti o feriti. I soldati che avevano lo zaino in spalla cadevano subito, anche se si chiamavano Verzeri o Zucchetti.» Richiamati e già perduti i soldati classificati come «piccoli», a fine ottobre sono saliti in linea anche i «piccolissimi», sotto un metro e 54.

Il 16 ottobre si era riaperta la Camera. Sidney Sonnino, ministro degli Esteri del governo Boselli e uomo forte della politica italiana, presagendo la mala parata aveva chiesto aiuto agli alleati. Ma gli inglesi erano impegnati nella battaglia di Passchendaele, un villaggio delle Fiandre che il generale Haig intendeva assolutamente conquistare. Il 20 settembre perse 22 mila uomini in un giorno, per 800 metri di avanzata. Il 26 settembre, 17 mila perdite per un chilometro di avanzata. Il 4 ottobre, 700 metri di avanzata, 26 mila uomini fuori combattimento. L'8 e il 9 ottobre gli inglesi ebbero 20 mila tra morti, feriti e dispersi, senza avanzare di un passo. Per gli italiani, Haig non intende sacrificare un solo uomo. Figuriamoci i francesi: dopo il disastro delle offensive sullo Chemin des Dames, e gli ammutinamenti stroncati con i plotoni d'esecuzione, il maresciallo Pétain attende «gli americani e i carri armati». Il 21 ottobre Sonnino chiede all'ambasciatore russo almeno un attacco dimostrativo, che distolga l'attenzione degli austriaci dal fronte italiano. Ma i russi ormai stanno trattando la capitolazione, e in quel fatale ottobre 1917 hanno altro da fare.

Il pomeriggio del 24, mentre lo sfondamento nemico è già iniziato, prende la parola a Montecitorio il ministro della Guerra, generale Giardino. L'aula è gremita, comprese le tribune riservate al pubblico. Tutti ascoltano con preoccupazione e ansia, annota Silvestri, «compresi i ministri e i deputati, che pure avevano sommerso Giardino in quattro mesi con 14 mila raccomandazioni di imboscamento». Giardino discetta delle varie questioni politico-militari. Esclude di poter congedare le classi più anziane per i lavori agricoli d'autunno. Solo verso la fine accenna all'attacco che all'alba di quello stesso giorno è partito sul fronte di Caporetto: «Voi avrete letto sui giornali che si parla di un'offensiva del nemico, alla quale parteciperebbero i tedeschi. Certo è che essi sono nel Tirolo e probabilmente anche sull'Isonzo. Un prussiano nei giorni scorsi è stato pescato cadavere nella corrente di questo fiume. Il nemico sa della nostra preparazione, ma è attento a vedere le eventuali scissure della fronte per piantare in esse la spada e far saltare blocco. Ma venga pure l'attacco! Noi non lo temiamo».

Il discorso del ministro Giardino è accolto da un'ovazione. Tutti i deputati, tranne i socialisti, si alzano i piedi e lo acclamano a lungo. «Affissione! Affissione!» gridano. E così accade: si decreta che il discorso debba essere affisso su tutti i municipi della penisola. Sono le 18 del 24 ottobre 1917. L'offensiva, «di cui si parla sui giornali», ha già annientato la prima linea italiana. Mille soldati della brigata Friuli sono già morti, asfissiati dal fosgene. Le truppe tedesche, tra cui si segnala il giovane sottotenente Erwin Rommel, passano incuriosite oltre i cartelli su cui campeggia quella strana scritta: «Alt per tutti – Controllo – Taglio capelli».

Scrive un testimone, il capitano Attilio Frescura: «A Caporetto lo spettacolo è terribile, impressionante. Le truppe superstiti e i servizi di un intero corpo d'armata in isfacelo vi confluiscono disordinatamente, invadono le strade, chiudono gli sbocchi...». I genieri stanno minando l'unico ponte. Le truppe corrono verso la sola via di fuga. Un tenente colonnello urla a pieni polmoni: «Avanti, avanti!». Dall'altra parte del ponte, un altro tenente colonnello grida, con la pistola in pugno: «Indietro, indietro!». Si decide di trattenere chi ha un fucile e può sparare contro i tedeschi che avanzano; chi non ha più il fucile viene mandato avanti sul ponte, perché non intralci. Ma quando vedono la manovra da lontano, tutti i soldati gettano il fucile.

Frescura racconta una scena da *Trionfo della Morte*, che non giunge su un cavallo scheletrito ma in macchina: «Improvvisamente la folla fuggente fa largo. Giunge come un bolide impazzito, a zig-zag, un'automobile. Spettacolo orribile. È carica di soldati, e sopra tutti, uno, con il ventre squarciato, urla con terribile voce. E al volante un cadavere guida, con il busto sconciamente penzoloni. L'automobile fantasma si perde. La visione macabra è finita».

In realtà, il nemico ha calcolato di correre un grave rischio, e l'esercito italiano ha perso occasioni enormi. Nella testa di ponte di Tolmino, un paese di duemila abitanti, sono ammassati cinquantamila soldati austroungarici, terrorizzati all'idea di essere bersagliati dall'artiglieria italiana. Le prime granate aprono grandi vuoti. Ma il bombardamento si ferma. I tedeschi avanzano in fila per quattro nel fondovalle, tra alture brulicanti di italiani. Quasi tutti li scambiano per prigionieri condotti a valle dai nostri. Quando poi i tedeschi si fanno sotto, in molti si arrendono senza combattere: l'idea è che ormai il nemico abbia sfondato, e si salvi chi può. È arrivato il conto sia degli errori strategici, sia del modo inumano in cui si trattano i soldati: a forza di vedere le loro vite gettate via, i fanti preferiscono gettare via il fucile e tentare di salvarsi.

Scrive ancora il capitano Frescura da Caporetto: «Ecco, gli austriaci sono in paese. Arrivano le prime fucilate. Sono solo. La folla mi ha diviso dagli altri. O morirò, o sarò fatto prigioniero. Appoggiato a una casa, senz'armi, attendo. Alzo gli occhi. Un viso di donna giovane guarda e sorride. Passano, urlando, delle donne seminude. Sono le dolenti della casa da tè. Povere creature».

«Mi ritrova un ufficiale del mio comando. Mi urla: "Via, o ci prendono!". Chiedo: "Ma, e gli altri?". "Via, via, tutti via, corra!" Saltiamo sul predellino di una nostra automobile, in cui rivedo qualche ufficiale del comando. All'automobile si aggrappa un'umanità vile che urla selvaggiamente: "Via! Via!". Via. E anche l'onore, via!»

«Mentre il crepitio delle fucilate si allontana, guardo l'orologio: le 14 e 45. Troppo puntuali, gli austriaci: avevano promesso di essere a Caporetto per le 15. Evidentemente le tabelle: "Alt per tutti – Controllo – Taglio capelli" non li hanno intimoriti.»

Quanto ai giornali, la prima edizione del 29 ottobre 1917 apre con questo comunicato a firma Cadorna: «La mancata resistenza di reparti della II Armata vilmente ritiratisi senza combattere, o ignominiosamente arresisi al nemico, ha permesso alle forze austro-germaniche di rompere la nostra ala sinistra sulla fronte giulia. Gli sforzi valorosi delle altre truppe non sono riusciti a impedire all'avversario di penetrare nel sacro suolo della patria».

Lo scandalo è enorme. L'esercito è in rotta, gli austriaci dilagano nella pianura veneta, si sentono padroni d'Italia e si prendono gioco delle infinite colonne di prigionieri gridando: «Italien kaputt! Venedig, Mailand, Rome!». E, per coprire le proprie responsabilità, il comandante del «più grande esercito italiano dai tempi dell'antica Roma» accusa di diserzione e codardia l'armata più grande, che ha retto il peso di undici battaglie sull'Isonzo a prezzo di centinaia di migliaia di morti e mutilati. Cadorna non se ne rende conto, ma se dopo Caporetto poteva restare ancora qualche dubbio residuo sulla sua lucidità, quel bollettino l'ha sciolto: il generalissimo deve essere deposto.

Interviene il governo. Il presidente del Consiglio Boselli si è dimesso. Il suo successore, Vittorio Emanuele Orlando, ordina di sequestrare le copie già stampate dei giornali con il bollettino di Cadorna, e di sostituirlo in seconda edizione con una formula molto più vaga: «La violenza dell'attacco e la deficiente resistenza di taluni riparti della II Armata hanno permesso alle forze austro-germaniche...». Per misteriosi motivi, una versione ben più velenosa viene fatta circolare la sera stessa e compare su alcune edizioni: «Per la forte pressione dell'avversario, ma più ancora per l'ignobile tradimento di alcuni reparti della II Armata e più precisamente delle brigate Roma, Pesaro, Foggia ed Elba, il nemico ha potuto invadere il sacro suolo della Patria. Che Dio e la Patria li maledicano e il fango e la vergogna li coprano in eterno».

«Ah, tu sei della brigata "Scappa!"», si sentirono apostrofare ingiustamente gli sventurati della Roma, che non avevano avuto l'accortezza, come molti colleghi, di strapparsi le mostrine. Circolano voci incontrollate: Cadorna sarebbe stato deferito al tribunale militare; no, il traditore è Capello; un vagone pieno di ufficiali in manette è stato avvistato a Padova, dove saranno tutti fucilati. Ma l'impatto più forte è quello dei volantini che i tedeschi e gli austriaci fanno piovere sulle truppe in ritirata:

«Italiani, Italiani!

Il comunicato del generale Cadorna del 28 ottobre vi avrà aperto gli occhi sull'enorme catastrofe che ha colpito il vostro esercito. In questo momento così grave per la vostra nazione, il vostro generalissimo ricorre a uno strano espediente per scusare lo sfacelo. Egli ha l'audacia di accusare il vostro esercito che tante volte si è lanciato per ordine suo a inutili e disperati attacchi! Questa è la ricompensa al vostro valore! Avete sparso il vostro sangue in tanti combattimenti, il nemico stesso non vi negò la stima dovuta ad avversari valorosi. E il vostro generalissimo vi disonora, v'insulta per discolpare se stesso.»

A Caporetto Sante Tombolini, fante contadino, nato nelle Marche il 13 marzo 1892, si trovò sepolto vivo da una catasta di corpi. Rimase nascosto dai cadaveri dei compagni per ore, temendo di essere visto e ucciso al minimo movimento. Non raccontò mai il terrore, la repulsione, il dolore, il freddo di quel momento: ai nipoti dirà soltanto di aver scoperto di essere ancora vivo, di volere a tutti i costi ritornare a casa. Fu quel pensiero a consentirgli di non impazzire.

Appena non sentì più rumori attorno a sé, dopo ore e ore, forse un giorno intero, si mise in cammino senza meta, senza sapere dove si trovasse né dove stesse andando. Aveva la febbre alta e una tosse continua. Attorno a lui solo morti, pioggia, fango e gelo. Dopo due giorni di marcia, finite le gallette che aveva con sé, morso dalla fame, si avvicinò a un casolare per chiedere aiuto.

Attraverso la finestra, Sante indovina il profilo di una donna, ancora giovane e bella. Sente i versi degli animali dell'aia: un maiale, una mucca, galline, oche. Li sente, ma non li vede. Pensa di stare sognando, forse delirando. Esita prima di bussare. Prega la Madonna di Loreto, cui è devoto. La donna si affaccia sulla porta del casolare per prendere una fascina di legna. Sante si fa coraggio e le chiede aiuto. Lei lo fa entrare, lui sviene.

Cosa sia successo davvero quella sera e nei mesi successivi, Sante non lo raccontò mai bene ai suoi nipoti: disse solo che il paese era Nimis e che lei era una giovane donna di quarant'anni, sola, vedova, forte e generosa come solo una donna può essere in tempo di guerra. Fu lei a salvarlo dalla polmonite.

Sante trascorse l'inverno del 1918 nel casolare di Nimis. Si riprese e aiutò la donna nel lavoro, con il maiale e con la mucca, il cui latte pare fosse particolarmente delizioso. E scoprì la dolcezza del vino friulano. Spiega sua nipote Fulvia che «dalla descrizione amorosa di quei cibi avevo capito bene quanto fosse stata la sua fame, anche di vita. Mio nonno doveva vivere, voleva vivere. E poi racconti infiniti su piatti e piatti di polenta. E sul caldo della casa, contrapposto al gelo della fossa con i morti, di cui invece non parlava mai».

Negli ultimi giorni di guerra, Sante si dice che bisogna trovare un modo per tornare a casa nelle Marche. Non sarà facile: il Friuli è percorso da nemici in ritirata, le truppe italiane avanzano, il rischio di passare per un disertore è grande. Non è facile neppure lasciare la donna che l'ha salvato. Non se la sente di dirglielo. Il giorno della partenza inizia a correre tra i prati fioriti di Nimis, mentre lei da lontano lo chiama: «Picciol, picciol, torna indietro...». Sante infatti, oltre che più giovane di lei, era piccolo. Nelle foto che lo ritraggono accanto alla donna che sposerà, Nemorina Staffolani, lui è in piedi su uno sgabello: la moglie è dieci centimetri più alta di lei. Sante ha però occhi molto belli e baffetti eleganti.

La sua bassa statura lo aiuta a nascondersi sul treno che va verso sud: Sante sale di corsa, apre un sedile di legno, ci si accovaccia dentro. La costrizione gli ricorda il giorno passato sotto i cadaveri a Caporetto, Sante ha paura, ma si ripete di continuo che deve tacere. Ascolta le voci dei passeggeri, cerca di tranquillizzarsi. Si addormenta. Si risveglia a Bari. Scende dal treno di notte, anchilosato, faticando a muoversi, stentando a infilare un movimento dietro l'altro; ma vivo, e salvo, ancora una volta.

Ad Ancona arriverà a piedi, chiedendo passaggi lungo la strada. Sposa Nemorina, un nome da *Elisir d'amore*, scelto da un padre melomane. Nel rione Burceli la giovane coppia vende spezie e produce liquori e distillati. Nascono cinque figli: Lorenzo, Giovanni, Pietro, Paolo e Rita. Acquistano terreni a San Paolo di Jesi, producono verdicchio e lo imbottigliano nella caratteristica anfora. Ma un'altra guerra incombe. Ancona – che già era stata bombardata dal mare nel maggio 1915 dagli austriaci, che fecero 63 morti – viene colpita dal cielo dai bombardamenti alleati. Il 1° novembre 1943 le vittime sono oltre 1500.

Sante mette in salvo i figli e affida al secondogenito Giovanni, 17 anni, il carretto con i beni della famiglia, perché li porti a Loreto. Dalle colline i Tombolini assistono alla distruzione della loro città. A Loreto Giovanni con il fratello Paolo fonda un'azienda di vermuth e spumanti. Poi investe sui vini biologici. Oggi la figlia di Giovanni, Fulvia, esporta il marchio Tombolini in mezzo mondo.

Racconta Fulvia che vorrebbe andare un giorno con calma a Nimis, a cercare il casolare dove il nonno trovò scampo, a ringraziare i discendenti di quella donna misteriosa, se ce ne sono. Sante, che la nipote definisce «furbissimo», temendo la gelosia della moglie nascose a lungo il nome di quel villaggio. Lo chiamava ora Nimes – «ma nonno, Nîmes non è in Francia?» –, ora Nimiz – «dov'è, in Polonia?» –, ora Nemes... Oltre all'impresa vinicola, Sante ha lasciato una discendenza di venti nipoti e decine di pronipoti. A ognuno viene raccontata la storia della fossa dei cadaveri di Caporetto, del casolare nei boschi, e della misteriosa vedova di Nimis, cui tutti devono qualcosa.

V

Con il coltello tra i denti

L'epopea degli arditi dal Grappa alla Marna

Poi, subito dopo Caporetto, ancora oggi sinonimo di disfatta materiale e morale, accadde qualcosa; anche se non si è mai capito bene cosa.

Quand'eravamo ragazzi, ci facevano leggere sui sussidiari racconti di soldati che passato il Piave si accampavano sull'altra riva e dicevano: «Io non scappo più». Più o meno come nella canzone – «Il Piave mormorò: non passa lo straniero!» –, più popolare dell'inno di Mameli, allora abbastanza negletto. A sentire gli storici inglesi e francesi, pare che l'Italia sia stata salvata dalle truppe inviate dai nostri alleati. Secondo le fonti austriache e tedesche, lo sfondamento sull'Isonzo era andato al di là di qualsiasi previsione, e gli eserciti invasori non erano assolutamente preparati a dilagare nella pianura padana, fino a Venezia o a Milano.

Forse c'è un fondo di verità in ognuna di queste versioni. L'operazione «Fedeltà d'armi» con cui i soldati del Kaiser erano scesi in Italia doveva servire ad alleggerire la pressione sull'esercito austroungarico, non a estromettere l'Italia dalla guerra. L'arrivo di rinforzi dal fronte occidentale risollevò il morale del Paese: gli inglesi furono accolti a Ventimiglia come eroi, ricevevano in dono frutta, fiori, cappelli di paglia, e il loro tragitto verso il fronte avvenne in un tripudio che fece loro dimenticare il fango e il sangue della Somme. Ma la prima resistenza sul Piave e sul Grappa fu opera di reparti italiani.

Nell'ora più nera, il Paese seppe reagire. Finiva un'avventura nazionalista ed espansionista, e cominciava una guerra di resistenza nazionale. Non c'era più da andare all'assalto di montagne mai viste, da conquistare villaggi sconosciuti; c'era da difendere la propria terra, la propria indipendenza. Non era più il momento dei proclami letterari di D'Annunzio e dei deliri linguistici di Marinetti; era il tempo dei fanti contadini.

Anche il Piave, come Caporetto, è entrato nel linguaggio corrente, con un suono che sa di riscossa ma anche di retorica. Per i nostri nonni invece fu carne e sangue. Era la prima sfida collettiva degli italiani: e fu vinta, non tanto con l'avanzata tardiva di Vittorio Veneto quanto con la difesa caparbia sul fiume e sui monti. Nei giorni drammatici seguiti a Caporetto, Benedetto Croce, un uomo che giustamente rifuggiva dall'enfasi, disse: «Si sta decidendo il destino d'Italia per i secoli a venire». In realtà, l'Italia era attesa da altri disastri, da altre prove: il fascismo, che con la retorica della «trincerocrazia» avrebbe usurpato una vittoria che apparteneva alla nazione, non a una fazione, tanto meno a un regime; il secondo conflitto mondiale; la guerra civile. Ma la pagina scritta sul Piave tra il novembre 1917 e il novembre 1918 fu ricordata dai nostri nonni per tutta la vita come il capolavoro di una generazione. Non lo ostentavano, non amavano parlarne, non sentivano il bisogno di tirar fuori dai cassetti divise e medaglie; però quell'orgoglio nessuno avrebbe più potuto portarglielo via.

A Caporetto e nella drammatica ritirata l'Italia aveva avuto 12 mila morti, 30 mila feriti, ma soprattutto 249 mila prigionieri e 350 mila sbandati, che tentavano di tornare a casa. Erano stati distrutti o erano caduti in mano al nemico tremila cannoni, 300 mila fucili, tremila mitragliatrici. Il nuovo capo di Stato maggiore, il generale Armando Diaz, poteva contare soltanto su metà delle 65 divisioni dell'esercito. Un milione e 150 mila friulani e veneti si ritrovavano nelle mani di un esercito invasore che, come vedremo, si abbandonerà allo stupro e al saccheggio sistematico: una pagina rimossa e dimenticata della nostra storia.

Diaz e il suo vice Badoglio, miracolosamente scampato alla rotta – ma da quel momento il soprannome «visconte di Caporetto» l'avrebbe perseguitato –, ebbero il merito di capire che l'Italia non poteva fare la guerra contro il suo stesso esercito. Furono sospese le decimazioni e allungate le licenze, da 15 a 25 giorni. Si aumentò la paga e si migliorò il vitto. I soldati ebbero assicurazioni gratuite e furono pagati subito gli indennizzi alle famiglie dei caduti. Si lavorò alla propaganda, nacquero i giornali di trincea, con pagine umoristiche scritte dagli stessi fanti: l'esercito dimostrava di saper sorridere di se stesso, cosa impensabile con Cadorna. Ai corrispondenti dal fronte venne suggerito di rinunciare alla consueta retorica.

Al fronte interno fu chiesto il massimo sforzo: la vera rivoluzione industriale italiana coincide con gli anni della guerra; i 4300 operai Fiat diventano oltre 40 mila, i 200 operai dell'Alfa Romeo si moltiplicano per venti, l'Ansaldo passa da 6 mila a 56 mila operai, nasce l'industria aeronautica. Nel 1918 le fabbriche italiane impiegavano più lavoratori di oggi.

Insomma, nell'ultimo anno si fece la guerra in modo più moderno e più serio, badando a risparmiare vite umane, evitando rischi inutili, in attesa del crollo degli Imperi centrali, dovuto in primo luogo all'impegno militare, industriale e finanziario degli Stati Uniti. E quando l'esercito tornò all'attacco, sia pure con obiettivi limitati, per correggere la linea del fronte sull'altopiano di Asiago e sul Grappa, si affidò a nuovi reparti, creati nei mesi precedenti ma destinati ad avere un ruolo strategico nella guerra accorta di Diaz: gli arditi.

Il primo a sostenere l'esigenza di corpi d'assalto fu Cristoforo Baseggio; o almeno così scrive lui stesso, nel libro intitolato sobriamente *La compagnia della morte*, destinato a diventare un testo sacro del primo fascismo. Baseggio era un triestino che aveva combattuto contro gli inglesi nel Transvaal e in Sudan, poi in Marocco e in Libia. Volontario a cinquant'anni, aveva commilitoni come Paolo Giudici, che scriveva: «La guerra fu per noi una festa», un posto dove andare «cantando a piena gola, suonando e sparando, suscitando l'entusiasmo al nostro passaggio». E Mario Carli: «Gli arditi partivano ogni volta per l'azione non con la calma rassegnata di chi compie un dovere, non col sorriso forzato di chi vuole imporsi un contegno, ma con esplosioni di gioia barbarica che spargevano odore di orgia carnevalesca anzi che di battaglia imminente. Partivano in camion, tra nugoli di polvere e di esultanza, salutando i compagni e giurando, sulla punta del pugnale, di vincere». Anche Carli dopo la guerra indosserà la camicia nera. Al fez aveva già provveduto Diaz: fu dato in dotazione agli arditi dopo Caporetto, insieme con il moschetto, le bombe a mano e l'inevitabile pugnale.

La fama di accoltellatori li precedeva. Nel 1918 Guelfo Civinini traccia sul «Corriere della Sera» il ritratto di uno di loro: «Il caporale Verdirose dava fondo a un fiasco di vino e ripeteva nel suo schietto romanesco: "Ragazzi, oggi me ne vojo lavorà armeno cinque"». È il personaggio più famoso fra tutte le fiamme nere del battaglione, il caporale Verdirose. Ha 45 anni ed è ammogliato e padre. Prima della guerra era portiere al ministero dell'Interno. Partì volontario. Una volta la moglie gli scrisse: «Ammazzane quanti più possibile e viva l'Italia e Roma nostra!».

Altre volte, come testimonia il libro di Paolo Brogi *Eroi e poveri diavoli nella Grande Guerra*, gli arditi si macchiarono di veri e propri crimini. Così il tenente Pietro Marri racconta la strage dei prigionieri austriaci, negli ultimi giorni di guerra, dopo la cattura di una batteria che sparava su Bassano: «Alcune tende e della paglia bruciavano e illuminavano benissimo il campo; gli arditi erano feroci, pugnalavano ferocemente, selvaggiamente. Pensai per un momento di far cessare quella strage, ma nello stesso tempo mi vennero in mente le cannonate che arrivavano un anno prima sul mio ospedale di Bassano ... lasciai continuare l'eccidio. Gli austriaci morivano da vigliacchi. Erano armati, ma preferivano inginocchiarsi e implorare grazia: questa cosa mi disgustò».

«Improvvisamente» prosegue il tenente Marri «un ufficiale austriaco si precipitò verso di noi. Era un capitano e parlava l'italiano correttamente. Ci venne davanti salutandoci e pronunciando il suo nome ci tese la mano; io misi la mia in tasca guardandolo fisso. Parve offeso, ma non disse parola; ci pregò poi di dare ordine agli arditi di cessare la strage. "Cosa avete fatto di Bassano?" risposi. Comprese e abbassò la testa. Poi di nuovo: "Date ordine, vi prego". Gli risposi con un sorriso sardonico. Non parlò più, si allontanò di alcuni passi dopo aver consegnato la rivoltella, e seduto su un sasso con il mento appoggiato alle palme guardava muto.»

«Volli salvargli la vita; se lo lasciavo lì solo lo avrebbero ucciso sicuramente. Chiamai un soldato e glielo misi accanto con l'ordine di non lasciarlo toccare da nessuno. Ormai non c'erano più che cadaveri e i nostri uomini giravano, cercando e frugando. Camminai tra i morti contemplando quella scena funerea, accompagnato dal capitano austriaco. All'imboccatura di un'ampia galleria mi additò due cadaveri. "I miei ufficiali" disse. Si chinò, li rivoltò: erano entrambi colpiti da pugnale, uno al cuore, l'altro alla gola; il loro sangue inzuppava le uniformi e allagava il terreno. Il capitano era commosso. Dovetti chiamarlo forte per farlo venire via.»

Non tutti gli arditi però erano degli invasati. Molti erano uomini di coraggio che cercavano di sottrarsi allo stillicidio della trincea. Albino Castellani era un contadino della provincia di Verona, nato nel 1897 a pochi chilometri dal Garda. Arruolato a vent'anni, combatté sull'Isonzo. Non era entusiasta della guerra. Il suo migliore amico si finse pazzo per non partire, rischiando di finire davanti al plotone di esecuzione. Chiesero a Castellani se stesse simulando; lui rispose di no. Il suo amico restò a casa.

Nell'estate del '17 l'esercito iniziò a organizzare i reparti d'assalto. Il rischio era altissimo e le perdite in combattimento terribili, però la paga era alta, la disciplina quotidiana meno feroce e, soprattutto, si era esentati dai turni in prima linea. Nei mesi successivi i comandi andarono alla ricerca di volontari, spesso senza badare alla fedina penale.

Albino ci pensò un po' su, ritenne che fosse meglio accettare il rischio, e decise di offrirsi. Partecipò alla presa del Monte Santo, che costò una ferita da schegge al collo a lui e la vita a molti altri arditi. Poi, finita la convalescenza, fu mandato in Francia. C'era da restituire il sostegno ricevuto dopo Caporetto, anche per questioni di prestigio nazionale. Castellani combatté nella seconda battaglia della Marna, con il II reparto arditi, un battaglione inquadrato nel II corpo d'armata italiano, inviato in Francia nella primavera del 1918.

Dell'epopea di questo contingente non si parla quasi mai. È una delle solite amnesie italiane, per certi versi inspiegabile, dato che i nostri soldati combatterono con coraggio e al prezzo di terribili perdite. E il corpo di spedizione comprendeva due uomini destinati a lasciare traccia di sé: un veterano dell'Isonzo, Giuseppe Ungaretti; e un giovane sottotenente toscano dal nome tedesco, Kurt Suckert, volontario tra gli arditi proprio come superiore di Albino Castellani. Dopo la guerra avrà una lunga, fortunata e turbolenta carriera di scrittore e giornalista con lo pseudonimo di Curzio Malaparte: fascista mandato al confino dal fascismo, comunista guardato sempre con sospetto dal partito per la sua attitudine a dissacrare la storia patria – compresa la guerra civile – che l'ha reso popolare all'estero più che in Italia.

Nel giugno 1918, il II corpo d'armata è sottoposto alla prova più dura. Viene schierato lungo la piccola valle del fiume Ardre, delimitata da due costoni boscosi: da una parte il Bois de Vrigny, dall'altra il Bois de Courton e il Bois des Eclisses, detto anche «Montagna di Bligny», in realtà una collina alta meno di duecento metri. Il 23 e il 24 giugno i tedeschi sferrano un assalto contro i reparti della brigata Alpi, ma sono respinti grazie all'intervento degli arditi. L'attacco è solo rinviato: nella notte tra il 14 e 15 luglio inizia la seconda battaglia della Marna, detta anche battaglia di Bligny.

Subito dopo la mezzanotte le artiglierie tedesche aprono un violentissimo fuoco sull'intero fronte occupato della brigata, con largo uso di proiettili con gas. Malaparte così descrive l'attacco del 14 luglio: «Nulla potrà mai superare in orrore quel bombardamento. Fu un massacro. Seduti sull'erba, le spalle appoggiate ai tronchi degli alberi, in un terreno senza trincee, senza camminamenti, senza ricoveri, ci facemmo ammazzare allo scoperto, fumando una sigaretta dopo l'altra».

All'alba del 15 luglio le truppe d'assalto tedesche attaccano la montagna di Bligny con i carri armati. I soldati italiani, seppure ridotti alla metà, riescono a rallentare l'avanzata incendiando il bosco e combattendo tra le fiamme. La mattina del 16 luglio riprende l'attacco contro le postazioni del Bois de Courton: l'assalto all'inizio è respinto, poi nel pomeriggio il nemico si apre un varco con i lanciafiamme tra i battaglioni francesi e italiani. È allora che il generale Albricci, comandante del II corpo, ordina di concentrare tutto il fuoco d'artiglieria sul tratto che ha ceduto e poi lancia contro il nemico il II reparto d'assalto, che riesce a contenere l'impeto delle truppe tedesche.

Per gli italiani il fronte francese fu un vero massacro: in poco più di sei mesi, tra i 25 mila combattenti le perdite furono di 9334 uomini, tra cui 5 mila caduti, un livello in proporzione superiore a quello delle più sanguinose battaglie dell'Isonzo.

A parte l'inevitabile dettaglio del coltello tra i denti, i racconti di Albino Castellani non tornavano quasi mai sui combattimenti e sulle sofferenze, che tentava piuttosto di dimenticare. Ai figli raccontava invece di come, in libera uscita, lui e i suoi commilitoni avessero semidistrutto un paio di bar, di altre guasconate commesse in Francia e di come gli ufficiali li proteggessero dalle autorità locali, confermando la fama di avanzi di galera che avevano in molti.

Oggi le colline che circondano Bligny, con i suoi vigneti, sono un *locus amoenus* in cui nulla ricorda la guerra, se non il cimitero militare italiano, che colpisce per l'ampiezza e per la cura con cui è custodito. A differenza degli altri cimiteri della zona, è circondato da un muro di cinta e da un cancello in ferro battuto. All'ingresso ci sono la bandiera italiana, quella francese e quella europea. Dentro, un lungo viale di cipressi conduce a un piccolo tempio, al centro di quattro sterminati campi di croci.

Dopo la guerra gli arditi si riconobbero in buona parte nel fascismo. Altri virarono a sinistra e si ritrovarono negli Arditi del Popolo di Guido Picelli, che nel '22 sconfisse le squadre armate di Italo Balbo a Parma, prima di fuggire a Mosca. Morirà nella guerra di Spagna, forse colpito alle spalle dal «fuoco amico» dei comunisti che non gli avevano mai perdonato il suo spirito anarchico.

Albino Castellani mise su famiglia e riprese il lavoro nei campi, ma rimase legato gli ideali socialisti semplici e un po' naïf che aveva maturato in gioventù. Anche se non era un antifascista attivo, fu costretto a bere l'olio di ricino in pubblico. Ma era uno che in cuor suo non si arrendeva. Nel 1936, l'anno della proclamazione dell'Impero, nell'osteria del paese scoppiò una rissa. I motivi erano all'apparenza privati ma nascondevano gli antichi rancori politici. Aiutato dal cognato e da un amico, Albino regolò i conti con i fascisti del paese che, messi in fuga, lo accusarono di averli aggrediti lanciando insulti al Duce. Partirono subito la denuncia e il processo per direttissima alla Corte d'Assise di Verona, dove Castellani ebbe la fortuna di incontrare un «giudice galantuomo» che lo assolse per insufficienza di prove. Era ormai troppo vecchio per la seconda guerra mondiale, ma la sua casa fu sempre un rifugio sicuro per i partigiani della zona durante i venti mesi della Resistenza.

VI
La spia e l'inviata di guerra
E gli uomini scoprono la paura delle donne

La scoperta che le donne potevano prendere il loro posto non rassicurò certo gli uomini; anzi. La rivoluzione industriale e tecnologica d'inizio Novecento e la Grande Guerra coincidono con l'inizio di un altro fenomeno che ancora oggi segna il nostro tempo: la paura della donna, della sua intelligenza, della sua libertà sessuale, della sua capacità di fare le stesse cose degli uomini e magari di farle meglio. (Per loro fortuna, i maschilisti potevano contare talora su formidabili alleate: le donne stesse, a volte incapaci di solidarietà reciproca, spesso disposte a insegnare il maschilismo ai propri figli.)

Il vitalismo dei sostenitori della guerra era anche una resistenza al nuovo che avanzava, una difesa tardoromantica della tradizionale supremazia dell'uomo sulle forze che si andavano imponendo: la psicanalisi di Freud, la teoria dell'evoluzione di Darwin, la tecnologia degli scienziati come Marconi, e soprattutto la nuova «superdonna» che manifesta fiducia in se stessa, nelle proprie capacità, nella propria emancipazione. Non a caso il *Manifesto dei futuristi* esaltava, accanto alla «guerra sola igiene del mondo», anche «il disprezzo della donna». Che invece dimostrava di saper fare tutti, ma proprio tutti i mestieri «da uomo». Compresa la spia.

Su Mata Hari hanno scritto libri e fatto film. Di Luisa Zeni, spia italiana nella Grande Guerra, si sono occupati solo gli studiosi. Eppure la sua è una storia appassionante.

Quando Luisa ha undici anni, la suora incaricata di fare delle giovani trentine buone suddite dell'imperatore chiede in classe: «Qual è la città più bella?». La risposta esatta è: Vienna. Luisa invece risponde: Roma. Viene messa in castigo e additata all'ispettore scolastico in visita alla scuola, Prospero Marchetti. Lui le strizza l'occhio e le dice sottovoce: «Brava, avrei risposto proprio come te». Luisa Zeni è orfana di madre, morta quando aveva tre anni. È cresciuta con il padre e con il nonno, compagno d'armi di Garibaldi, che le raccontava di aver fatto arrivare al Generale messaggi e denaro nascosti dentro i pesci del Garda. L'ispettore Marchetti diventa per lei una sorta di tutore: la segue negli studi, le passa i libri da leggere. Qualche anno dopo, le cambierà la vita.

La guerra si avvicina, molti giovani di Trento e di Trieste che non vogliono combattere per l'Austria vanno a vivere a Milano. Luisa li segue. Ha solo diciannove anni. Ci si trova al Comitato irredenti adriatici e trentini, via Silvio Pellico 14. È qui che il capo ufficio informazioni dell'esercito, il colonnello Tullio Marchetti, cugino di Prospero, tenta di arruolare informatori; in particolare quella ragazza di cui ha sentito parlare in famiglia.

L'Italia è in ritardo rispetto all'Austria, che dispone di una rete di spie anche tra le mogli degli ufficiali italiani. Elisabetta Margherita Königsmarck, detta Keta, moglie dell'ammiraglio Piero Orsini, comandante della corazzata *Conte di Cavour*, riceve all'hotel Bristol di piazza Barberini i vertici delle forze armate italiane: il ministro della Marina, ammiraglio Camillo Corsi; il suo sottosegretario, onorevole Barattieri; e pure un ufficiale di sicuro avvenire, Pietro Badoglio. Attivissima pure Eleonora Gormasz, cognata del capo di Stato maggiore, il generale Alberto Pollio, predecessore di Cadorna, filoaustriaco, morto improvvisamente – in circostanze che destarono qualche sospetto – il 1° luglio 1914, tre giorni dopo l'assassinio dell'arciduca Francesco Ferdinando a Sarajevo. Scrive la storica Claudia Galimberti che «la Gormasz era solita attirare gli ufficiali nelle suite di famosi alberghi romani, finché la situazione divenne così palesemente offensiva dell'intelligenza del nostro ufficio informazioni che la donna fu arrestata».

A questo sofisticato sistema di spionaggio l'Italia contrapponeva una rete rudimentale, basata soprattutto sulle prostitute che frequentavano i diplomatici e i prelati austroungarici. Al colonnello Marchetti serve qualche bravo ragazzo: chi se la sente di risalire la valle dell'Adige, per capire come sono dislocate le forze nemiche? Gli uomini si dileguano. Luisa Zeni accetta.

Le danno una pistola, una borsa, un passaporto intestato a Josephine Müller, un biglietto del treno per Innsbruck, una boccetta di inchiostro simpatico, un reagente per leggere messaggi, un manuale per decrittarli. Luisa parte da Milano il 22 maggio 1915. Il rischio è pazzesco; mancano due giorni all'inizio delle ostilità. Alla frontiera con l'Austria deve scendere dal treno e proseguire a piedi. La fermano, la perquisiscono, la interrogano. Lei ha l'accortezza di posare la borsa sulla scrivania dell'ufficiale, come se non avesse nulla da nascondere: gli austriaci neanche la aprono; tanto meno controllano i bottoni della giacca, che nascondono gli indirizzi degli agenti italiani in Svizzera cui dovrà inviare le informazioni. Racconta di aver voluto lasciare Milano per non avere nulla a che fare con gli aggressori della madrepatria asburgica. Le credono e la lasciano passare.

Innsbruck è il centro dello sforzo bellico austriaco sul fronte delle Alpi. Luisa prende una stanza nell'hotel degli ufficiali dello Stato maggiore, l'Union. Con il trapano buca il parquet e vi nasconde la pistola. Ascolta ogni discorso. Tiene d'occhio la stazione, gli accampamenti, le manovre, e scrive a Zurigo all'agente «Silvio a Prato» per segnalare gli spostamenti delle truppe: per la fanteria scrive «papà», per la cavalleria «mamma», per l'artiglieria «fratello», per gli aeroplani «figli»; se intravede massicci movimenti di fanteria invia «saluti», se si muove la cavalleria «baci». I messaggi sono di questo tenore: «Papà parte oggi e manda saluti e baci, ma forse c'è un ritardo»; dove «ritardo» sta per mobilitazione generale. Un anno dopo questo genere di informazioni, oltre alle confidenze dei disertori, consentiranno all'intelligence italiana di avvertire il comando supremo che dal Trentino sta per partire la Strafexpedition; anche se non sarà creduta sino in fondo, e l'esercito si farà cogliere impreparato.

Luisa è talmente spregiudicata da sembrare sprovveduta. Finge di trovarsi in stazione per salutare un fratello, rivolge la parola alle sentinelle con pretesti all'apparenza sciocchi. Un giorno le impongono l'alt, lei fugge, si nasconde sotto un ponte, salta su una barca di pescatori, e spiega con un sorriso che sta scappando dal fidanzato.

Nonostante gli accorgimenti, la situazione non può durare a lungo. Gli austriaci fanno sorvegliare quella ragazza troppo curiosa. Il barista dell'albergo le chiede con insistenza come ha passato la giornata. Luisa si accorge di essere seguita. Cominciano a perquisirle la camera, senza trovare nulla. Lei lascia l'hotel e affitta una casa privata. La prima volta viene arrestata nella pensione dove si ritrova con i compagni trentini: vengono portati via tra due file di austriaci che gridano «Verräters!», traditori. La rilasciano dopo poche ore. Qualche giorno dopo, un'altra irruzione: Luisa si nasconde sotto il letto con uno studente di Ala, e riesce a trascinare in salvo pure un giovane farmacista di Trieste, che è svenuto per la paura.

Eppure continua il suo lavoro di spia. Un giorno nota che sulle due sponde dell'Inn sono accampate anche truppe tedesche, e trasmette l'informazione. Ha un terribile presentimento quando vede passare una donna in manette, avviata al patibolo per alto tradimento. La arrestano di nuovo, scoprono la sua duplice identità. Luisa si difende dicendo che a Innsbruck preferisce usare un cognome austriaco piuttosto che italiano: è una fedele suddita dell'imperatore, del resto suo padre combatte con l'esercito asburgico e suo zio è cappellano militare; e stavolta non sta mentendo. Viene rilasciata, con l'obbligo di restare a casa. Confesserà di esserci rimasta quasi male, e di aver avuto la tentazione di urlare: «Vi siete sbagliati, vi state lasciando sfuggire un elemento pericoloso!».

Ma quando, una settimana dopo, viene a sapere che a Telfs si stanno radunando reparti d'assalto pronti a un'offensiva, non resiste e va sul posto per verificare. Si nasconde in un bosco, aspetta il tramonto per sfilare via inosservata, ma quando torna a Innsbruck la padrona di casa la avverte che la polizia è venuta a cercarla, e tornerà più tardi. Luisa capisce che è finita. Si traveste da uomo e nella notte parte a piedi per Hall, una stazione secondaria, dove cercherà di prendere un treno per la Svizzera. Chiede un biglietto per Zurigo ma lo ottiene solo per Feldkirch, un villaggio di confine. Il treno è pieno di italiani esiliati dall'Austria o destinati ai campi profughi.

Alla frontiera un posto di blocco verifica i salvacondotti dei passeggeri, mentre due soldati a guardia dei binari fanno passare solo chi ha superato il controllo. Luisa non ha nulla, solo il passaporto intestato a Josephine Müller, mentre lei ora è un uomo e indossa un pantalone tirolese con mantella e berretto. Mostra fiera il suo documento, ma i frontalieri le fanno segno di andarsene. Lei tira avanti sicura e affronta le guardie come se avesse avuto il permesso di passare. Il trucco riesce.

È il ferragosto del 1915 quando Luisa rientra a Milano, via Zurigo. La sua missione di spia è durata meno di tre mesi, ma l'ha messa più volte in pericolo. Il colonnello Marchetti le dice soltanto: «Brava».

Comincia una nuova vita da crocerossina, reparto infettivi. Un fante calabrese le muore tra le braccia, un altro guarisce e la benedice. La Zeni si ammala di tisi, sopravvive, e finita la guerra parte per Fiume, a sostenere D'Annunzio e i suoi legionari che occupano la città, isolata dal resto del mondo. Ormai ha preso gusto ai travestimenti, stavolta da ferroviere: cammina di notte sui binari, salta su un treno in corsa, supera il blocco. Combatte in difesa della città sino all'ultimo, si occupa dei feriti insieme con due amiche e compagne d'avventura, Bina Abrate e Tullia Franzi. Fiume si arrende all'esercito regolare italiano il 31 dicembre 1920. Il fascismo riconoscerà a Luisa Zeni la medaglia d'argento al valor militare e una piccola pensione per curarsi. La nostra unica spia di guerra passerà il resto della vita nei sanatori.

«I racconti guerreschi non erano stati recitati invano presso la mia culla. A 3 anni giocavo alla guerra e facevo un fracasso indiavolato nelle battaglie che improvvisavo. A 4 anni mettevo in fila maschietti e bimbe e io in testa si marciava, naturalmente contro l'Austria. A 5 con le lettere maiuscole che papà mi aveva comprato per insegnarmi l'alfabeto composi due frasi: "Viva il re, a morte l'Austria". A 7 in una battaglia navale affondai tutta la flotta di mio cugino Loulou, ancorata nella vasca del giardino di casa nostra sul lago di Balaton: "Così perisca l'Austria!" gridai. A 8 anni mi sedevo sulle ginocchia di papà dicendogli "racconta", e lui raccontava senza mai stancarsi mentre io mi divertivo con i suoi baffi lunghi lunghi. Erano le stesse cose che io avevo già sentito con la ninna nanna cantata presso la mia culla.»

Stefania Türr potrebbe sembrare una pazza. Ma era difficile non restare segnate da un padre carismatico come István Türr, detto Stefano, «cuore metà d'angelo e metà di leone, che ride sotto le pallottole e piange davanti alla miseria» (la definizione è ovviamente della figlia), patriota ungherese formidabile nemico dell'Impero asburgico e grande amico di Garibaldi, governatore di Napoli dopo l'impresa dei Mille, marito di Adeline Bonaparte, a sua volta pronipote di Napoleone e cugina di Napoleone III.

Il fascino di Garibaldi è alla base di molte infatuazioni patriottiche delle donne italiane. A Stefania toccò un'altra guerra, meno eroica e molto più sanguinosa di quelle delle camicie rosse. Lei la combatté da giornalista. Nel maggio 1916 fondò il mensile «La madre italiana», oltre a un'associazione in sostegno degli orfani di guerra, per aiutare le vedove dei soldati ed evitare che i loro figli finissero in orfanotrofio. Quasi tutti gli articoli della rivista erano suoi, scritti in uno stile a volte tronfio, pieno di maiuscole: «È necessario che l'esercito senta che la Nazione ha fiducia in lui, che i soldati, nell'olocausto delle loro vite, sentano che tutto il popolo è in devota ammirazione, e Voi attingerete la ferma fiducia che l'Esercito è grande, i Soldati valorosi. Italiani! Un solo grido erompa dai nostri petti: Viva l'Italia! Viva l'Esercito! Soldati d'Italia! La Nazione vi benedice, perché opera con Voi, siate forti; rinnovate i prodigi del

Monte Nero, del Monte Santo, della Bainsizza, e salverete la Patria».

Il suo ideale è la madre spartana, che accoglie a ciglio asciutto la notizia della morte del figlio. Il suo bersaglio preferito sono le ragazze che vanno in giro come se nulla fosse, incuranti del momento storico, e i ragazzi non ancora arruolati. Dopo una passeggiata in Galleria a Milano scrive: «Abbastanza mi hanno tormentata gli spettacoli insopportabili dati da tutte quelle giovinette in vesti succinte, scollate e che le fanno apparire così sfrontate: ma non hanno un fratello, un amico al fronte, quelle disgraziate?». Il suo sogno è portarsi in trincea e diventare la prima corrispondente di guerra italiana.

Dopo numerosi tentativi respinti, Stefania Türr prende gli alti comandi per sfinimento, e viene accontentata. Fin dal viaggio in treno il sangue le ribolle di indignazione: «Io vado al fronte, e vorrei gridarlo alto specialmente a quella damina che mi sta incontro tutta agghindata come una pupattola e tutta intenta a tenere in buon ordine le pieghe del suo abito. E anche a quel giovanotto che mi pare così brutto nel suo abito borghese; che diamine, un giovanotto vestito da borghese in un treno che va verso Udine, ma perché vi è montato?».

L'inviata percorre il fronte quasi per intero. Sale sul San Michele e sul Monte Nero, cammina tra le trincee del Carso, visita il Calvario e Caporetto, guarda preoccupata la testa di ponte austriaca di Tolmino, ansiosa di vedere in faccia «il nemico di mio padre e della mia famiglia», descrive il Sabotino e Gorizia, vede Monfalcone e si spinge fin sotto l'Hermada. Ha con sé una macchina fotografica. Alle lettrici racconta come vivono i loro figli e mariti, descrive la gioia con cui accolgono i pacchi pieni di vestiti e viveri. Tace sul fatto che gli ungheresi combattono fedelmente accanto agli austriaci. Si lascia trasportare fin troppo dall'incontro con Cadorna, «condottiero di eserciti esperto, conoscitore della psicologia dei soldati e del popolo», con il generale Porro, «magnifico uomo di guerra», e con il re, «un padre» per gli italiani. Ma, come nota Federica Tagliaventi che ha raccontato la sua storia, la visione diretta del conflitto cambia il linguaggio e il pensiero di Stefania Türr.

La prima corrispondente di guerra si batterà anche per l'emancipazione femminile. Alle sue lettrici non bastano più racconti edificanti e informazioni di prima mano; chiedono che tanti sacrifici abbiano un senso. La Türr comincia una nuova campagna, perché la donna abbia diritto di voto e possa partecipare alla vita politica: «Oggi il bilancio morale e materiale degli anni di guerra è tutto a favore di noi donne e possiamo perciò presentarci a fronte alta dinanzi agli uomini e domandar loro: e ora? Nei giorni di lavoro febbrile, nei giorni della trepidazione e del dolore voi ci avete chiamate, noi siamo accorse e vi abbiamo dato l'aiuto necessario e proficuo; oggi che la nostra opera è compiuta attendiamo il nostro premio. Noi non possiamo più essere assenti dalla vita politica delle nazioni, e voi dovete provvedere».

VII

Poeti in armi

«Le notti chiare erano tutte un'alba»

La guerra era difficilissima da raccontare, e non solo per l'inviata Stefania Türr. Il più grande poeta italiano del Novecento, Eugenio Montale, che combatté presso Valmorbia, alle pendici del Pasubio, ha scritto sulla guerra una sola poesia. Definisce i soldati «volti dal cieco caso», «oblio del mondo». Ma non parla di combattimenti. Rievoca le notti in trincea, percorse dai rumori degli animali notturni:

Le notti chiare erano tutte un'alba
e portavano volpi alla mia grotta.
Valmorbia, un nome – e ora nella scialba
memoria, terra dove non annotta.

Dall'altra parte del fronte, Robert Musil ha un ricordo all'apparenza diverso, almeno per quanto riguarda i colori: «Il cielo restava blu tutta la notte» scrive nel racconto *Il merlo,* ispirato alla sua esperienza di guerra. Ma anche Musil, come Montale, restituisce la sensualità e la vitalità di quelle notti promiscue sulla linea del fronte: «Ogni notte facevo capolino più volte con la testa dal bordo della trincea ... Vedevo le azzurrine montagne del Brenta, che si stagliavano con il loro profilo come su un vetro lavorato ... A volte non riuscivo più a resistere e, folle di gioia e desiderio, strisciavo fuori per una breve scorreria notturna, fino alla tenebra verde dorata degli alberi ... Pareva che la paura di morire, che evidentemente pesa su ogni uomo come un macigno, fosse improvvisamente rotolata via e nell'incerta prossimità della morte fosse sbocciata un'inspiegabile libertà interiore».

Il più bel libro italiano sulla guerra, *Un anno sull'altipiano*, non è opera di uno scrittore. Emilio Lussu, «balente» ufficiale della brigata Sassari e coraggioso antifascista, lo scrisse vent'anni dopo i fatti, grazie alle insistenze di Gaetano Salvemini e a un lungo periodo di immobile convalescenza.

Però nella Grande Guerra si formano alcuni tra i migliori scrittori del Novecento, compresi i due grandi innovatori della nostra letteratura, Carlo Emilio Gadda per la prosa e Giuseppe Ungaretti per la poesia. Gadda e Ungaretti combattono a pochi chilometri di distanza, senza incontrarsi, senza conoscersi, ma hanno la stessa visione della guerra. Non la amano, però ritengono un dovere farla, e farla bene.

Ungaretti si sentiva profondamente italiano, ma non era quasi mai stato in Italia. Era nato ad Alessandria d'Egitto, aveva studiato a Parigi. Soltanto con la divisa, in cui si ritrova «come fosse la culla di mio padre», recupera appieno la propria identità, si sente parte di qualcosa molto più grande di lui, si riconosce «una docile fibra dell'universo», e trova rimedio allo spaesamento che aveva portato al suicidio il suo migliore amico, l'arabo immigrato in Francia Mohammed Sceab («e forse io solo so ancora che visse»). Così Ungaretti scende a bagnarsi nell'Isonzo e ne esce senza declamazioni retoriche, senza l'esaltazione nazionalista del soldato Mussolini («mi sono chinato sull'acqua fredda e ne ho bevuto un sorso con devozione. Sacro fiume!»); si sente semplicemente più consapevole di se stesso e della propria presenza nel mondo. Così nell'Isonzo Ungaretti riconosce gli altri fiumi della sua vita: il Serchio, sulle cui rive sono cresciute generazioni di suoi antenati; il Nilo, sulle cui sponde è nato; la Senna, dove si è riconosciuto come poeta; e l'Isonzo, in cui si riconosce come italiano.

Alcuni tra i versi più noti della nostra poesia sono legati alle esperienze di Ungaretti nella Grande Guerra: la mattinata di sole e di tregua a Santa Maria La Longa («mi illumino d'immenso»); la pietra del San Michele, «così fredda, così dura, così prosciugata, così refrattaria, così totalmente disanimata», cui il poeta paragona «il mio pianto che non si vede», per poi concludere: «La morte si sconta vivendo».

Se Ungaretti fosse caduto, non avremmo mai letto le sue poesie. Le scriveva su pezzi di carta che portava con sé. Forse non pensava neppure di pubblicarle. Un giorno a Versa, villaggio delle retrovie, un sottotenente innamorato della letteratura, Ettore Serra, fu incuriosito da quel soldato più anziano degli altri, che si stava crogiolando al sole e aveva trascurato di salutare l'ufficiale di passaggio. Anziché farlo fucilare o punirlo, gli chiese chi fosse e cosa facesse. Quando sentì parlare di poesie, il sottotenente Serra chiese di poterle leggere; il soldato Ungaretti si frugò nelle tasche, ne trasse i fogli e glieli affidò. Nacque così «Il porto sepolto», titolo ispirato all'antico porto di Alessandria, i cui resti erano stati disseppelliti dagli scavi archeologici. Sarebbe disonesto tacere che la prefazione fu affidata a Mussolini. Al Duce Ungaretti resterà sempre legato, ma non fu mai un intellettuale di regime: criticò il fascismo, difese i suoi amici ebrei, e negli anni del consenso lasciò l'Italia per insegnare in Brasile. Il suo disinteresse per il potere era assoluto, così come la mancanza di riverenza per l'autorità: nell'estate del '17 era andato al comando supremo a trovare un amico, e si lamentò delle condizioni dei soldati. L'amico gli disse di abbassare la voce: il generale Diaz, destinato da lì a pochi mesi a sostituire Cadorna, era nella stanza a fianco e avrebbe potuto sentire. Ungaretti reagì urlando: «Vorrei sapere che cosa passa per la testa del vostro generale. Che cosa passa per le teste di tutti, qui? I soldati sono esauriti, sono al limite estremo e quanto al morale è già a terra da tempo. Dove ci porterà tutto questo? Dove?».

Ungaretti si era presentato volontario, ma in un primo tempo era stato rispedito a casa. Poi per disperazione avevano richiamato anche gli uomini maturi come lui. Nel '17 fu mandato al corso ufficiali, ma non lo superò: giudicato «inadatto al comando», fece tutta la guerra come soldato semplice. In una lettera a Giovanni Papini scrisse: «La notte scorsa ho dovuto marciare per dieci chilometri o più sotto la pioggia scrosciante; mi sono lasciato andare cantando con gli altri soldati, e ho dimenticato me stesso: che allegria». I fanti, che avevano dieci anni meno di lui (Ungaretti era del 1888), lo adoravano: lo chiamavano «signore» e si offrivano di portargli lo zaino e il fucile. La loro precarietà ricordava al poeta quella delle foglie. Li chiamava «fratelli», ne piangeva la perdita:

Di queste case
non è rimasto
che qualche
brandello di muro
Di tanti
che mi corrispondevano
non è rimasto
neppure tanto
Ma nel cuore
nessuna croce manca
È il mio cuore
il paese più straziato.

Anche Gadda partì volontario, nel 1915, interrompendo gli studi di ingegneria. A differenza di Ungaretti, ebbe un comando di uomini, e lo esercitò sino alla fine nel miglior modo possibile. Disprezzava i generali, che in prima linea non si vedevano mai. «Certo una cosa è palese» scrive: «la mancanza di assiduità di questi comandi alla fronte, l'inefficace o nulla sorveglianza esercitata dai comandi in sottordine». Non stimava neppure «quell'idiota balbuziente del re». Nei giorni di Caporetto, Gadda aveva diritto a una licenza; l'aveva ceduta a un altro ufficiale ed era rimasto in prima linea. Sorpreso sul Krasji, una grande roccia a strapiombo sull'Isonzo, al comando della 407ª compagnia mitraglieri, combatte fino all'ultima cartuccia, poi tenta di sottrarre mille sbandati alla cattura guidandoli verso il fondovalle. «Avevo il cuore spezzato» scriverà. Gadda e i suoi passano l'Isonzo in fila indiana, su una passerella di legno, per scoprire che i tedeschi sono già sull'altra riva. Restano nascosti nel bosco fino a sera, nella speranza impossibile di trovare una via di fuga. Poi Gadda dà ordine di mettere fuori uso i fucili e di consegnarsi al nemico. Ovunque vede cadaveri, soldati sbandati e ubriachi, carcasse di muli. Due prostitute chiedono di essere presentate ai tedeschi, lui le tratta in malo modo. Si comportano peggio due reggimenti della brigata Salerno, che si arrendono in massa e issano sulle spalle come un trionfatore il sottotenente tedesco che li ha catturati: Erwin Rommel. Il comandante della brigata si siede sul ciglio della strada e scoppia a piangere.

Gadda marcerà sino al mattino dopo, insieme con i suoi uomini, verso il campo austriaco. E per ogni notte dei lunghi mesi di prigionia sognerà i suoi amici e i suoi cari che gli chiedono conto, che lo rimproverano per aver fatto passare i tedeschi. Molto tempo dopo, quando Mario Monicelli girerà *La grande guerra*, una delle sue commedie più realistiche sul carattere nazionale, Gadda andrà a vedere la prima, e uscirà dal cinema indignato. In realtà il film di Monicelli non è anti-italiano, semmai arci-italiano: Sordi e Gassman cercano di cavarsela, si lasciano prendere prigionieri, ma piuttosto che passare al nemico i piani del nostro esercito scelgono il plotone d'esecuzione («mi te disi proprio un bel nient...»). Però il pubblico in sala aveva riso, anzi «sghignazzato», e questo non era piaciuto a Gadda: un pubblico francese o tedesco non si sarebbe mai comportato così; la guerra era una cosa seria, e come tale i suoi commilitoni l'avevano combattuta.

Non tutti possono dire altrettanto. Alcuni intellettuali saranno coerenti con i loro proclami; altri si fermeranno alle parole. I futuristi sentono di non poter limitarsi a sostenere a gran voce l'intervento, e cominciano a prepararsi, ovviamente alla loro maniera. Così entrano nel «Battaglione lombardo volontari Ciclisti ed Automobilisti», unità paramilitare che addestra i suoi 500 uomini alla marcia e al tiro. I primi a presentarsi sono il capo, Filippo Tommaso Marinetti; un artista di straordinario talento, Umberto Boccioni; l'autore del *Manifesto dell'architettura futurista*, Antonio Sant'Elia; un pittore rientrato apposta da Parigi, Anselmo Bucci.

Quando l'Italia entra in guerra sul serio, il battaglione è dichiarato idoneo ai servizi al fronte, ma viene privato di tutti i richiamati alla leva, che andranno nell'esercito, quello vero. Restano solo gli uomini maturi, tra cui i futuristi, tutti riformati o appartenenti a classi non ancora richiamate. Ai primi di giugno si parte da Milano per Gallarate e poi per Peschiera del Garda, nelle retrovie del fronte trentino. A Marinetti, Bucci, Boccioni e Sant'Elia si uniscono Mario Sironi, Achille Funi, Carlo Erba, Ugo Piatti, Luigi Russolo. Il 12 ottobre il battaglione è trasferito a Malcesine, vicino alle linee. Il 24 ha il suo battesimo del fuoco nella battaglia di Dosso Casina, e partecipa alla conquista di una posizione sul Monte Altissimo. È poco più di una scaramuccia, ma i futuristi la celebrano come un'eroica impresa: Marinetti scrive di getto due componimenti, *Con Boccioni a Dosso Casina* e *I ghiri*, e una poesia grafica – *Battaglia a 9 piani* – dedicata a Fortunato Depero, che combatte negli alpini, come anche Giacomo Balla. A un amico Marinetti scrive: «Finalmente Futurismo assoluto – 8 giorni sotto il fuoco Vita gloriosamente futurista torturata da freddo passatista». Più prosaicamente, Boccioni annota: «I piedi gelati non lasciano dormire. Sironi verso mezzanotte viene da me e stretti con le gambe intrecciate cerchiamo di dormire. Niente». Ancora Marinetti, dopo un turno di guardia a cento metri dalle postazioni austriache, al fianco di Boccioni, Funi e altri due soldati: «Fu quella la notte più bella della mia vita!».

Il 1° dicembre il battaglione viene sciolto. I volontari sono congedati e richiamati alle armi con la classe di appartenenza. Qui le loro sorti si separano. Antonio Sant'Elia, medaglia d'argento al valor militare per il coraggio mostrato nell'attacco al Monte Zebio, nel luglio 1916, cade il 10 ottobre a Quota 85 di Monfalcone, colpito in fronte da una fucilata. È sepolto a Como in un sacrario che lui stesso aveva disegnato, poi compiuto da Prampolini e Terragni. Molti tra gli edifici che aveva sognato sono rimasti sulla carta, ma ispireranno le architetture di *Metropolis*, il capolavoro di Fritz Lang. Tra i futuristi cade anche il pittore Carlo Erba, sull'Ortigara.

Umberto Boccioni, forse il più grande pittore italiano del Novecento insieme con Modigliani, conosce anch'egli una morte precoce: durante un'esercitazione perde il controllo della sua cavalla spaventata da un autocarro, viene disarcionato e trascinato nella polvere, muore per le ferite. È il 17 agosto 1916. Aveva continuato a scolpire anche nelle trincee del Trentino, usando la pasta di pane, quando il sergente cuciniere glielo permetteva. Spiegava la sua scelta dicendo che «i miei ideali futuristi, il mio amore per l'Italia e il mio infinito orgoglio di essere italiano mi spingono irresistibilmente a compiere il mio dovere». Della guerra ha scritto: «Quando si attende di battersi, non è che questo: insetti + noia = eroismo oscuro».

Marinetti era invece convinto che la guerra fosse «la sintesi perfetta e culminante del progresso (velocità aggressiva + violenta semplificazione)»; meglio ancora se combattuta dagli altri. Lui finì in un reparto di autoblindo che gli ispirò il componimento *Nell'alcova d'acciaio*. Portò con sé la sua cagnetta Cazza, detta anche Zazà, che partorisce a bordo. Marinetti diventa un habitué del fronte dell'Isonzo, in particolare della tavola del generale Capello, che gli chiede di arringare le truppe: Marinetti ne approfitta per leggere a soldati stupefatti componimenti dai titoli immaginifici tipo *L'aeroplano del Papa* e *Coro dei pederasti*. Agli ufficiali della II Armata non sembra vero di pranzare con una celebrità. Badoglio lo lusinga: «Mi piace la vostra campagna contro il patriottismo commemorativo. Su questo sono con voi. Tutte le nostre guerre d'indipendenza dal '48 al '70 ci sono costate appena seimila morti!». E Capello, inorgoglito: «Ne ho riportati di più io a Oslavia». Un altro ufficiale osa parlare di «speranza». Capello si indigna: «Che cosa? Cosa? Cos'è questa parola?». Marinetti sentenzia, citando il suo aggettivo preferito: «È una parola passatista». Capello, entusiasta: «Sì, una parola passatista. "Speranza..." Io voglio la vittoria e vittoria sarà!».

Per i futuristi, i vitalisti, i nazionalisti, l'ingresso dell'Italia in guerra è una vittoria culturale. La loro linea violenta, sciovinista, superomista ha prevalso sulla prudenza di gran parte della nazione e sull'attendismo di Giolitti e del Parlamento. Dopodiché ognuno è rimasto solo con se stesso, con la propria natura, con la propria forza morale. Qualcuno sarà coerente, altri meno.

Corrado Govoni, che non sparerà un solo colpo, intitola il suo poema semplicemente *Guerra!*:

Incendiate, incendiate,
date fuoco alla terra che diventi un sole.
Devasta sconquassa distruggi,
passa, passa, o bellissimo flagello umano,
sii peste terremoto ed uragano.
Fa che una primavera rossa
di sangue e di martirio
sorga da questa vecchia terra,
e che la vita sia come una fiamma.
Viva la guerra!

Ardengo Soffici, ferito due volte sulla Bainsizza, non è da meno con il suo *Aeroplano*:

Fette d'azzurro ...
Impennamento erotico fra i pavoni reali delle nuvole ...
il mio cuore meteora si spande come uno sperma
nell'abisso fecondo del sangue ...
A 6207 metri incipit vita nova

Enrico Cardile, un altro futurista, coltivava sentimenti apocalittici fin da quando aveva perso i genitori e le sorelle nel terremoto di Messina. Capitano d'artiglieria, fu ferito in combattimento:

Sorgi tu Violenza, dall'abisso
ove t'incatena il sonno
ove t'incatena la servitù e la vecchiezza
o Violenza, sorgi, balena in questo cielo
sanguigno, stupra le albe
irrompi come incendio nei vesperi
fa di tutto il sereno una tempesta
fa con tutte le anime un odio solo.

E il suo collega Paolo Buzzi, volontario:

Oh gioia d'essere automa, una volta
di provar l'anima piccola scatolare
dei piccoli soldatini di piombo in fila dura!
Oh, lussuria, sapersi
la forza d'una forza, l'arma
d'un braccio formidabile, lo svelto
strumento di morte possibile della Società.

Anche un poeta della sensibilità di Umberto Saba vive la guerra come un dovere, e celebra la morte per la patria in giovane età con toni che evocano i lirici greci:

Poi che il soldato che non parte in guerra
è femmina che invecchia senz'amore
e c'è un binomio, che nel mesto cuore
uno squillo ancor dà: Trento e Trieste:
poi che la vita è un male, e son moleste
dopo la prima giovinezza, l'ore:
ma chi soldato fra i soldati muore
resta giovane sempre sulla terra.

Clemente Rebora considera la guerra «una missione» ma si dispera all'idea di mandare a morire i suoi uomini, descrive alla madre «il fango morale, la pietà, l'orridezza» del fronte, e nella sua poesia più celebre, *Viatico*, racconta l'agonia di un mutilato:

O ferito laggiù nel valloncello
tanto invocasti
se tre compagni interi
cadder per te che quasi più non eri...

Ferito dall'esplosione del proiettile di un obice, Rebora passerà la guerra vagando da un ospedale all'altro; vent'anni dopo si farà prete. Ma la sua *pietas* è un'eccezione rara. Viene in mente anche Fausto Maria Martini, che in *Perché non t'uccisi* spiega così la decisione di risparmiare un soldato austriaco, rannicchiato sotto la sua baionetta, in cui riconosce se stesso e la propria fragilità:

Non fu dunque per tema
s'io non t'uccisi: fu per non morire!
Per non morire in te: m'eri gemello,
o apparso sulla gemina trincea.

Tra gli altri poeti infuria semmai una gara di magniloquenza: Giulio Barni, volontario triestino, vuole «uccidere pace e menzogne»; Luigi Granturco, bersagliere, definisce gli italiani «la razza creata per essere padrona»; Vittorio Locchi, affondato sul piroscafo *Minas* da un sommergibile nemico al largo di Capo Matapan, coltiva una vena mistica e canta «i santi carnai dei nostri morti»; mentre ancora Soffici vagheggia, grazie alla neonata guerra aerea che ha plasmato il mito di Francesco Baracca, di poter baciare «la vulva del firmamento». Nessuno però poté eguagliare, per fama e per spietatezza linguistica, Gabriele D'Annunzio, autodefinitosi «poeta del massacro».

L'unico vero ammutinamento nell'esercito italiano avvenne nel luglio 1917. La brigata Catanzaro, decimata da due anni di combattimenti senza una sola licenza, aveva avuto perdite gravissime sull'Hermada, la collina che sbarrava la strada per Trieste. Dopo quaranta giorni in prima linea, la brigata fu mandata a riposare a Santa Maria la Longa, il paese dove Ungaretti aveva scritto «m'illumino d'immenso». Girava voce che la destinazione finale sarebbe stata una zona del fronte più tranquilla. Quando arrivò l'ordine di tornare sull'Hermada, la brigata si ribellò.

Per reprimere l'ammutinamento fu chiamata la cavalleria, insieme con i blindati e l'artiglieria leggera. Nello scontro morirono undici soldati e due ufficiali. A un tratto si diffuse la voce che in una villa vicina risiedesse il Vate. Un gruppo di insorti corse ad assediare la casa, gridando: «Morte a D'Annunzio!».

Il poeta dormiva in effetti poco distante, in un campo d'aviazione. Era stato nominato capitano dei Lancieri di Novara e aveva il permesso di accorrere ovunque, su qualsiasi fronte. Informato dell'episodio, si portò sul posto per assistere all'esecuzione dei soldati che l'avrebbero volentieri linciato.

Vennero fucilati in ventotto, contro il muro di un cimitero, come d'abitudine estratti a sorte. Erano tutti del Sud. Prima di morire intonarono una preghiera. Subito dopo, D'Annunzio ispezionò i cadaveri: «Vidi i berretti, gli elmetti, i brani delle cervella coperti dalle mosche a nuvoli, le righe del sangue già risecco tra gleba e gleba». Poi li perdonò: «Siete contadini. Vi conosco alle mani. Vi conosco al modo di tenere i piedi in terra. Non voglio sapere se siete innocenti, se siete colpevoli. So che foste prodi, che foste costanti...».

La responsabilità di D'Annunzio per l'ingresso dell'Italia nel conflitto è grande. Mussolini stesso ne fu impressionato, e da allora considerò il Vate come l'unico possibile rivale. Nei giorni in cui si decideva della pace e della guerra, D'Annunzio si stabilì a Roma e arringò la folla dal balcone del suo albergo: «Se considerato è come crimine l'incitare alla violenza i cittadini, io mi vanterò di questo crimine, io lo prenderò sopra me solo!». Non diversamente parlò il Duce, dieci anni dopo, quando scelse di rivendicare la responsabilità del rapimento, della tortura e dell'assassinio di Giacomo Matteotti: «Se il fascismo è stato un'associazione a delinquere, io sono il capo di questa associazione a delinquere».

D'Annunzio è terrorizzato all'idea che l'Italia possa saggiamente scegliere la neutralità. Quando ancora si tratta con l'Intesa e con l'Austria, per portare a casa il «parecchio» vagheggiato da Giolitti, il poeta dà fuori di matto contro i «pagliacci camuffati nella casacca tricolore»: «Viva la nostra guerra! Viva Roma! Viva l'Italia! Viva l'Esercito! Viva l'Armata navale! Viva il Re! Gloria e vittoria!». Thompson riporta anche un discorso in cui il Vate si dichiara formidabile nemico del turismo: «No! Noi non siamo, noi non vogliamo essere un museo, un albergo, una villeggiatura, un orizzonte ridipinto col blu di Prussia per le lune di miele internazionali, un mercato dilettoso dove si compra e si vende, si froda e si baratta. Il nostro Genio ci chiama a porre la nostra impronta sulla materia rifusa e confusa del nuovo mondo. Viva il re!».

Lusingato dalle continue citazioni, il 19 maggio 1915 il sovrano gli concede udienza. La sera del 20, dopo che il Parlamento ha votato la guerra, D'Annunzio celebra con un altro comizio: «L'onore della Patria è salvo. Non temiamo il nostro destino, ma gli andiamo incontro cantando. ... In ciascuno di noi arde il giovanile spirito dei due Cavalieri gemelli che guardano il Quirinale. Essi scenderanno stanotte ad abbeverare i loro cavalli nel Tevere, sotto l'Aventino, prima di cavalcare verso l'Isonzo che faremo rosso del sangue barbarico».

Ma è soprattutto il sangue italiano che il poeta pregusta. Se nel 1903 in *Laus vitae* aveva proclamato che «il grembo delle madri noi scruteremo col fuoco, e non rimarranno germi nelle piaghe fumanti», ora che si combatte davvero D'Annunzio è interessato in particolare al sacrificio: «Il sangue sgorga dalle vene d'Italia» esulta dopo il primo giorno di guerra. «L'uccisione comincia, la distruzione comincia. Uno della nostra gente è morto sul mare, uno della nostra gente è morto sul suolo. Tutto quel popolo, che ieri tumultuava nelle vie e nelle piazze, che ieri a gran voce domandava la guerra, è pieno di vene, è pieno di sangue ... Anche noi non abbiamo ormai altro valore se non quello del nostro sangue da versare.»

D'Annunzio in effetti non amava le vittorie. Aveva semmai una predilezione per le imprese inutili e le morti dolorose. Siccome non si riusciva ad arrivare a Trieste, pensò di far vedere il tricolore da lontano ai triestini, occupando il castello di Duino, oltre il fronte attestato sul fiume Timavo, e facendo sventolare sulla torre una bandiera gigantesca. L'idea era folle: prendere la fortezza sarebbe stato pressoché impossibile, e in ogni caso inutile: la città distava quasi venti chilometri, e i triestini non si sarebbero accorti di nulla.

Il comandante del battaglione destinato alla missione, il maggiore Randaccio, tenta di opporsi. D'Annunzio si precipita dal duca d'Aosta e ottiene il via libera. È la notte del

28 maggio 1917. Si avanza in fila indiana verso il Timavo: il poeta porta la bandiera. Un gruppo riesce a passare il fiume su una passerella, ma quando gli austriaci si accorgono dell'incursione e aprono il fuoco i soldati cadono uno dopo l'altro. Il Vate li invita ad avanzare. In quaranta si rifiutano. Il maggiore Randaccio ordina la ritirata. D'Annunzio, che si è guardato dal passare il fiume, aiuta i superstiti a salire sulla riva. Quando vede che i fanti rimasti dall'altra parte si sono arresi, ordina all'artiglieria di aprire il fuoco su quei «codardi»: gli artiglieri rifiutano e lo guardano minacciosi, il Vate intuisce che si mette male, ma si consola pensando che qualsiasi proiettile italiano al momento di trapassargli il cuore si trasformerà in diamante.

Randaccio è ferito a morte. Chiede a D'Annunzio di rendersi utile almeno porgendogli la capsula di veleno che notoriamente porta sempre con sé. Lui rifiuta: «Era necessario che soffrisse, affinché la sua vita potesse diventare sublime nell'immortalità della morte» scrive nell'orazione funebre. Il duca d'Aosta la fa distribuire ai suoi uomini. Il giorno dopo 800 tra fanti e ufficiali si arrendono agli austriaci sul Timavo, nel vedere che le loro vite vengono gettate via in quella maniera.

Solo una volta il Vate aveva scritto versi esultanti, per celebrare la presa del Sabotino che aprì le porte di Gorizia:

Fu come l'ala che non lascia impronte
il primo grido avea già preso il monte.

In effetti il pomeriggio del 6 agosto 1916 era stato esaltante. Il VI corpo d'armata prese il Sabotino in 38 minuti. Per una volta tutto aveva funzionato alla perfezione: il bombardamento da Tolmino al mare; il fuoco concentrato sulle alture attorno a Gorizia; il fattore sorpresa; e i dischi bianchi disegnati sulle schiene dei nostri fanti, per evitare che l'artiglieria sparasse su di loro, come di consueto. «Sembrano le legioni romane» esultò il re, guardando nel binocolo. (Il paragone con l'età classica era ricorrente in quegli anni. Conan Doyle, l'inventore di Sherlock Holmes, in visita al fronte, disse di Cadorna che pareva «un antico romano, un uomo fuso nel grande, semplice stampo dell'antichità». E Rudyard Kipling descrisse i generali italiani come «diavoli dalla fronte ampia, dai colli taurini, romani magri e tarchiati dal naso a becco: tutto il repertorio originario, animato da uno spirito nuovo».)

Ma l'eroe di Gorizia fu una sorta di Forrest Gump italiano, il sottotenente Aurelio Baruzzi, che volle verificare di persona le voci che aveva sentito: dopo aver perso il Sabotino e il San Michele, gli austriaci avevano considerato la città indifendibile, e si erano ritirati. Baruzzi guadò l'Isonzo, sventolando una bandiera italiana, e continuò a correre dentro la città, senza incontrare resistenza, fino alla stazione, dove issò la bandiera sul tetto più alto, ad annunciare che Gorizia era presa, anzi liberata.

La città, o quel che ne rimaneva dopo i bombardamenti, era deserta. Erano rimasti solo 1500 abitanti. Dal punto di vista strategico, non cambiava molto: gli austriaci si erano ritirati di pochi chilometri, attestandosi su vette ancora più poderose, il San Gabriele e il San Marco, che infatti non sarebbero mai state espugnate. Ma l'impatto sul Paese fu enorme. Finalmente c'era una vittoria da celebrare. Norberto Bobbio, che era del 1909, raccontava che il suo primo ricordo pubblico furono i festeggiamenti per la presa di Gorizia, che sconvolsero la vita tranquilla del quartiere borghese di Torino dove abitava. Per Giancarlo Pajetta, che era del 1911 e viveva dall'altra parte della ferrovia, nel quartiere operaio di borgo San Paolo, il primo ricordo furono gli scioperi contro la guerra.

Anche D'Annunzio ovviamente apprezzava i riferimenti alla classicità e al Rinascimento. Nella sua ode *Pel Generalissimo*, datata «15 decembre 1915», paragona Cadorna a Milziade, «l'eroe di Maratona», e a Bartolomeo Colleoni, «grifagno come Dante»; intravede sulla sua fronte il «segno mistico di Roma», e invoca i favori del «ricomparso Dio d'Italia». Alcuni versi non sono privi di una loro aulica efficacia:

Guarda la sua mascella che tien fermo,
guarda severità della sua bocca
onde il comando ed il castigo scocca,
e il lampo a cui la pàlpebra fa schermo
gravata sopra il chiaro occhio che scaglia
l'anima al segno e il tratto non misura.
Sempre in tutt'arme egli è senza armatura
tutta nel pugno nudo ha la battaglia.

E ancora:

Vìgila ai ponti dell'Isonzo; a Plezzo
tuona; a Tolmino folgora; tien Plava
e la vetta, Voraia e il passo; scava
la trincea nella neve ed issa il pezzo.
Gorizia in cor gli crolla. Il Carso gronda
sangue inesausto nel suo petto. Tutta
la terra combattuta, arsa e distrutta,
dentro gli sorge, dentro gli sprofonda.

Cadorna se non altro non si fa incantare. Quando legge l'incipit – «Questi, che vedi curvo su le carte / nel più duro granito del Verbano / tagliato e scarpellato fu, di mano / di maestro; e il vigor soverchiò l'arte» – commenta: «Ecco un modo elegante per dire che sono brutto».

D'Annunzio continuò a poetare per Cadorna e per il re lungo tutta la guerra. Due mesi prima di Caporetto ebbe quasi un presagio:

Tu tendi la potenza della morte
come un arco tra il Vòdice e l'Ermada;
torci l'Isonzo indomito, ove guada
la tua vittoria, col tuo pugno forte.

Giovine sei, rinato dalla terra
sitibonda, balzato su dal duro
Carso col fiore dei tuoi fanti imberbi.

Questo che in te si compie anno di guerra
scrolli da te, avido del futuro;
e al domani terribile ti serbi.

Non è chiaro se «terribile» sarebbe stato il domani o lo stesso Cadorna. Di sicuro le cose si stavano mettendo male e, dopo la rotta, la retorica di D'Annunzio passò di moda: il Vate dovette inventarsi altre forme di autopromozione, come la beffa di Buccari, quando salì con Costanzo Ciano su uno dei sommergibili Mas che violarono la baia croata di Bakar (notte tra il 10 e l'11 febbraio 1918), e il volo su Vienna (9 agosto 1918). Gli aerei che sorvolarono la capitale nemica gettarono un volantino scritto di suo pugno, talmente intricato – «sul vento di vittoria che si leva dai fiumi della libertà, non siamo venuti se non per la gioia dell'arditezza...» – da risultare intraducibile in tedesco; Ugo Ojetti, critico d'arte del «Corriere della Sera» in forza al comando supremo, dovette scrivere in fretta e furia un secondo volantino, per dire ai viennesi in sostanza che l'alleanza con i prussiani li stava portando alla rovina.

Nuovo vigore verrà a D'Annunzio dalle difficoltà nelle trattative di pace, segnate dalla linea degli Stati Uniti, che impongono il riconoscimento delle nazionalità e frustrano le ambizioni italiane di espansione nei Balcani. Sarà il Vate a coniare l'immagine della «vittoria mutilata», destinata a un successo più duraturo dell'occupazione di Fiume, una sorta di prova generale dello squadrismo, dissoltasi di fronte alle cannonate delle truppe regolari inviate a riportare l'ordine.

Forse leggere D'Annunzio con gli occhiali di oggi non aiuta a comprenderlo. Ma di sicuro suonano più vive le parole di Giuseppe Ungaretti, quando scrive:

Cessate d'uccidere i morti,
non gridate più, non gridate
se li volete ancora udire,
se sperate di non perire.
Hanno l'impercettibile sussurro,
non fanno più rumore
del crescere dell'erba,
lieta dove non passa l'uomo.

O quelle di Carlo Emilio Gadda, quando raccomanda a un amico che, qualora fosse morto, l'annuncio avrebbe dovuto essere più semplice possibile: evitare «patria, onore, fervida gioventù, fiore di giovinezza, odiato nemico, orgoglioso e commosso eccetera»; sarebbe bastato: «È caduto in combattimento».

VIII

«Sempre con quei che le ciapa»

Il no della moglie di Cesare Battisti al Duce

«Siora Battisti, mi non capiso perché Ela la se mete sempre con quei che le ciapa.» Questa era la frase in dialetto trentino che la domestica Faustina ripeteva spesso a Ernesta Bittanti Battisti, non capendo per quale motivo, anziché fare la vedova dell'eroe, si mettesse sempre «con quelli che le prendono». Gaetano Salvemini la definì invece «l'ultima donna del Risorgimento Italiano».

Ernesta era nata a Brescia e aveva passato la giovinezza tra la sua città, Cremona e Cagliari, dove la famiglia si era spostata al seguito del padre, docente di matematica e preside. A Cagliari è la prima ragazza iscritta al liceo statale, nel 1882. Nel 1890 studia lettere e filosofia a Firenze, dove si è trasferita con due sorelle e un fratello.

Casa Bittanti diviene ben presto un cenacolo di giovani intellettuali. Salvemini, Alfredo Galletti, Assunto Mori, i fratelli Rodolfo e Ugo Guido Mondolfo si incontrano lì per discutere di politica e letteratura. Con loro c'è un giovane trentino, che si batte per riportare la sua città all'Italia: Cesare Battisti.

Nel discorso con cui riprende la docenza all'università di Firenze dopo il fascismo, Salvemini così parla di lei: «L'influenza più felice la ebbe su di me una compagna, che veniva da Cremona. La chiamavo "Ernestina" e continuo a chiamarla Ernestina tutt'ora. ... L'Ernestina era assai più colta di me. Fu lei che mi rivelò i romanzieri russi. Fu lei che mi fece conoscere la Rivista di Filosofia scientifica».

Nel 1896 Ernesta è tra le prime italiane a laurearsi. Insegna letteratura, ma nel 1898 viene radiata da tutte le scuole del Regno per le sue idee socialiste. Nel 1899 sposa Battisti in una cerimonia civile a Firenze, a Palazzo Vecchio, si trasferisce a Trento e con lui fonda un giornale socialista, che esce all'alba del nuovo secolo. Il 7 aprile 1900 la piccola tipografia che Cesare ha rilevato nonostante l'ostilità della polizia asburgica stampa il primo numero de «Il Popolo». Si andrà avanti fino al 25 agosto 1914, tra difficoltà finanziarie e centinaia di sequestri.

«Il Popolo» non è solo un giornale di partito: alla politica e alla cronaca si affiancano la scienza, la cultura, la letteratura, l'arte, i problemi sociali. Ernesta Battisti è una polemista coraggiosa. Firma analisi sulla condizione delle donne di servizio, propone alla Camera del Lavoro di stabilire i diritti della categoria e di istituire una scuola professionale che conferisca al lavoro di domestica la dignità di qualsiasi altra professione. Tre articoli, nel 1900, nel 1907 e nel 1913, sono dedicati all'abolizione della pena di morte, ancora in vigore nell'Impero asburgico. Dal marzo 1906 inizia la sua campagna a favore del divorzio, in polemica con la morale cattolica. I nipoti ancora la ricordano dritta e impassibile, dietro la finestra dalle tapparelle chiuse, nella casa di corso 3 Novembre a Trento, mentre la processione della Madonna Pellegrina sosta davanti al suo portone invocando il perdono di Dio per quella donna «senzafede».

Nel 1901 nasce il primogenito Luigi, detto Gigino; poi vengono Camillo e Livia. Ernesta continua a scrivere e a fare politica: la notte di Capodanno del dicembre 1908 va a Messina per portare aiuti ai terremotati. Il marito è deputato socialista a Vienna, dove ha come collega un trentino che invece è molto legato alla Chiesa, Alcide De Gasperi. Battisti approfitta del suo status per visitare le zone di frontiera tra Italia e Austria, ispezionare le difese, esaminare i salienti: già pensa al conflitto che verrà.

Nell'agosto 1914 Ernesta riceve una cartolina molto particolare dal marito. Sotto il francobollo, in calligrafia minutissima, Cesare ha scritto: «La guerra è sicura. Per questo insisto cessazione Popolo e Tua venuta nel regno». Così Ernesta chiude il giornale e lascia Trento con la famiglia. Per mantenere i figli ricomincia a insegnare. Il marito gira l'Italia a tenere conferenze in favore dell'intervento: a volte viene acclamato, altre volte messo in fuga dai neutralisti. Volontario, offre a Cadorna le informazioni di cui dispone, ma non viene neppure ricevuto: «Sua Eccellenza il comandante supremo dell'esercito non ha bisogno di consigli dal tenente Battisti» gli viene riferito da un capitano dopo ore di anticamera. Per la moglie sono gli anni delle lettere dal fronte, dell'attesa, della paura.

Catturato in montagna, il 12 luglio 1916 Cesare Battisti viene impiccato nel Castello del Buonconsiglio di Trento. Quel giorno Ernesta è a Padova, dove in un crescendo di angoscia e presentimenti la raggiungono notizie confuse, che danno Cesare prima caduto sul fronte, poi prigioniero. Apprende con certezza dell'esecuzione solo cinque giorni dopo, il 17 luglio. Le fotografie degli ultimi momenti di Battisti e degli austriaci che ridono attorno al cadavere accenderanno l'indignazione dell'intero Paese.

Ernesta non avrà altri mariti. Cesare era insostituibile. Il loro rapporto era segnato dalla sintonia intellettuale: un grande amore reso più forte dagli ideali politici e nazionali. Anche per questo la moglie di Battisti si batterà per tutta la vita contro l'uso strumentale che si tenterà di fare della sua memoria. Per gli austriaci, l'ex deputato al Consiglio dell'Impero e alla Dieta provinciale di Trento era un traditore, un sovversivo: la denigrazione riguardava anche la vedova, spesso chiamata in modo sprezzante dagli avversari di parte clericale solo Ernesta Bittanti, nel rifiuto di riconoscere il suo matrimonio civile. Per il Duce, il martire socialista e nazionalista rappresentava l'eroe ideale, a costo di piegare le sue idee a quelle del regime. Un'operazione cui Ernesta fu sempre contraria, fin da quando curò la raccolta degli *Scritti politici* di Cesare, pubblicata da Le Monnier.

Nel 1923, a gennaio, risponde così agli auguri di Natale inviati da Mussolini, che aveva collaborato brevemente anche al «Popolo»: «Non so quanti dei rappresentanti del popolo italiano che voi schiaffeggiaste con il vostro disprezzo ... abbiano misurato il fallimento e lo schianto. Ma ebbero i brividi i costruttori di questa Italia, pensatori martiri e soldati di un secolo intero! Alla Storia non si dettano leggi: ma Vi ha scelto espressione di un ben terribile destino, di reggere ... l'Italia incatenandola ed umiliando il suo spirito vitale!».

Il 22 giugno 1924, dodici giorni dopo l'assassinio di Matteotti, i fascisti tengono un'adunata a Trento. Ernesta Battisti, accompagnata da Piero Calamandrei, si reca polemicamente alla fossa del Buonconsiglio e vi si trattiene a lungo, velando di nero in segno di lutto il cippo che segna il luogo dell'esecuzione di Cesare.

Nel 1930 la famiglia si trasferisce a Milano. Quando nel 1938 vengono promulgate le leggi razziali, la sua ribellione morale è immediata. Nel diario tiene nota della tragedia antisemita e delle partenze degli amici ebrei. Telesio

Interlandi, il direttore de «La difesa della razza», la definisce «pecora matta». Alla morte dell'amico Augusto Morpurgo, Ernesta Battisti firma sul «Corriere della Sera» del 18 febbraio 1939 un necrologio, vietato per gli ebrei. In altri casi è severa. Sul diario ricorda così l'incontro con Isa Sarfatti, moglie di Carlo Foà: «Ho avuto la visita di un'ebrea (fascista, col marito, della prima ora), redattrice, quasi direttrice di "Gerarchia". Il marito, un esimio scienziato, dimesso dall'università. Sono alla vigilia della partenza per l'America. Non mi ispira pietà. Avrei voluto rammentarle, ma non lo feci, le vittime della sua ideologia fascista e, di questa, i principi perfettamente in regola colla persecuzione ebraica».

Dopo l'8 settembre 1943 la famiglia è costretta a fuggire in Svizzera. Da Lugano, Ernesta collabora con i partigiani della val d'Ossola, con i quali combatte suo figlio Gigino. Il 24 settembre 1943 scrive al presidente della Confederazione elvetica ringraziandolo per l'accoglienza, ma esprimendo grande turbamento per notizie, «che spero inconsistenti», sul «rifiuto d'asilo a gruppi di Israeliti».

Con la fine della guerra Ernesta rientra a Trento. Ma il dolore non la abbandona. Il 14 dicembre 1946 muore in un incidente ferroviario il figlio Gigino. Dopo il suo impegno nella Resistenza, era diventato il primo sindaco socialista di Trento ed era stato eletto alla Costituente, di cui era segretario. Dopo la morte del figlio, Ernesta si chiude in un isolamento rigoroso, mantenendo però i contatti con i vecchi amici ritrovati dopo la guerra, in particolare Salvemini. Dallo studio che ha condiviso con il marito continua a scrivere. Firma pubblicazioni sull'autonomia e la questione altoatesina, in polemica con le posizioni di De Gasperi: era contraria all'istituzione della regione autonoma che univa Trento con Bolzano, proponeva semmai una soluzione improntata su due province separate, simile a quella che anni dopo mise fine alla crisi dell'Alto Adige. Anche durante la lunga malattia che l'avrebbe portata alla morte, Ernesta Bittanti Battisti pubblica articoli e monografie di letteratura, storia, pedagogia, arte, compreso un saggio sulla *Primavera* del Botticelli.

Si spegne a Trento il 5 ottobre 1957, un mese dopo l'amico Salvemini, 41 anni dopo il marito, disponendo per sé funerali laici. È stata una grande donna. La Fondazione del museo storico del Trentino le ha dedicato una raccolta di scritti per preservarne la memoria, che dovrebbe essere patrimonio dell'intera nazione.

IX

«Quanto mondo ci restava da vedere?»

Dal Trentino alla Cina (via Siberia)

Il sacrificio di Cesare Battisti, e l'ostinazione con cui sua moglie ne salvò la memoria, si comprendono meglio se si considera il dramma dei trentini e dei triestini: italiani di lingua e di cultura; ma sudditi austriaci. Nel 1914 l'imperatore li mandò a combattere in Serbia o in Galizia, contro i russi. In 25 mila furono fatti prigionieri, e spesso rinchiusi nei campi in Siberia. Molti di loro si dichiararono «irredenti», e furono liberati: in quanto italiani, erano legati a una nazione alleata della Russia. Ma con il crollo del regime zarista e poi con la rivoluzione d'ottobre si ritrovarono in un Paese dilaniato dalla guerra civile.

A migliaia riuscirono a raggiungere Tientsin, sede della concessione italiana, una piccola colonia in Cina, dove costituirono il Corpo di spedizione italiano in Estremo Oriente. Il loro compito era difendere la ferrovia Transiberiana, su cui viaggiavano gli aiuti dell'Occidente ai russi bianchi. Furono chiamati «battaglioni neri», dal colore delle mostrine. Alcuni combatterono contro i bolscevichi a Irkutsk, Harbin, Vladivostok, fino all'estate 1919, e tornarono a casa nel 1920, dopo sei anni di assenza.

Fioravante Gottardi era uno di loro. Nato a Brentonico, a sud di Trento, contadino, sposato con Emilia, cinque figli di cui solo due sopravvissuti, Flora e Nerina, fu mobilitato il 2 agosto 1914. Ci ha lasciato un diario, scritto a mano su un quadernetto, dattiloscritto nel 1925 da suo nipote Enrico, e pubblicato nella collana «Scritture di guerra» a cura del Museo storico di Trento e del Museo della guerra di Rovereto, che svolgono un lavoro preziosissimo di recupero e custodia della memoria. Narra la vicenda di un uomo comune proiettato nel cuore della storia, tra cose troppo più grandi di lui – rivoluzioni, cambiamenti epocali, scoperte tecnologiche, scontri tra civiltà –, attraversate con il solo pensiero di sopravvivere e tornare a casa.

«Il giorno 14» scrive Fioravante Gottardi «andai a giurare fedeltà alla patria. Una patria non mia. Ma se non si voleva venir fucilati bisognò giurare per forza.»

Il viaggio verso il fronte dura nove giorni: sei di treno fino a Leopoli, e tre di marcia tra paesi in fiamme. «La povera gente fugge di qua e di là con un po' di masserizie sulla schiena. Arrivano alcuni feriti i quali ci dicono che la strage è grande e che i russi sono molti di più, calcolando che ogn'uno di noi ne ha cinque. Bel conforto che ci hanno portato!»

«Giunti alla fine del bosco il terrificante spettacolo della battaglia si presenta davanti ai nostri occhi! Il tuono dei cannoni, lo scoppio delle bombe si confonde colle grida strazianti dei feriti, cogli ultimi gemiti *arrantolati* dei moribondi! In un momento mi si affaccia alla mente la famiglia, ma il grido del comandante mi fa dimenticare tutto: "Avanti all'assalto!". Sortiti dal bosco, avanziamo di corsa mischiandoci colle altre file e al suono di tamburi e trombe assaltiamo i russi. L'urto fu tremendo, poiché il nemico volge le spalle e fugge. Quale massacro!!!»

Fioravante Gottardi racconta la guerra con il linguaggio del lavoro dei campi: «Giunta la notte comandano la raccolta. Soltanto allora si può constatare quanti compagni mancano. Quante famiglie disgraziate!!!».

«Mentre avanziamo per la pianura, il giorno 9 [settembre], l'artiglieria nemica ci prende di mira e in pochi momenti comincia lo sterminio. Povero il mio battaglione! Le palle cadono come la pioggia e non abbiamo nessuna difesa. La morte mi gira d'attorno. Una granata scoppiata a due passi mi gettò in là di altri dieci. Mi rialzai un po' malconcio, ma fortunatamente senza alcun male. Il comandante la mia compagnia alza la voce con un grido: "Si salvi chi può!". Povero lui! Forse sarà stato il suo ultimo grido, poiché da quel giorno non lo vidi più. Quando venni a sapere che era caduto, mi dispiacque, poiché con noi italiani era buono essendo pure lui italiano.»

«Dal 2 al 12 ottobre a marce forzate con fame e freddo attraversiamo i Monti Carpazi. Quando qualcuno cadeva stanco e sfinito lungo la via, i superbi ufficiali a cavallo, ben pasciuti, levavano la sciabola o il revolver, e li cacciavan innanzi come fossero dei malfattori!!! In queste dure marce il mio unico desiderio è di giungere di fronte ai russi, affinché ci sia una palla che mi liberi da questa insopportabile vita.»

«Giorno tremendo il 13 ottobre!» La compagnia è sotto il tiro nemico. Fioravante Gottardi si salva nascondendosi nella buca scavata da una granata, insieme con quattro compagni, con l'acqua fino al ginocchio. Nella notte i superstiti ricevono l'ordine di scavare una trincea. «Sentiamo parlare i russi, tanto sono vicini.» L'ordine è di attaccare all'alba. «Penso che ai piedi di quella trincea cadremo tutti, ma già poco m'importa il morire, anzi meglio così ed essere poi liberati da questa vita di stenti. Ma tosto il mio pensiero vola alla famiglia, e una lagrima mi scorre sul ciglio.» Arriva invece il contrordine: lasciare la trincea e ritirarsi nel bosco.

«Il 26 mi porto in alcune case per cercare del latte ed entrando da una porta trovai due cadaveri morti di colera. Anche tra noi è cominciata la peste.»

«Il primo novembre arriviamo a Semitz e troviamo l'Arciduca Carlo che ci saluta cordialmente mentre passiamo davanti alla sua automobile. Noi sembriamo una banda di briganti, coi capelli e la barba lunghi e arruffati e le monture infangate. Un grido di evviva s'innalza per l'Arciduca, ma dalla mia bocca come pure da quella di altri italiani non esce sillaba, comprendendo anche noi che non ci toccava di gridare evviva a coloro che volevano sopprimerci.»

Giunge l'ordine di trasferimento. Un giorno e una notte di treno, senza sapere dove. Si sparge la voce che si torna in Tirolo, vicino a casa, fino a quando non appare il cartello che indica Cracovia. Arriva la posta con lettere delle famiglie. L'indicazione degli ufficiali è che «tra poco andremo a trovare i russi e non occorre perciò risposta».

Fioravante va a dormire con un presentimento: «O morto, o ferito, o prigioniero questa volta dovrò essere. Io però non saprei quale condizione di queste tre scegliere». Sarà il nemico a scegliere per lui.

«I russi sbucano fuori da un bosco come le formiche e in un batter d'occhio ci sono addosso e si genera una confusione di babilonia: chi grida disperatamente, chi cade colpito. Fuor di me, scorgo un gruppo di uomini: mi avvicino e, invece di trovare compagni, mi vedo circondato da russi. Come risvegliandomi, forse a tempo, getto a terra il fucile e un russo mi salta addosso abbracciandomi come se fossi suo fratello e mi domanda, in tedesco, di quale nazione fossi e rispondendogli che sono italiano mi dice: "Noi siamo amici degli Italiani...". Così termino l'aspra vita di guerra, e comincio quella umiliante del prigioniero.»

All'inizio i russi sono gentili, offrono sigarette e un paglierìccio su cui dormire. Ma poi il gruppo dei prigionieri viene affidato a quattro cosacchi a cavallo, che li spogliano di orologi, occhiali e «qualsiasi cosa di valore». «Tutti quanti siamo sdegnati e non potemmo far a meno di dire loro "vigliacchi" e simili, ma essi non comprendono e ogni resistenza è inutile. Il giorno seguente riceviamo il rancio al costume russo: dieci uomini in una sola mastella, come i maiali. Per otto giorni di seguito, continue marce, con un rancio al giorno, freddo e stanchezza. Dopo tante sofferenze, siamo condotti a Ivangrot [Ivangorod, sulla Vistola] e ci portano alla stazione. I russi dicono che andiamo in Siberia.»

Il viaggio dura un mese. Il 27 dicembre i prigionieri italiani arrivano al campo. Ci sono 50 gradi sotto zero. Il 31 dicembre 1914 Fioravante Gottardi riuscì a trovare la carta «per scrivere alla famiglia la sorte toccatami».

Dopo un mese il prigioniero si ammala. Non riesce più a muovere le gambe. Il medico del campo dice che sono solo reumatismi. Ma lui ora non muove più neanche le braccia. «Mi trovo in una condizione da far pietà ai sassi, colla persona immobilizzata, disteso su un cavalletto senza coperte e paglierìccio.» La camicia, infestata dai pidocchi, è la stessa dall'inizio della guerra. Gli infermieri, «che sono germanici», non si occupano dei malati ma solo dei morti, per spogliarli «delle poche cose buone». «Mi sembra di essere all'inferno. Quando la notte, che sono solo coi miei dolori, sento qualcuno che esala l'ultimo respiro, provo quasi un senso di invidia, pensando ch'egli non soffre più.»

Invece Fioravante Gottardi si salva. All'ospedale di Čita, nell'estrema Siberia sudorientale, al di là del lago Bajkal, guarisce e recupera le forze. Può così tornare al campo, con «austriaci, germanici, turchi, slavi, romeni, magiari e i compagni italiani».

A maggio compaiono i primi casi di tifo. «Attorno alla caserma viene piantato uno steccato guardato da sentinelle affinché nessuno possa andare né venire. Il tifo *da* i suoi effetti. Dopo due o tre giorni i malati cominciano a morire. Ogni giorno muoiono 7 o 8, e anche sei trentini lasciano le loro misere spoglie in questi deserti. Chi pregherà sulla loro tomba?»

Luglio 1915. «È arrivato in questi luoghi un trentino, impresario di lavori. Con nostro piacere ci offre il mezzo di fare del guadagno, lavorando nella sua impresa. Accettiamo senz'altro e avuto il permesso del medico cominciamo a lavorare nelle caserme del concentramento in lavori di bitume. Apprendiamo che anche l'Italia è entrata in guerra, avendo per mira di liberare Trento e Trieste. Se questa notizia fa svanire le speranze *d'un prossimo* fine della guerra, pure ci soddisfa pensando che forse diventeremo realmente italiani.»

Agosto. «Il nostro connazionale ci fa avere dei giornali italiani. *Gli* leggo avidamente (mi sembrava di non essere più capace di leggere) e apprendo che il Regio Esercito Italiano ha oltrepassato i confini. Faccio fervidi voti che giunga il più presto a Trento e così chiamarci veramente italiani e ritornare alle nostre care vallate.»

1° novembre 1915. «Gustiamo una bellissima giornata, e in tre parti del firmamento si vede l'arcobaleno. Vado anch'io a vedere la rarità e sento pure dire alcuni che sarà il segno di pace prossima. Poveri prigionieri che ci illudiamo, siamo tornati quasi bambini!» Ogni tanto arriva una cartolina da casa, «ma non mi spiegano nulla della guerra, e ciò probabilmente per la censura».

Secondo Natale nel campo. «Un altro trasporto di prigionieri giunge il 9 gennaio. Ben sessanta furono trovati morti nei vagoni, sfiniti dal lungo viaggio e dal freddo intenso di queste contrade. Non avrei mai pensato di resistere a 40 gradi sottozero. Invece ho resistito.»

«La sera di questo stesso giorno, mentre sto leggendo un giornale italiano di vecchia data, un caporale di cancelleria mi porta due lettere. Mi trema la mano nell'aprirle, temo sempre nuove sciagure. M'inganno, poiché ancor nelle prime righe apprendo che i soldati d'Italia hanno occupato Brentonico e altri paesi della vallata e la mia famiglia è rimasta a casa [evitando la deportazione], contenti di trovarli fra gli italiani. Con mia sorpresa mi giunge anche una cartolina dalla Boemia. È di mia sorella. Dove diavolo l'hanno confinata! Mi chiede notizie di suo marito che è fra gli sperduti e non scrive da un anno. Poveretta, dove si è rivolta. Cosa potevo sapere io, che ero sempre vissuto in un deserto, lontano dalla civiltà? Mi sembra che una insormontabile barriera si elevi tra la Siberia e l'amato Trentino. Potrò io sormontarla?»

Arriva una crocerossina austriaca, accolta con gioia nella speranza che porti cibo e vestiti. «Ci ha portato invece un rublo e i saluti dell'imperatore. BELLA CONSOLAZIONE! Se non son morto per il passato, anche senza i saluti di Francesco, spero di vivere ancora e forse più di lui.»

Il 17 giugno arrivano tre soldati russi armati con l'ordine di partire subito. In un'ora gli italiani sono in stazione con il sacco in spalla. «Il treno viaggia giorno e notte. Passiamo il grande lago Baikal [Bajkal] e il 21 arriviamo a Irkutz [Irkutsk], capitale della Siberia. Il 25 arriviamo a Ashinski [Ačinsk] e qui ci fermiamo. Con una marcia di un'ora raggiungiamo l'accampamento. Qui troviamo altri trentini e triestini riuniti dai vari accampamenti della Siberia.» Poi si riparte ancora: gli Urali, il Volga, fino a Tambov.

«Ci conducono in un grande cortile e ci portano pane e salame. Dopo due ore arriva un tale con un registro e alcuni contadini che mi sembrano tanti orsi. Ci osservano quali di noi hanno i muscoli più forti, mentre un senso di ripugnanza si scorge in tutti, parendo di vedere un mercato di schiavi. Entra poi un signore, il quale domanda cinque uomini. All'aspetto sembra buono, perciò io e altri quattro compagni ci offriamo a lui.»

Il signore è un barone, che ha bisogno di manodopera per le sue terre. I suoi contadini sono al fronte. Dei suoi tre figli, tutti ufficiali, uno è morto, uno prigioniero in Austria, un altro sta ancora combattendo. A casa ci sono due figlie che parlano francese e tedesco.

«I padroni abitano una bella villa e noi siamo nelle case coloniche. Si vive all'usanza russa o meglio come le bestie nei nostri paesi. Il luogo dove ci troviamo è denominato Nekolojoska. I padroni sono buoni, solamente quando questi salvatici contadini mi chiamano austriaco mi sembra che questo nome sia un'offesa, non vorrei sentirlo, ma siamo sotto...»

«Il primo maggio 1917» annota Fioravante Gottardi «i Russi festeggiano la nuova Repubblica dei *Soviety*.» Mancano ancora sette mesi alla presa del Palazzo d'Inverno, ma dopo la caduta dello zar sono nati in tutto il Paese i soviet dei soldati e degli operai, compresa la fabbrica di stoffe dove i prigionieri italiani lavorano da diverse settimane. «Anche noi partiamo dalla fabbrica in un corteo di bandiere con rispettiva banda. I russi ci dicono che siamo tutti fratelli e compagni, ma le parole non accompagnano i fatti. Finché noi saremo sempre in Russia, saremo sempre prigionieri.»

Si è diffusa la voce che la Russia libera i soldati trentini e triestini che si dichiarano fedeli all'Italia. In effetti la Missione militare italiana, guidata dal tenente colonnello Achille Bassignano, nell'ottobre 1916 ha riportato in patria 4 mila «irredenti», dopo un viaggio interminabile: da Kirsanov, nel distetto di Tambov, in ferrovia al porto di Arcangelo, sul Mar Bianco; imbarco e periplo della Lapponia e della penisola scandinava; traversata del Mare del Nord; approdo in Inghilterra; passaggio in Francia e quindi in Italia. Fioravante e i suoi amici scrivono all'ambasciata a Pietrogrado, ma non ottengono risposta. «Fra noi sono sorti due partiti. Gli uni che tengono ancora dall'Austria e cercano di dissuadere in tutti i modi dicendo che l'Austria ci vendicherà e vincerà, gli altri che sono contrari. Quanto a me, non voglio più essere austriaco, ma italiano, come lo sono stato e lo sarò.»

Il 3 gennaio 1918 Gottardi e un gruppo di trentini e triestini si mette in viaggio verso Vladivostok, su indicazione del console italiano a Mosca, un altro trentino, Vigilio Ceccato. La Russia di Lenin non è più un alleato. «Se non potremo andare direttamente in Italia, andremo almeno fuori dalla Russia.»

«Il treno è zeppo e un vento glaciale ci penetra fino al midollo delle ossa. Ma non ci perdiamo di spirito. Scorgiamo un vagone tutto rotto e coperto di neve, esposto alle intemperie. Ma coraggio e saltiamo su quello, a rischio di giungere morti.»

Il viaggio nella Russia della rivoluzione è rocambolesco. Bisogna cambiare treno ogni giorno, «fortuna che abbiamo la divisa da russo, così è più facile trovar posto. Questi russi mi trattano come un loro compagno, meno male. Il tema dei loro discorsi invariabilmente è di non più guerra, comandiamo noi, andiamo a casa eccetera. Io rispondo affermativamente, ma fra me penso: come la potrà andare avanti con un tal governo?».

Gli «irredenti» sono concentrati in Manciuria, divisi in tre gruppi diversi: il primo a Harbin (Ha-Erh-Pin), nella Cina settentrionale; il secondo a Lao-Sha-Gou, un villaggio a cinque ore di treno; il terzo a Nikolski, ultima tappa della Transiberiana prima di Vladivostok, una regione in cui i rivoluzionari sono stati battuti dai russi bianchi appoggiati dai cinesi. Nel gruppo di Nikolski c'è Fioravante Gottardi. I russi offrono 60 rubli al mese a chi si arruola con loro, ma ottengono solo rifiuti.

«Questo posto non mi piace. Siamo ancora tra russi e germanici e siamo in un luogo malsicuro. Giunti alla stazione prendiamo posto nel treno e ritorniamo di nuovo in territorio cinese. Ai controllori basta che diciamo che siamo italiani, non occorre altro, si va avanti. Era una vera cuccagna viaggiare al sicuro e senza nessuna spesa. Si può dire che il disordine della Russia ci ha favoriti...»

«Il 3 marzo 1918 si fanno i bagagli e si parte per Saint-Hai-Quam [Shan-Hai-Kuan, porto cinese a nord-est di Pechino]. Dove andremo a finire? Quanto mondo ci restava da vedere? Alle nove di sera il treno giunge a Cian-Cin [Chang-Chun], prima città giapponese. Qui bisogna cambiar treno, e dei soldati ci sorvegliano. Qui si vede che comincia a regnare un po' d'ordine.» Si passa attraverso le città della Manciuria che tredici anni prima hanno visto la guerra russo-giapponese, e da allora sono controllate dall'esercito nipponico. A Mukden il gruppo incontra un italiano, che offre ai prigionieri una cena all'hotel della stazione. Fioravante annota che per la prima volta si viaggia in seconda classe, con posti a sedere: «Perbacco! Che lusso questa volta, certe volte niente e certe altre volte troppo!». Vede «mercanti con ogni genere di merci, cambiavalute, ciarlatani che, sebbene io non potessi intendere, capivo però che si trattava di destri imbroglioni. Poi si vedevano degli straccioni e pezzenti senza vesti o quasi, sporchi, e ovunque sepolture, perché qui non usano i cimiteri come in Europa, ma ogni famiglia seppellisce i suoi morti nel proprio terreno».

La destinazione finale è Tientsin, la piccola colonia italiana in Cina. Qui i prigionieri vengono portati in caserma, ripuliti, sfamati, e vestiti con l'uniforme italiana. Un missionario di Bergamo li invita nella cattedrale: terrà una predica ogni sera, per tre sere. «Andiamo in buon numero, perché da quattro anni non si sapeva più cosa fosse religione.» Si tiene una conferenza in cui viene raccontata la lotta e la morte di Cesare Battisti.

Alcuni si arruolano come soldati italiani coloniali, e sono trasferiti a Pechino. Cento tra i più anziani e gli ammalati partono per l'Italia: attraverseranno il Pacifico per arrivare a San Francisco, valicare l'America in treno, imbarcarsi a New York sulla *Giuseppe Verdi* e sbarcare a Genova dopo due mesi. Gottardi resta con gli altri a Tientsin. «Passeggiando per la città, vidi una pagoda cinese. Volli entrare a vedere. Difatti è molto interessante vedere cosa adorano questi infelici: le più strane e brutte figure di uomini e bestie che fanno restare meravigliati.»

Il 12 giugno 1918 nel «libretto di memorie» di Gottardi è annotato un titolo: «L'incidente». In caserma scoppia un ammutinamento. Il pretesto è liberare un compagno incarcerato per insubordinazione. In realtà gli uomini sono esasperati dall'incertezza, e ora che si è allentato il controllo della prigionia chiedono la libertà e il ritorno in Italia. Gli ufficiali mandati a reprimere la rivolta sono insultati e spintonati. Negli alti comandi si diffonde il timore che la truppa sia stata contagiata dal virus bolscevico. Il maggiore Manera compila una lista di duecento sovversivi, poi ridotti a 107, che vengono prelevati, caricati sulla regia nave *Caboto* (Gottardi scrive *Cabotto*) e portati a Pechino, in un campo di internamento. Annota il nostro testimone: «Sulla loro sorte non si seppe più nulla di positivo». Secondo un altro diario di guerra, quello del tenente Bazzani, gli ammutinati torneranno in patria per ultimi.

Gli altri possono finalmente arruolarsi nel regio esercito. Nella camerata di Gottardi firmano in 800 su 1200. Il 16 agosto vengono portate le divise con le stellette. Cerimonia di giuramento, grida di «Viva l'Italia!», distribuzione di birra e sigarette. Ma la destinazione non è il Piave o il Grappa. Vengono consegnate mostrine scure. «Sono così formati i Battaglioni Neri. Io faccio parte del I Battaglione, II Compagnia.» La destinazione è ancora la Siberia, i nemici sono i comunisti.

«La rivoluzione in Russia continua fiera e terribile, in modo che le potenze alleate decisero di mandare dei loro soldati per mettere un po' d'ordine. Noi siamo destinati a rappresentare l'Italia e noi ubbidiamo a quello che la patria comanda. Si trovano qui anche i francesi, gli americani, i ceko-slovacchi. Gli americani c'invitarono a una rappresentazione cinematografica.» Per la prima volta in vita sua, Fioravante Gottardi va al cinema.

Il 17 novembre si arriva a Krasnojarsk. Il compito è presidiare la città dai «forsennati bolscevichi». «Quanto ai russi, dal primo stupore sono passati all'abitudine di vederci e anzi a poco a poco fanno *degli amici*. Sono contenti e dicono che i soldati italiani sono molto buoni e non poche signorine sono già innamorate dei soldatini dei Battaglioni Neri...»

La vicenda di Fioravante si fa grottesca. La sua famiglia ha chiesto che sia rimpatriato. Siamo nella primavera del 1919, la guerra in Europa è finita da sei mesi. Gli viene concesso di lasciare i Battaglioni Neri per recarsi a Omst, dove si unirà a un convoglio di ex prigionieri diretti a Vladivostok. «Ma il tenente che comanda la missione italiana a Omst mi dice che non può prestare fiducia alle mie parole, non avendo nessun ordine di mandarmi via, e per di più gli occorrono soldati...»

«Il 12 giugno con altri cento *redenti* si parte alla volta di Krasnojarsk e di Vladivostok. La speranza rinasce in me. Giunto a Krasnojarsk trovo i compagni ritornati dal fronte ove hanno combattuto e ne sono usciti vittoriosi, dopo aver domato quei rivoluzionari e mascalzoni che infestavano la linea Transiberiana col far deviare i treni e coll'ordire tradimenti.»

A Vladivostok Gottardi è rimandato di nuovo in Cina, a Tientsin. La nave che dovrebbe condurlo in patria salpa il 16 novembre, ma un ufficiale annuncia che «le classi del 95, 96, 97, 98, 99, 100 è destinato che devono rimanere e con questa nave non rimpatrieranno! Se fosse scoppiato un fulmine non avrebbe prodotto l'effetto di quelle parole! Alcuni cominciano a piangere, altri a imprecare, il dolore è generale».

Finalmente il 25 novembre si salpa verso l'Italia. Dopo dieci giorni si sbarca a Shanghai. «I signori italiani qui dimoranti allestirono una sala nella quale si distribuiva ai soldati caffè, sigarette e si poteva andarci quando si voleva a ristorarsi. Prima di partire ognuno ricevette un pacco di zucchero di circa 3 kg.»

La rotta porta a Hong Kong e a Singapore (Gottardi scrive Singaporre), dove si passa il Natale del 1919. «Sebbene possa dire di aver visto molte razze di gente, pure resto meravigliato al vedere questi abitanti. Gli indiani sono di un colore bronzeo e sono seminudi portando solamente una corta tunica cinta ai reni. Si trovano qui pure alcuni cinesi. Gli inglesi abitano splendide palazzine poste tra il verde delle piante orientali. Il caldo è soffocante e mi domando come faranno qui a vivere in piena estate! Troviamo dei frutti mai visti: ananas, *choco* e una grandissima quantità di banane, che si vendono a buon prezzo e sono d'un sapore squisito.»

Si riparte per Sumatra, Ceylon, Aden, il Mar Rosso, Suez. «Al principio del canale un triste spettacolo ci commuove. Il piroscafo passa vicino a due antenne d'una nave da guerra italiana affondata in questo canale. Il trombettiere dà il segnale dell'attenti e noi rendiamo un omaggio alla nave nostra perita in queste acque.»

Superata una tempesta nel Mediterraneo, il *Nippon* attracca a Brindisi il 27 gennaio 1920. «Ci viene concessa la libera uscita e andiamo a visitare la città. La sera a poco a poco giungono i soldati, tutti o quasi ubriachi. La causa fu che molto indeboliti dal viaggio e avendo bevuto il vino buono e forte di questi luoghi non ci volle altro perché non sembrasse una banda di matti.»

Il programma prevede l'arrivo a Napoli in treno. Ma l'Italia vive il biennio rosso, c'è uno sciopero a oltranza dei ferrovieri; gli «irredenti» arriveranno a Trieste in nave. Sulla banchina c'è una gran folla ad accoglierli: molti sono giuliani e istriani; ma i carabinieri impediscono il contatto con la folla, gli ufficiali chiamano l'attenti, perché sta arrivando il comandante di Trieste che deve tenere il discorso ufficiale.

Fioravante arriva a casa, prima in treno poi a piedi, a mezzanotte del 4 febbraio 1920. Per lui la guerra è durata sei anni, anche se non ha quasi sparato un colpo. Ha attraversato tre volte la Russia dagli Urali al Pacifico, si è trovato in mezzo alla rivoluzione, ha fatto il giro del mondo. «La famiglia la trovai nella stalla. Non so descrivere l'incontro colla famiglia! Mi persuado sempre più che questa vita non è che una commedia: tutti rappresentano la loro parte, e non si sa dove si finirà. Certo io non prevedevo che avrei avuto una parte così avventurosa.»

X

Maria Bergamas e il milite ignoto

«Muoio col tuo nome amatissimo sulle labbra»

Mentre la maggior parte dei loro conterranei erano costretti a raggiungere il fronte russo, agli ordini degli ufficiali austriaci, 881 triestini e 760 trentini disertarono. Rifiutarono di combattere per l'imperatore. E decisero di combattere con gli italiani, contro gli austriaci.

Parole come «eroi» e «martiri» sono abusate. Ma non si potrebbero definire altrimenti uomini che andarono incontro a morte quasi certa: se anche sopravvivevano agli assalti, non venivano presi prigionieri, ma impiccati o fucilati come traditori.

Anche i loro commilitoni italiani li guardavano con sospetto. Ritenevano che irredentisti e intellettuali fossero i soli a volere davvero la guerra. Una canzone di trincea diceva:

Sian maledetti quei giovani studenti
che hanno studiato e la guerra voluto,
hanno gettato l'Italia nel lutto,
per cento anni dolor sentirà.

Patrizio Borsetti, trentino, scrive ai suoi familiari nell'agosto 1915: «I soldati ci guardarono come coloro per i quali solo essi dovevano fare la guerra, anzi vi erano trascinati. Quante maledizioni [contro] "Trento e Trieste"». La diffidenza e l'ostilità erano tali che nell'ottobre 1915 il comandante della 65ª Divisione diede ordine ai suoi ufficiali di punire «tali ignobili atteggiamenti».

Giani e Carlo Stuparich erano due fratelli di poco più di vent'anni. Si erano arruolati portando nello zaino Dante, Omero, Mazzini e la Bibbia. Scrive Giani nel suo diario: «Ma cosa dobbiamo fare ancora per convincerli che siamo italiani? Come loro, come loro!».

Tra i volontari, la figura più affascinante è quella di Scipio Slataper. Madre italiana, padre sloveno o croato, aperto alla cultura tedesca, rappresentava al meglio l'anima di Trieste, la città che sorge nel punto più a nord del Mediterraneo e in quello più a sud della Mitteleuropa, al crocevia di tre mondi: latino, slavo, germanico. In più, Slataper era bello e carismatico: «Il mio carattere è di dominare le cose» diceva; «sono un barbaro che sogna. Non ho altro che il mio dolore e la gioia di averlo» (da questa citazione nasce l'immagine dei «barbari sognanti» in cui ha creduto di riconoscersi una parte della Lega Nord). Era a capo di un gruppo di giovani affascinati dalla letteratura, tra cui tre donne, tutte innamorate di lui: una per Scipio si uccise; un'altra, Luisa Carniel, lo sposò; la terza, Elody Oblath, sposò il suo amico e biografo, appunto Giani Stuparich.

La ragazza suicida si chiamava Anna Pulitzer. Slataper si era allontanato da lei per andare a studiare a Firenze, dove collaborava a «La Voce» di Giuseppe Prezzolini, ma le scriveva quasi tutti i giorni: la chiamava Gioietta, le diceva che era «più divina di quello ch'io potessi sognare». Anna si sentiva inadeguata a tanta energia, al di sotto delle aspettative dell'amato. Non resse al peso di quell'amore letterario, che le ricordava quello di Werther per Lotte. Stavolta però sarebbe stata la donna a morire d'amore. Anna Pulitzer si sparò nel maggio 1910, di fronte a uno specchio. Nel suo ultimo messaggio dedicava il proprio gesto all'opera futura di Scipio. L'anno dopo il suo innamorato scrisse *Il mio Carso* e confidò a Stuparich:

«In un giorno, ancora giovane, camminando nel Carso, quando i sassi e i fiori mi diranno le cose che io ho già dette, allora uno slavo mi scaglierà addosso un sasso corroso e forte e pieno di spigoli. E io cadrò giù, sul Carso. Non nel letto, con lagrime e puzza e bisbigli e passi cauti nella stanza. Voglio morire alla sommità della mia vita, non giù.»

Nel maggio 1915 Slataper viveva a Roma. Partì subito volontario, nei Granatieri di Sardegna, con una rosa rossa sul cappello. Ferito a giugno, a novembre fu inviato sul Podgora, già ribattezzato dalla truppa il Calvario. Il 3 dicembre una pallottola esplosiva croata gli squarciò la gola. Aveva 27 anni.

Alcune testimonianze sono scritte con un'enfasi al limite dell'esaltazione. Il diario di Marco Prister, ebreo triestino, si conclude con queste parole:

«22 novembre 1915, ore 13. Ora entro in azione, forse tra poco sarò morto! Addio tutti! W l'Italia! Ricevo l'ordine di avanzare. Sono pronto! Si compia il mio destino! Evviva l'Italia! Viva Trieste!».

Altre lettere hanno invece il passo della storia. Non sono retoriche, perché non sono parole vuote, gridate al vento, come le tante smargiassate di un D'Annunzio. Sono autentiche, perché seguite dai fatti; come le parole di Goffredo Mameli, quando si diceva «pronto alla morte», e lo era davvero, perché morì dopo una lunga agonia combattendo nella difesa della Repubblica romana.

Molto meno nota è la figura di Antonio Bergamas, anch'egli ebreo triestino, anch'egli volontario, caduto nel 1916, falciato da una mitragliatrice dopo aver superato due linee di reticolati, mentre stava attraversando la terza. Questa è la lettera che scrisse prima di morire a sua madre, Maria.

«Domani partirò per chissà dove, quasi certo per andare alla morte. Quando tu riceverai questa mia, io non sarò più. Forse tu non comprenderai questo, non potrai capire come non essendo io costretto sia andato a morire sui campi di battaglia. Perdonami dell'immenso dolore ch'io ti reco e di quello ch'io reco al padre mio e a mia sorella, ma credilo mi riesce le mille volte più dolce il morire in faccia al mio paese natale, al mare nostro per la Patria mia naturale, che il morire laggiù nei campi ghiacciati della Galizia o in quelli sassosi della Serbia, per una patria che non era la mia e che io odiavo. Addio mia mamma amata, addio mia sorella cara, addio padre mio. Se muoio, muoio coi vostri nomi amatissimi sulle labbra, davanti al nostro Carso selvaggio.»

Molti volontari venivano da famiglie colte, borghesi, agiate. Non Antonio Bergamas. Sua madre Maria era una donna del popolo. Forse anche per questo, nell'autunno 1921, fu incaricata di scegliere il corpo del milite ignoto, da tumulare nell'Altare della Patria a Roma.

La portarono nel Duomo di Aquileia, e le misero davanti undici bare di soldati sconosciuti. Lei avrebbe dovuto in qualche modo riconoscere il proprio figlio, e centinaia di migliaia di madri italiane si sarebbero riconosciute in lei. Per questo, dopo essersi tolta lo scialle nero e averlo posato sulla seconda bara, Maria Bergamas volle salutare anche gli altri caduti. Vedendola provata, gli addetti del cerimoniale le dissero: «Prego signora, può uscire». Ma lei insistette. Arrivata davanti all'ultima bara, svenne per l'emozione.

Il feretro del prescelto partì per Roma in treno. Fu un rito collettivo, un funerale di massa. La spinta a identificare il milite ignoto con i propri cari fu tale che una madre pretendeva di far aprire la cassa, certa di trovarvi i resti del figlio. Il treno si fermò in 120 città e paesi, dove sindaci e cittadini riempirono il convoglio con oltre 1500 corone, tra due ali di persone inginocchiate. A Roma il treno arrivò il 2 novembre. Alla stazione Termini lo attendevano il re con la famiglia e i 335 vessilli dei reggimenti schierati nella Grande Guerra. La bara fu portata su un affusto di cannone nella basilica di Santa Maria degli Angeli, dove vennero celebrate le esequie. Il 4 novembre 1921, terzo anniversario della vittoria, alle 10 e mezza del mattino, il milite ignoto fu deposto in un loculo sotto la statua della Dea Roma. La nomenklatura politica e militare celebrava i fanti che aveva mandato al massacro. Vittorio Emanuele III lasciò una medaglia d'oro. Poi gli argani lasciarono cadere la lastra di marmo.

Maria Bergamas si riprese. Visse ancora una vita lunga. Fece in tempo a votare, il 2 giugno 1946, quando le donne italiane finalmente videro riconosciuto il loro diritto di partecipare alla vita pubblica. Morì nel 1954, e riposa nel cimitero di guerra di Aquileia, accanto agli altri dieci militi ignoti.

XI

Don Giovanni in Galizia

«Ah, el xe italian lù?»

«Il medico è a cena coi signori; io in cucina con la cuoca e la cameriera: Maruska, un bel pezzo di ragazza. Incomincia ora un intermezzo quasi boccaccesco. La cuoca mi avverte che Maruska vuol venire a trovarmi. Maruska si schermisce e mi dice che è la cuoca che ha espresso questo desiderio e io, ritenendo uno scherzo tutto quanto mi vien detto, rispondo: "Ebbene, venite tutte e due". Sto dormendo fisso quando mi sento scuotere: sono le due donne. "Troppa grazia sant'Antonio!" esclamo. Mi metto a sedere sul materasso e comincio a far moine a Maruska. La cuoca mi fa tanto di muso e sbattendo villanamente la porta si allontana...»

Non tutti i trentini chiamati alle armi dall'imperatore asburgico vissero un'odissea nel sangue, nel fango, nel ghiaccio. A Rodolfo Bolner andò decisamente meglio. Maestro di scuola, ultimo di tredici figli di un contadino che coltivava la sua piccola proprietà, all'inizio della guerra conosce anche lui le atrocità del fronte russo. Ma poi fa amicizia con un altro italiano, un ufficiale medico, di cui tace il nome per non creargli motivi di imbarazzo. Il medico infatti è un seduttore seriale. Ha un successo incredibile con le donne. Rodolfo Bolner ne diventa l'attendente, e il suo diario di guerra è una sorta di catalogo di Leporello, il servitore di don Giovanni che ne annota le conquiste.

Il medico è anche specialista nel darsi malato, e nel trovare colleghi compiacenti che attestino le sue malattie. Nel maggio 1915, quando arrivano le notizie della dichiarazione di guerra italiana, l'anonimo dottore e il suo attendente lasciano la linea del fronte per Cernowitz, in Bucovina, dove passano la notte boccaccesca accennata nel diario, per poi raggiungere Budapest, dove l'ufficiale trova rapidamente una fidanzata. Compito dell'attendente è portarla dall'albergo a casa e poi di nuovo da casa all'albergo.

«La strada è fangosa e la colombella si è inzaccherata le zampine. Con una pezzuola, inginocchiato per terra, devo pulirgliele ... Alle 2 parte un diretto per Vienna. Chiedo al medico dove abbia conosciuto quella ragazza. "In treno" mi risponde. "Si sposa tra un mese." Credete alle donne poi!»

A ogni stazione Bolner vede treni di soldati con l'elmo chiodato diretti verso il confine italiano. «Sono le sei quando oltrepassiamo una cinta di ostacoli: reticolati, trincee, fosse. È la difesa di Vienna.»

Vista l'aria plumbea della capitale, il medico ottiene di essere assegnato all'ospedale di Graz, dove ha due fidanzate: Merj e Kati. «Attraversiamo in tram una bella piazza, la Jakominiplatz. A un tratto il medico ha un moto di sorpresa: spicca un salto dal tram in corsa e si butta nelle braccia di una ragazza. Poi fa gran segni al bigliettaio del tram di fermare. Forse per un certo riguardo all'ufficiale (siamo in Austria e in tempo di guerra!) il tram si ferma. I due si mettono a correre e ci raggiungono. È Merj, la prediletta. Scendiamo all'hotel Daniel. La tortorella di stasera è fidanzata con uno studente in legge.»

Il giorno dopo, 30 maggio, «i due colombi escono alle 9. Solo a sera il medico torna all'hotel. Finalmente si decide a presentarsi in ospedale. Strada facendo s'imbatte in un'altra vecchia conoscenza dell'epoca degli studi. Egli se ne va a tubare con la nuova (anzi vecchia) tortora. Io leggo sul giornale che tutta la popolazione del Trentino meridionale è stata evacuata».

Ottantamila trentini in effetti sono allontanati dalle loro case e deportati in Austria, in Boemia, in Moravia. Tra loro c'è anche la famiglia Bolner. I suoi fratelli Arturo, Gigi, Francesco, Quirino, Beppi e Silvio sono sotto le armi austriache. Di Silvio in particolare non si sa nulla da otto mesi. Gina, la sua fidanzata, «è a Mitterndorf, presso Vienna, in un baraccamento di profughi, con lo zio monsignore, le sorelle e tutti quelli di Sacco», il suo paese. Il 27 luglio Rodolfo ha il permesso di andare a trovarla.

Nel viaggio di ritorno ha una mattinata libera a Vienna. «Chiedo a un pizzardone quali cose potrei ammirare nelle vicinanze della stazione. Mi indirizza a Schönbrunn ch'è a venti minuti. Giungo davanti ai cancelli mentre si schiera la guardia per il passaggio dell'arciduca ereditario che passa in auto col suo aiutante.» È Carlo che va a trovare Francesco Giuseppe, l'imperatore che con lo scoppio della guerra è tornato a risiedere nel palazzo in cui è nato, 85 anni fa. Regna dal 1848. Nella vita gli è accaduto di tutto. A Solferino, dove comanda le sue truppe contro Napoleone III e Vittorio Emanuele II, ha perso la Lombardia. A Sadowa i suoi territori tedeschi (e il Veneto). L'unico figlio maschio, Rodolfo, si è suicidato in circostanze oscure a Mayerling. L'amata moglie Sissi è stata assassinata da un anarchico italiano. Lui stesso è sopravvissuto all'aggressione di un patriota ungherese, János Libényi, armato di un pugnale rimasto incastrato nella fibbia di metallo della divisa imperiale. Il 2 agosto 1882, mentre Franz Joseph sfilava nelle vie di Trieste per celebrare i 500 anni del dominio austriaco, un giovane rimasto sconosciuto ha lanciato una bomba contro di lui, uccidendo un passante: Guglielmo Oberdan si è autoaccusato del complotto ed è stato impiccato. Nel 1914, debole e stanco, l'imperatore ha firmato la dichiarazione di guerra alla Serbia, avvertendo i generali del pericolo: «Voi non sapete cos'è la guerra. Io lo so. Lo so da Solferino». Poi si è rinchiuso a palazzo, in attesa di notizie sempre più cupe.

Scrive Bolner: «Compio un lungo giro per entrare nei giardini della villa perché il passaggio attraverso il gran piazzale non è permesso. I giardini sono vasti e veramente belli. Scoppia un temporale e torno in stazione». In piena guerra, i visitatori, compresi i sudditi di lingua italiana, possono passeggiare nel parco della reggia dove l'imperatore vive i suoi ultimi giorni.

Sabato 31 luglio Rodolfo va in visita al fratello Gigi, di stanza a Enns. «Riesco a scovare il quartiere di Gigi: una stalla; è là che riposa su poca paglia con altri commilitoni. Appena mi vede mi butta le braccia al collo; m'accorgo che stenta a parlare; piange. Passo la notte sdraiato accanto al maggiore dei miei fratelli.» La domenica vanno in chiesa. «Passa una compagnia di soldati. La seguiamo ed entriamo in chiesa anche noi. L'organo accompagna la messa. Alla fine della funzione, da quei petti virili (ahi, troppo virili!) s'espande una canzone sacra che commuove. Penso al *Sant'Ambrogio* del Giusti:

Qui, se non fuggo, abbraccio un caporale
colla su' brava mazza di nocciolo
duro e piantato lì come un piolo...».

Nel viaggio di ritorno il comando militare «mi affida la compagnia d'un commilitone privo delle gambe fino al ginocchio, che si regge su due grucce. Ha perso le gambe per congelamento sui Carpazi; è stato fatto prigioniero e ricoverato in un ospedale di Leopoli. È stato liberato dalla prigionia quando recentemente la città è tornata in mano degli austriaci. Il disgraziato camerata, invece di dolersi della sua sventura, è più allegro che mai. Ha ottenuto qualche giorno di licenza in famiglia, prima di ritornare in ospedale per avere le protesi».

A settembre l'accorto medico si fa mandare in licenza a Gleichenberg, località termale. «Il 15 sono stato invitato a desinare dalla signora Temani, qui profuga da Trento» annota il suo attendente. «La signora m'ha confidato in tutta segretezza di essere in pena perché l'autorità militare è a conoscenza che il figliolo, riparato in Italia, s'è arruolato volontario nel regio esercito.»

Il nome di Luigi Temani figura nell'elenco dei volontari trentini morti con la divisa dell'esercito italiano.

La strana guerra di Rodolfo Bolner è un viaggio nella *Finis Austriae*, in un mondo morente, tra alberghi liberty e ospedali da campo, e ovviamente gli amori del don Giovanni di cui è al servizio. A Wels «il medico ha fatto conoscenza con una piacente sposina che ha il marito prigioniero in Russia. È madre di due bambini e io, di quando in quando, devo fare anche il bambinaio». Poi arriva il trasferimento a Beneschau, in Boemia, vicino a Konopischt (Konopiště), il castello «proprietà dell'assassinato arciduca Francesco Ferdinando. Qui forse s'è meditato e deciso questo immane macello». Quaggiù, alla periferia dell'impero, si capisce bene che tutto sta cominciando a crollare. «L'elemento ceco simpatizza cordialmente con l'elemento italiano e odia accanitamente il tedesco.» La sera Rodolfo cena con il suo amico Alfredo Bonetti, nel ristorante dove vanno di solito i trentini sotto le armi. A un tavolo siedono dei tedeschi che chiedono qualcosa da mangiare. Il cameriere risponde:

«Non c'è niente di niente».

«Peccato,» esclama Rodolfo «credevo di poter avere un boccone di cena.»

«Chiama il cameriere e ordina ciò che vuoi» gli suggerisce l'amico.

«Cameriere, è possibile avere qualcosa da mangiare?»

«Che cosa desidera? Una frittata all'uovo?»

«Benissimo; vada per la frittata all'uovo!»

«In dieci minuti» conclude Bolner «sono servito come un pascià. I tedeschi dell'altro tavolo brontolano, si alzano e partono. Mi dice l'amico Alfredo che qui è così tutte le sere.»

Il 3 gennaio 1916 si parte per il Tirolo. Campo di addestramento in montagna, a Zirl, vicino a Innsbruck. Il battaglione sarà schierato sul fronte italiano. A Zirl il medico si fidanza con Olga. Che però un giorno, rovistando sul tavolo nella corrispondenza dell'amato, scopre di non essere affatto l'unica. Seguono lite e riappacificazione.

12 febbraio. Si sale verso il Col di Lana, cardine del sistema difensivo austriaco. La gente del posto parla una lingua che «pare ostrogoto»: è il ladino. «Che magnificenza di paesaggio! Là sullo sfondo le Dolomiti fassane si ergono come guglie di una gigantesca cattedrale; sui pendii che ci circondano, casette sparse in mezzo al verde cupo delle conifere; campi e prati imbiancati dalla neve; sembra una scena da presepio.»

17 febbraio. «Scendiamo a Corvara e verso le 4 del pomeriggio attacchiamo l'erta del Col di Lana. A un certo punto dobbiamo sostare e attendere il buio fitto, altrimenti saremmo scorti dalle linee italiane che sono sul versante opposto.»

18 febbraio. «Siamo sotto la cima del famoso Colle, a 2460 metri. I camminamenti sono delle profonde fosse nella neve; l'orizzonte è vasto e fantastico. Si dice che gli austriaci stiano preparando una mina sotto il cocuzzolo del colle e che altrettanto facciano gli italiani dalla loro parte. I nostri sentono ronzare le perforatrici italiane. Che un giorno o l'altro si deva fare un balletto in aria?!»

27 febbraio. «Incontro un gruppo di lavoratori: tra questi alcuni compaesani: Ambrosi Giacomo, Berti Francesco, Riolfatti Antonio, Marzadro il nostro sarto di casa. Povera gente, a quali passi è ridotta! E dire che Ambrosi e Berti sono persone agiate, senza famiglia, abituati a una vita comoda e spendereccia!»

1° aprile. «Una valanga ha sepolto i miei compaesani che ho incontrato qualche settimana fa sulla strada tra Corvara e Stern. Ambrosi, Baldo, Marzadro e qualche altro sono periti. L'arciduca ereditario passa in rassegna il reggimento.»

Il diario non lo dice, ma il 17 aprile scoppia la mina nella galleria scavata dagli italiani: muoiono oltre cento soldati austroungarici; la brigata Calabria conquista il Col di Lana.

Scrive Bolner che «il comandante del battaglione, il tenente colonnello von Fossel, di Innsbruck, è una belva. Per un nonnulla fa legare i soldati a un albero, costringendoli a starsene due ore coi piedi fermi sulla neve. Anche stasera uno dei disgraziati, appena slegato, è stato mandato all'ospedale con principio di assideramento delle falangi dei piedi».

Con la «belva» l'attendente italiano ha un incontro ravvicinato. Von Fossel gli chiede perché non porti sul cappello il bottone con la sigla FJ, Franz Joseph, le iniziali dell'imperatore. Come addetto alla sanità, Bolner porta la croce rossa in campo bianco. Ma la «belva» la confonde con la croce di Savoia, che è bianca in campo rosso, e tenta di prenderlo a calci nel sedere.

14 maggio. Il battaglione si porta a Bocca Orsara. Abbondante distribuzione di rum ai soldati; i più si ubriacano; canti, hurrà, heil. «Poveri soldati. Domani, los!» Via, all'assalto.

È la Strafexpedition, la spedizione punitiva. Gli austriaci avanzano. Cominciano ad arrivare i primi prigionieri italiani. Come il maggiore Urangia Tazzoli dall'altra parte del fronte, anche Bolner si sofferma a leggere le lettere dei familiari, perdute dai fuggiaschi o custodite dai caduti. Annota solo: «Quante espressioni di affetto in quegli scritti sgrammaticati!». È pur sempre un maestro elementare.

18 maggio, ore 2 del pomeriggio. Il Monte Gusella, pilastro del Monte Maggio, «sembra un vulcano in eruzione. La fanteria austriaca avanza in ordine sparso. Là in fondo vediamo gli italiani che muovono al contrattacco. L'artiglieria dirige ora i suoi tiri su quei reparti. Da una piccola altura noi assistiamo a questo spettacolo spaventoso. Vediamo il corpo a corpo e pensiamo alla strage bestiale che si svolge a meno di 600 metri da noi. Giungono prigionieri a frotte».

Tra loro c'è anche un boemo, all'evidenza un disertore. La belva von Fossel ordina di fucilarlo sul posto. Il suo aiutante comanda un plotone d'esecuzione composto da quattro soldati alzando e abbassando una bacchetta di legno. A Bolner viene affidato il certificato di morte, perché lo passi al cappellano. Non è indicato il nome, ma solo: «Wurde als Deserteur erschossen»; fucilato come disertore. Poi la data: «Malga Piovernetta, 18 maggio 1916». Conclude il diario: «Sotto pochi palmi di terra si seppellisce, come una carogna qualunque, il povero Boemo; sulla fossa non dovrà comparire nessun segno cristiano. Penso alla famiglia del disgraziato che attenderà invano notizie del proprio caro».

Il 15 giugno anche il medico e l'attendente sono tentati dal disertare. «Sull'Altopiano dei Sette Comuni s'è scatenato l'inferno. È un continuo rombo di cannoni. Mi reco col medico su uno sperone della montagna per ammirare il magnifico panorama sottostante. Meditiamo la fuga, ma come scendere? Sotto di noi degli strapiombi paurosi e laggiù le due linee di fuoco da attraversare. Sarebbe un'impresa da pazzi.»

Però il trentino che ancora veste la divisa imperiale annota: «Gli Italiani si battono da leoni e stamane hanno costretto gli Austriaci a ritirarsi dalla vetta del Priaforà conquistata ieri». E poi, il 21 giugno: «Gli Italiani si sono annidati sul Pasubio e non mollano; le nostre linee sono battute anche d'infilata da quel massiccio».

Le passeggiate e le tentazioni del medico non sfuggono alla belva von Fossel, che lo accusa di essere una spia. Scagionato, il don Giovanni ottiene di rientrare a Vienna. «Trascorre molte ore nel Turkenschanzpark, un bellissimo parco, in cerca di avventure, e credo che le occasioni non gli manchino» scrive il suo attendente. «Poi si presenta al ministero e riesce (ma come avrà fatto?) a ottenere un'altra licenza per Postien, un luogo di cura per malattie reumatiche, situato nella valle del Gran tra Vienna e Budapest.» Qui fa subito amicizia con la direttrice del Grand Hotel Royal, «una piacente viennese». Rodolfo Bolner viene incaricato di manovrare il nuovo, grande ascensore dell'albergo, di cui non imparerà mai davvero il funzionamento.

22 novembre 1916. «Sono chiamato dal direttore e dalla direttrice dell'hotel che mi consegnano un'asta e una lunga tela nera da esporre da un abbaino del tetto. Mi permetto chieder loro chi mai sia morto ed essi mi rispondono: "Non sa che è morto 'unser geliebter Kaiser', il nostro amato imperatore?".»

Nel pomeriggio i reparti vengono inquadrati secondo le nazionalità: si giura fedeltà al nuovo imperatore, Carlo. Il colonnello che comanda la cerimonia si accorge di un piccolo gruppo di quindici soldati, separati dagli altri. Fa sospendere la cerimonia e chiede:

«Chi sono quei soldati lì?».

«Italiani!»

«Verfluchte Rasse! Weg!» Razza maledetta! Via!

Carlo d'Asburgo deve rinunciare al giuramento di fedeltà dei sudditi trentini.

Per altri due anni Rodolfo Bolner peregrinerà per l'impero in disfacimento, al seguito del suo Casanova. Nel diario ci sono anche pagine apertamente ostili agli ebrei che si incontrano nei villaggi dell'Est, e verso la «sconcia *polaca*» che il medico seduce, una «vecchia cornacchia» particolarmente pretenziosa. Il problema più grave è procurarsi il cibo: manca il pane, si girano villaggi in cerca di farine per la polenta e di un pugno di fagioli. L'11 novembre 1918 il protagonista scrive: «Sono finalmente coi miei, a casa mia, dopo 51 lunghissimi mesi di guerra asprissima. La gioia della fine della guerra è turbata dalla mancanza dei miei fratelli Angelo e Silvio: il primo sepolto nella inospitale landa galiziana, il secondo chissà mai dove». Tre anni dopo, Rodolfo Bolner sposerà Gina e avrà due figlie, Maria e Gabriella, cui il diario è dedicato. È possibile quindi che il padre abbia omesso qualche dettaglio scabroso o anche solo «boccaccesco», come dice lui. Ma non ha potuto trattenersi dal raccontare questo episodio, avvenuto nei giorni della morte di Franz Joseph, al Grand Hotel Royal di Postien.

La direttrice dell'hotel, che ha simpatizzato con il medico don Giovanni, vorrebbe che il suo attendente si rendesse utile quale «Lohndiener», lavorante a ore. Bolner rifiuta, ma «il medico insiste, ha i suoi scopi da raggiungere e, volente o nolente, mi tocca accettare. Ogni mattina alle 4 sono là nel mio sgabuzzino con le spazzole in mano a pulir stivali. La grande soneria elettrica, fuori del mio sgabuzzino, è sempre in un trillare: corro da una stanza all'altra; chi vuole un bicchier d'acqua, chi un francobollo, chi una lettera da imbucare; io rappresento il moto perpetuo. È vero, fiocca anche qualche mancia, ma anche qualche rabbuffo!».

«Suona il n. 54, la stanza di un ufficiale di marina che ha la tunica coperta di frittelle; se dovessi pensar a levargliele, i miei risparmi andrebbero tutti in benzina! Si corre a veder che cosa vuole questo signore. Busso alla porta; mi si risponde con un irato: "Herein!", avanti! Stavolta, penso, sto fresco. Entro e scatto sull'attenti. Mi investe con una serqua di moccoli espressi nella lingua d'Arminio e mi mostra la tunica che è naturalmente lorda di unto. Io faccio lo stupido e fingo di non capire un'acca di quanto mi sta dicendo. Egli monta maggiormente in bestia e continuando a esprimersi in tedesco mi chiede se sono un Tedesco, un *Polaco*, un Ungherese.

"Non capisco", gli rispondo.

"Ah, el xe italian!" mi dice nel più schietto dialetto triestino, e continua: "Xe la maniera questa de pulir i vestiti? De chi xelo el Bursch [attendente] lù?".

"Del medico S."

"Ah, xe el Bursch del dottor S.!"»

L'ufficiale del n. 54 butta la blouse sul letto e continua: «El me faza un piaser: el va en farmacia e el me tol sta medesìna che me g'ha prescrito el so dotor, ma nol diga a nesuni per chi la xe...».

Annota Rodolfo che «il poveretto si era buscato un dolce (?) ricordo. Dopo quel giorno non si lagnò più della tunica. Divenni il commesso segreto di altri ufficiali, tutti clienti del mio medico. Quando il farmacista mi vedeva entrare in farmacia, sorrideva. Ebbi più volte in regalo da lui sigarette, spazzolino e pasta per denti, cioccolata...».

XII

La nostra Anna Frank

Virginia, morta a 14 anni in prigionia

«È già notte. Tutto è avvolto nelle più fitte tenebre. Ed io me ne sto dormendo saporitamente nel mio caldo lettuccio. Quando uno scampanellio mi sveglia, mi alzo, colla mamma vado ad aprire la porta. È il signor sergente apportatore di una triste notizia, il quale ci dice: "Presto si alzino, facciano ciò che hanno da fare, perché domani tutti devono partire a cagione della guerra". Immaginatevi lo spavento. Oh, che brutta notte!»

Se per gli uomini del Trentino e della Venezia Giulia lo scoppio del conflitto significò essere chiamati alle armi, verso un'avventura grandiosa e terribile destinata in ogni caso a cambiare le loro vite, per le donne e le bambine la dichiarazione di guerra dell'Italia all'Austria significò solo deportazione e prigionia, che talora portarono malattia e morte.

Furono 80 mila i trentini costretti dalle autorità asburgiche ad abbandonare le loro case, dopo il 24 maggio 1915, per essere concentrati in campi di prigionia. Tra loro c'era Virginia Tranquillini, nata a Mori il 3 ottobre 1901 da Maria Sembenico e Clemente Tranquillini, profuga in Austria, morta a Hohenberg, colpita da pneumonia, il 14 aprile 1916. Il suo diario, intitolato *Tristi ma cari ricordi*, è scritto in un libriccino di contabilità legato a punti metallici e incollato a tela con una copertina nera rigida. A matita si trovano esercizi di alfabeto, un dizionarietto italiano-tedesco e indicazioni di punti a maglia. Anche i ricordi di Virginia sono pubblicati nella collana «Scritture di guerra» curata dai musei di Trento e di Rovereto. La grafia è quella originale. Il diario è di proprietà di una nipote. Anche lei si chiama Virginia.

«Le vie erano popolate di gente, sembrava l'ora del passeggio. Io coi miei continuai a portare le cose migliori nell'avvolto, per paura d'incendio. Ci preparammo i bagali contenenti le cose più necessarie ed il vitto per 5 giorni, come ci era stato ordinato.»

La partenza è rinviata di qualche giorno, e tra i popolani si diffonde la speranza di «un accordo fra le due potenze "Austria e Italia"». Ma il 28 maggio viene l'ora di andarsene.

«Ahimé! Quale strazio, qual dolore! Dover lasciare il mio paese natio che benché povero e non bello a me tanto gradito e caro, abbandonar la casa mia, ove son nata, vissuta, ove ò passati i miei più belli giorni in seno ai miei cari; i miei libri, la scuola che amo tanto, ove ò appreso i principi della scienza, ove ò imparato a conoscere l'Onnipotente Dio. La chiesa ove sono stata battezzata, ove ò ricevuto la prima Comunione, ove molte volte sono corsa per avere un dolce conforto nelle mie piccole sventure ai piedi di Maria. Il cimitero ove riposano le ossa dei miei cari trapassati. Quanto piansi nell'uscir forse per l'ultima volta dalla mia abitazione. Tutti si scambiavano saluti auguri.»

Il padre e il fratello maggiore di Virginia sono richiamati come lavoratori ausiliari. La madre, gli altri fratelli, gli zii e i cugini partono verso destinazione ignota sui carri alle 2 e mezza di notte del 28 maggio 1915. Arrivano a Rovereto alle 7 del mattino.

«Quanto movimento, quanto tumulto di gente! Le ferrovie continuavano a partire cariche di persone. Ve ne erano anche di ammalati, anzi morì un vecchietto e tre bambini di pochi giorni. Noi dovemmo aspettare fino le 9 pomeridiane per poter montare. Erano tutti avviliti, non uno scherzo, non un sorriso. Il treno si avviò e via e via. Ma io ben presto m'addormentai e mi svegliai verso le 5; ed ero a Bolzano!»

«Ma ecco che un'altra sventura viene a ferire ed addolorare questo povero cuore. Un militare che va di carrozzone in carrozzone per prendere i pochi uomini che vi erano abili al lavoro delle trincee.» Viene arruolato un altro fratello di Virginia, «e si diceva che era destinato per Franzenfeste [Fortezza, paese sulla linea ferroviaria per il Brennero]. Ed ecco che rimango colla mamma, la sorella e il fratello minore.»

A Fortezza la famiglia di Virginia scende alla ricerca del fratello. «Gli demmo i suoi vestiti e del cibo, ed ei ci disse che erano destinati per la Pusteria e ci consigliò di proseguire il viaggio, allora ci baciamo e ci abbracciamo ed esso partì. Ed ecco che verso le 3 arriva un'altra corsa. Rimontammo ma in un carrozzone zeppo di gente sconosciuta.»

Si passa il Brennero, «con le sue diverse e rinomate gallerie». E si incrociano le truppe che scendono nella direzione opposta, a combattere contro gli italiani, che per la famiglia di Virginia non sono esattamente liberatori: «Molte furono le lunghe ferrovie, che vedemmo, cariche di soldati Germanici che pieni di zelo e di amore patriotico andavano verso l'accampamento Italico per combattere valorosamente affinché le armi imperiali trionfino di gloria».

A Innsbruck viene distribuito il cibo e il latte per i bambini. Altra tappa a Salisburgo, dove i deportati ottengono il permesso di lavarsi, «perché eravamo come gli spazzacammini». Si riparte. «Dai finestrini si vedevano molte baracche pei prigionieri e pei trentini fuggiaschi.» Il 30 maggio si arriva a Linz: «Anche qui si credeva di ricevere qualche cosa da mangiare ma non lo fu. Diversi smontarono per rimanere, ma in maggior numero continuarono il viaggio».

«Arrivati a una stazione che non arricordo il nome, ma dicevasi essere 2 ore distanti da Vienna. Lì io con i miei famigliari scendemmo da quel vagone per andare in un altro ove vi erano le zie. Verso le 10 dopo una sosta di circa un'ora ci feccero smontare. Oh Dio che brutto tempo, pioveva, e si dovette fare più di mezz'ora di strada a piedi. Si era anche carichi di bagali. Arrivammo a Raumberg. È un caro paesello...»

Qui il diario di Virginia Tranquillini si interrompe, a parte qualche annotazione sui primi giorni, segnati soprattutto dalle preghiere alla Madonna e dalle visite alla chiesa del paese. La malattia e la morte sarebbero arrivate presto.

Sappiamo da molte altre testimonianze, quasi tutte di donne, com'era la vita dei profughi trentini: l'angoscia per la lontananza da casa e per l'incertezza del futuro, le malattie frequentissime vista la vita promiscua, la forte mortalità infantile, la noia ai limiti dell'inedia, il lavoro coatto nelle fabbriche della zona, l'annuncio della morte di un parente richiamato alle armi, le notizie frammentate dalla guerra. E poi il dissidio tra chi spera nella vittoria dell'Impero e chi – la maggioranza – conta di ricongiungersi presto all'Italia, lontano dagli austriaci definiti «gente differente da noi».

Talvolta un fratello ferito ottiene di passare la convalescenza nella baracca con la famiglia; «ma il poveretto» scrive ad esempio Corina Corradi, trentina internata nel campo di Mitterndorf «era ammalato di nevrastenia, e noi di freguente avevamo da soffrire qualche fremito di paura durante la notte, perché il paziente sognando le tremende lotte passate faceva una seconda querra».

I profughi di Mitterndorf nei mesi della prigionia composero anche una canzone, per far conoscere la loro storia. Ce l'ha tramandata in fondo al suo diario un'altra profuga, Cecilia Rizzi, nata a Nomesino (Trento) il 22 agosto 1891, sei fratelli – l'ultimo morto durante il parto insieme con la madre –, nove figli, scomparsa a novant'anni e sepolta nel cimitero del paese.

Agli ultimi di maggio
siam partiti da Rovereto
con dei straci nel sacheto
e colla passion al cuore

Tutti uniti alla stazione
salutiam la via Rosmini
per cuei cani dassasini
siam direti verso il nord

Poi saliamo in ferovia
in un bel compartimento
che mandava un tal fermento
de bovini ed altro ancor

e la dentro in barilati
alla foggia di sardelle
ci danzavan le budelle
con quei svalzeri allo scoc

perdipiù nel mio vagone
si è difuso un po' il colera
l'immondizie cherra per tera
mandavan grande odor

Il grand mostro ci portava
nel furor della sua corsa
sempre più stringea la morsa
via correndo verso il nord

Finalmente il primo giugno
si mostrava il ciel cortese
dismontiamo in un paese
che sichiama Mitendorf

Ai canceli ci aspetava
una trupa bene armata
colla voce alterata
ci gridava avanti, mars.

Arivati alfabricone
cosi carichi di fardeli
come tanti somareli
affamati come i can

un buon te ci fu servito
che pareva medicina
lera vera camamila
colle foglie di sanbuc

sta ultimandosi la chiesa
dal aspeto parochiale
che si poson maritare
venti giovani al dì

ma sicome siamo in guera
e li uomini son meno
lifaremo far di legno
e la selta le farà

In sul finir di maggio
coll'animo angosiato
la cara nostra patria
abbiamo abbandonata

Sedici mesi scorsero
sempre sperando in Dio
di riveder noi miseri
il caro suol natio

Ma il fatto inesorabille
ancor pel crin ci afferra
il fatto che noi profughi
mandò in estrannia terra

Anche ame morbo perfido
fesender nella bara
lontano dalla patria
una sorella cara

Orson qui solitario
con fier dolor inpeto
Oh! Dio fa che non muoia
lungi dal patrio tetto

Augelleti che cantate
con gorghegi così belli
de tacete che con quelli
voi cifate assai sofrir

La mia patria ramentatte
così bella e cara tanto
ove il dolce vostro canto
anoi pur piacea udir

Alla patria mia volate
Tutta bella e tutta fiori
E le dite che nel cuore
Dei profughi ella ha il suo altar

Sulle fosse abbandonate
Disendete i nostri morti
Racontatte quanti torti
Il destì ci fa sofrir

Mentre noi alme angosiate
Sospiriam il lietto giorno
Che vedremo di ritorno
Le lor tombe a benedir

Augelleti che cantate
Con gorghegio così bello
Ci attendete al patrio stello
E in siem potrem cantar.

Quanto a Virginia Tranquillini, la madre e gli altri profughi di Hohenberg riuscirono a far stampare un manifesto funebre:

Dal Cielo rivolgi un sorriso,
amatissima

Virginia

ai tuoi Genitori, Fratelli, Sorelle e parenti che in si crudel modo, strappata al loro affeto a soli 14 anni, lasciavi desolati nel pianto agognando l'instante di rivederti lassù.
D'animo retto e di cuore eccellente, schietta nel suo fare e nel suo dire, abborriva la falsità delle umane apparenze.

Hohenberg, 14 aprile 1916

XIII

Papi e dittatori in trincea

I nostri nonni con Hitler, Mussolini, Tito e Roncalli

I nostri nonni non lo sapevano, ma nella Grande Guerra potevano trovarsi a combattere a fianco di dittatori prossimi venturi, a fronteggiare eserciti dove militavano il fondatore del nazismo e satrapi comunisti, a dividere la trincea con un futuro presidente della Repubblica italiana e a essere curati in ospedale da un futuro Papa.

Angelo Giuseppe Roncalli fece il militare a vent'anni, nel 1901, quand'era ancora chierico, a Bergamo, vicino al paese dov'era nato, Sotto il Monte. «Soldato disciplinato e volenteroso», divenne caporale aiutante di sanità. Sono anni in cui lo Stato italiano e il Vaticano ufficialmente non hanno rapporti. Però don Angelo ama l'Italia. Quando nel 1915 viene chiamato alle armi, non chiede di fare il cappellano militare, equiparato agli ufficiali; prende servizio come sergente nella 3ª compagnia di sanità. Nel suo diario annota: «Domani parto per il servizio militare in sanità. Dove mi manderanno? Forse sul fronte nemico? Tornerò a Bergamo, oppure il Signore mi ha preparato la mia ultima ora sul campo di guerra? Nulla so; questo solamente voglio, la volontà di Dio in tutto e sempre, e la sua gloria nel sacrificio completo del mio essere. Così e solo così penso di mantenermi all'altezza della mia vocazione e di mostrare a fatti il mio vero amore per la Patria e per le anime dei miei fratelli. Lo spirito è pronto e lieto. Signore Gesù mantenetemi sempre in queste disposizioni. Maria, mia buona mamma, aiutatemi ut in omnibus glorificetur Christus. Sotto il Monte, 23 maggio 1915».

Don Angelo presta servizio prima all'ospedale militare principale di Milano, dov'è ora la sede dell'università Cattolica, poi in quello di Bergamo. Qui arrivano i feriti dal fronte trentino, in condizioni spesso drammatiche, e dal 1917 anche centinaia di prigionieri italiani rimpatriati dai campi austriaci attraverso la Svizzera, perché malati o talmente distrutti nel fisico e nel morale da non poter più lavorare.

Nominato sottotenente e cappellano militare, Roncalli coordina le Case del Soldato della provincia di Bergamo, dove i fanti possono riposare, leggere, scrivere lettere a casa, partecipare a funzioni religiose. Al fratello Saverio, anch'egli sotto le armi, scrive: «Coraggio fratello mio. Tieniti pronto a tutto; colla coscienza pura, con Sante Comunioni ben fatte, con abbandono assoluto nel Signore, che è la nostra forza e la nostra salvezza; colla coscienza e con la prontezza a compiere tutto il tuo dovere con semplicità e ad ogni costo, guardando Dio che ci guarda e ci conforta. Ad altri le chiacchiere: per noi il nostro sacrificio. Così si ama la Patria, e non come tanti che l'hanno sempre in bocca e mai nel cuore. Bergamo, 6 gennaio 1918».

Nell'arte declamatoria il futuro Duce eccelle fin dagli anni della Grande Guerra. Sul «Popolo d'Italia», il giornale interventista fondato con i soldi dei francesi, Benito Mussolini tiene un rumoroso diario dei suoi mesi sotto le armi. Il 23 maggio 1915 si è offerto volontario, ma la richiesta è stata respinta. Partirà per il fronte il 13 settembre, con l'11° reggimento bersaglieri. Il 1° marzo 1916 è promosso caporale, grazie ad «attività esemplare, qualità battagliere, serenità di mente, incuranza ai disagi, zelo, regolarità nell'adempimento dei suoi doveri, primo in ogni impresa di lavoro e di ardimento». Sei mesi dopo diventa caporal maggiore.

Il 23 febbraio 1917, a Quota 144 presso il lago di Doberdò, sul Carso, Mussolini è ferito dallo scoppio accidentale di un cannoncino lanciagranate. Il diario si interrompe, ma il ricoverato riesce a far circolare due leggende: ha rifiutato l'anestetico mentre gli estraevano le schegge dal corpo; e gli austriaci, considerandolo irriducibile nemico, hanno bombardato l'ospedale apposta per eliminarlo. L'unica cosa vera è che il re si reca al suo capezzale a fargli visita. Segue una lunga convalescenza. Mussolini non tornerà in trincea, ma alla direzione del suo giornale, ulteriormente rimpinguato dagli inglesi – il servizio segreto militare gli passa cento sterline alla settimana –, dalle banche e dagli industriali favorevoli all'impegno bellico. Del resto «Il Popolo d'Italia» aveva reclamato spesso il ritorno del direttore «alle battaglie civili», per «incidere le carni della vilissima vespaia neutralista».

La storia dell'illustre ferito è stata però messa in discussione da uno storico irlandese, Paul O'Brien, in uno studio pubblicato da «Italia Contemporanea» e anticipato il 1° maggio 2002 da Simonetta Fiori sulla «Repubblica». O'Brien ha studiato la cartella clinica del Duce, conservata all'Archivio centrale dello Stato, e ha scoperto alcune incongruenze rispetto alla versione ufficiale, confermata non solo nella prima biografia scritta dalla sua amante Margherita Sarfatti, *Dux*, ma anche dal lavoro di storici come Renzo De Felice e Denis Mack Smith. Due mesi dopo l'incidente, il caporal maggiore Mussolini viene congedato dall'ospedale da campo della Croce Rossa di Milano in condizioni «buonissime», come scrive nel referto il capitano dottor Gaspare Piccagnoni. Come mai allora farà altri 16 mesi di convalescenza? Per quale motivo scrive agli amici di essere «costretto all'immobilità perché le mie ferite non sono chiuse»?

O'Brien, dopo aver consultato anche il verbale dell'autopsia sul corpo del dittatore redatto nel 1945 dal patologo Caio Mario Cattabeni, sostiene che il Duce fosse «davvero malato e ancora segretamente in cura», ma non per le ferite di guerra; per la sifilide. Una voce già circolata durante il fascismo, però mai confermata. Si spiegherebbero così le lesioni nervose, la presenza al suo fianco nel trasferimento da Udine a Milano del dottor Piccagnoni divenuto nel frattempo suo amico, il referto di un ortopedico vicino alla famiglia, Ambrogio Binda, che parla di un'immaginaria «ferita al muscolo tibiale» per giustificare le difficoltà di Mussolini a restare eretto: stranezze dovute alla necessità di mantenere un segreto. «Mussolini doveva uscire dall'ospedale da eroe di guerra, non da sifilitico» scrive O'Brien. «L'incidente occorsogli sul Carso gli offrì la straordinaria opportunità di rinascere come eroe interventista, smentire le accuse di imboscamento, rimetterlo alla guida del suo giornale e celare la scomoda malattia dietro "le gravi ferite".» Al punto che O'Brien si domanda, forse esagerando: l'incidente ci fu davvero, o comunque andò com'è stato sempre raccontato?

Resta il fatto che Mussolini serviva alla causa bellica più da direttore di giornale che da caporal maggiore; ma certo un uomo d'azione non poteva restare dietro una scrivania mentre i suoi coetanei erano al fronte. L'incidente si rivelò in qualche modo provvidenziale; tanto più che le sue circostanze non furono mai chiarite. Nel 1938, ventesimo anniversario della vittoria, il colonnello Antonio Luridana, comandante dell'11° battaglione bersaglieri in cui militava Mussolini, ricevette dal ministro della Guerra la richiesta di raccontare nei dettagli l'accaduto. Rispose che sul ferimento non si erano mai trovate prove concrete: «Le notizie raccolte tra gli anziani sono vaghe». Insomma, il colonnello non aveva molta voglia di tornare sull'episodio. Forse per una gara di zelo, quello stesso anno il maresciallo Emilio De Bono, uno dei quadrumviri della marcia su Roma, informa il dittatore che nell'archivio militare di Milano è stato ritrovato il fascicolo sulle sue ferite di guerra. Mussolini se lo fa portare. De Bono gli propone di pubblicarlo su «Il Popolo d'Italia». Il Duce risponde di lasciar perdere.

«Ho rischiato la vita in prima linea ogni giorno, guardando la morte negli occhi, rimanendo vivo per miracolo...» Una volta andato al potere, Adolf Hitler trasformerà i suoi anni di guerra – «il momento più indimenticabile e più grande della vita» – in un mito, volenterosamente aiutato dagli storici e dai giornalisti di regime. La sua unità, il «Rir 16», reggimento bavarese di fanteria comandato dal colonnello Julius List, verrà esaltato come una sorta di laboratorio del nazismo, composto da studenti, artisti e intellettuali animati da un profondo amore per la Germania e da un altrettanto profondo odio per gli ebrei. In realtà, tra i commilitoni del Führer soltanto un terzo avevano un titolo di studio, molti erano ebrei, e solo un'esigua minoranza aderirà al Partito nazista. La propaganda aveva cancellato tutto questo; merito dello studioso tedesco Thomas Weber aver riportato la vicenda alla sua verità storica.

L'austriaco Hitler si arruola volontario nell'esercito tedesco il 16 agosto 1914, a 25 anni. Non intende combattere per la propria patria, che considera inquinata dall'elemento slavo: «Quel crogiuolo di popoli inferiori mi aborriva. Volevo togliermi di dosso la polvere viennese e mai avrei militato nell'esercito imperiale». Il suo percorso sfiora quello di altri dittatori, senza incrociarlo. A Vienna negli ultimi mesi il futuro Führer passava il tempo a passeggiare nel parco di Schönbrunn, abitudine condivisa con un esule georgiano, Iosif Visarionovič Džugašvili, passato alla storia come Stalin; a Monaco invece ha preso alloggio in una soffitta al numero 34 di Schellesserheimerstrasse, la stessa strada dove, al numero 106, aveva abitato Lenin.

Dopo due mesi di guerra Hitler è già caporale. Non avrà altre promozioni: il colonnello List non trova in quel soldato «che borbotta solo tra sé e sé le adeguate doti di comando». In realtà, il giovane Adolf mostra buone qualità oratorie, quando arringa i commilitoni per risollevarne lo spirito. Il 29 ottobre 1914 ha il battesimo del fuoco davanti al villaggio belga di Gheluvelt. Nel *Mein Kampf* scriverà di essere stato l'unico sopravvissuto dell'assalto: da quel giorno «l'orrore sostituì il romanticismo nei campi di battaglia». In realtà i caduti del suo reparto sono tredici. Hitler proclamerà che le sue medaglie sono «lorde della sporcizia della Francia e del fango delle Fiandre»; ma da allora non combatterà più in trincea, bensì come portaordini. Conosce così gli uomini che lo seguiranno nella scalata al potere: il tenente Rudolf Hess, suo diretto superiore, il capitano Karl Mayr, l'ufficiale Ernst Röhm. Ma il suo compagno prediletto è un cagnolino, Foxl.

Il 7 ottobre 1916, sulla Somme, è ferito da una scheggia alla coscia sinistra mentre consegna un messaggio, e viene ricoverato all'ospedale di Beelitz, nel Brandeburgo. Riceve la Croce di Ferro di seconda classe; verso la fine della guerra l'amico Röhm farà in modo che l'onorificenza diventi di prima classe. L'antico merito non lo salverà dalla «notte dei lunghi coltelli», in cui Hitler e le SS si libereranno delle SA, il corpo fondato proprio da Röhm.

Nella primavera del 1917 Hitler è di nuovo sulle Fiandre. Si innamora di una diciottenne francese, Charlotte Eudoxie Alida Lobjoie, che vive a Wavrin, villaggio dell'Aisne occupato dai tedeschi. Le scrive lettere, le dedica acquarelli, le confeziona piccoli regali che lei custodirà in granaio. Nel 1949 Charlotte in punto di morte consegnerà tutto al figlio Jean-Marie, nato il 25 marzo 1918, nove mesi dopo quell'antica storia d'amore, e promosso rapidamente ai vertici della polizia d'occupazione nazista in Francia, per ordine diretto della Gestapo. Jean-Marie si convincerà di essere figlio di Hitler, e tenterà di far riconoscere il proprio status anche con una causa legale, senza mai convincere gli storici.

Nel settembre 1917 Hitler è in licenza a Berlino, che non ha mai visto. Ma a fine mese torna sul fronte occidentale, dove infuria la seconda battaglia della Marna, quella in cui combatte anche il corpo di spedizione italiano. Gli inglesi contrattaccano e sfondano le linee. Hitler è colpito da una scheggia, perde sangue, cade a terra. Un soldato britannico dello Yorkshire Regiment, Henry Tandey, quasi lo calpesta correndo, poi si accorge che è ancora vivo. I due si fissano. Tandey pensa di finirlo, ma si impietosisce davanti allo sguardo del caporale, esita, decide di risparmiarlo.

Quando andrà al potere, Hitler cercherà a lungo il nemico che gli aveva salvato la vita e aveva così cambiato la storia. Rintraccerà il suo nome, si farà regalare un quadro dipinto dal pittore italiano Fortunino Matania, che raffigura Tandey in azione nella battaglia di Menin nell'ottobre 1914, e porterà con sé la tela a Berchtesgaden, nel «nido dell'aquila» sulle Alpi bavaresi. Nel '38, firmando a Monaco gli accordi che sembrano garantire all'Europa un'effimera pace, il Führer chiederà al premier britannico Chamberlain di portare i suoi saluti a Tandey: «Quell'uomo mi è venuto così vicino per uccidermi. Ho pensato che non avrei mai più rivisto la Germania». Tandey invece maledirà quel momento di debolezza: «Quanto vorrei tornare indietro e spararli!».

Nell'ottobre 1918 gli uomini di List subiscono un attacco con i gas, durante la battaglia di Passchendaele. Hitler ha disturbi alla vista, grida fino a perdere la voce, quasi impazzisce. Viene portato all'ospedale militare di Pasewalk, in Pomerania. Qui lo raggiunge la notizia della resa del Reich. È allora che matura il senso della missione che lo attende: «Quando mi trovai costretto a giacere a letto, nell'immobilità, stringendo dalla rabbia il cuscino, alla notizia dell'armistizio» scrive in *Mein Kampf* «mi colpì la certezza che avrei liberato la Germania e l'avrei resa nuovamente grande. Seppi subito che ciò si sarebbe immancabilmente realizzato». Da tempo, del resto, è convinto di godere della protezione divina: ad Albert Speer, suo architetto e confidente, racconterà di aver sentito durante la guerra una voce suggerirgli di alzarsi e allontanarsi; pochi minuti dopo i commilitoni con cui stava mangiando sono stati disintegrati da una palla di cannone.

Più che preveggenza, la sua è isteria. «Cecità isterica» è la diagnosi del dottor Edmund Forster, che lo ha in cura e lo tratta senza troppi riguardi. Non a caso, appena preso il potere, Hitler incaricherà la polizia politica di cancellare le tracce. La cartella clinica di quel ricovero verrà distrutta, il dottor Forster «suicidato». Il Führer troverà molti commilitoni e agiografi disponibili a costruirgli un profilo da guerriero. Escono libri intitolati *Con Hitler nel Bavarian Rir List* e *Hitler sul campo di battaglia*. Gli storici che tenteranno di fare chiarezza, come Hugo Gutmann, ebreo, finiranno nelle mani della Gestapo.

Anche a un grande leader antinazista e democraticamente eletto poteva accadere però di abbellire le proprie gesta durante la Grande Guerra. Della cattura di Charles De Gaulle esistono infatti diverse versioni.

Il futuro Generale entra in guerra da tenente. Nel gennaio 1915 è già capitano. Nel suo primo combattimento, il giorno di ferragosto del 1914 a Dinant, ha avuto il perone spezzato da una palla nemica. Al comando di una compagnia è di nuovo ferito il 10 marzo 1915, a Mesnil-Les-Hurlus, in Champagne, stavolta alla mano sinistra. Un anno dopo, il 2 marzo 1916, il suo reggimento, schierato a difesa del villaggio di Douaumont, vicino a Verdun, è attaccato e decimato. Il suo reparto è annientato, i superstiti sono circondati.

Secondo la versione ufficiale, De Gaulle è costretto a trovare scampo in una buca scavata da un colpo di obice, ma soldati tedeschi lo inseguono e lo feriscono con la baionetta alla coscia sinistra. Una scheggia lo ferisce al cranio. Il capitano resta per ore esanime sul campo di battaglia, al punto che il bollettino di guerra lo dà per morto «dopo un assalto furioso e un corpo a corpo feroce»: una fine gloriosa, che gli vale la Legion d'onore alla memoria.

In realtà, De Gaulle si riprende, viene catturato dai tedeschi, portato all'ospedale di Magonza e poi nella terribile fortezza di Ingolstadt, in Baviera, prigione per gli ufficiali irriducibili. Tenta per cinque volte di evadere. Viene trasferito di campo in campo. Si dispera al pensiero della patria in pericolo, si sente inutile. Detesta sentir parlare tedesco, ma si ingegna di impararlo, di studiare il nemico, di conoscerne la letteratura. Per i compagni di prigionia tiene conferenze sull'arte bellica e sugli sviluppi della guerra. Liberato dopo 32 mesi, chiede di tornare a combattere, e dal 1919 al 1921 è di stanza in Polonia, dove contribuisce a creare l'esercito che ferma l'Armata Rossa. Tornato in Francia, sposa Yvonne Vendroux il 6 aprile 1921, a Calais. Meno di nove mesi dopo, il 28 dicembre, nasce il primogenito, Philippe.

Fin qui la storia edificante. Ma mezzo secolo dopo, nel 1966, un soldato agli ordini di De Gaulle, Samson Delpech, racconta al giornale «Sud-Ouest Dimanche» un'altra versione: «Eravamo circondati, e per ordine del nostro capitano De Gaulle siamo stati costretti ad arrenderci». «Le Nouveau Candide» scova un ufficiale tedesco, Casimir Albrecht, tenente nel reggimento che prese prigioniero De Gaulle, che racconta: «Vidi spuntare da una buca uno straccio bianco, probabilmente una camicia issata su una baionetta in cima a un fucile. Qualcuno uscì fuori. Fu allora che notai l'ufficiale che li comandava: era altissimo. Mi avvicinai. Sembrava un po' stralunato e barcollante...».

L'11 giugno 1966 il generale Perré affonda il colpo. In una testimonianza ripresa anche dai giornali stranieri, riferisce il racconto di un suo amico, prigioniero con De Gaulle: «I Boches [termine spregiativo per indicare i tedeschi, più o meno come l'italiano «crucchi»] usavano un riguardo agli ufficiali francesi che si erano battuti coraggiosamente: restituivano loro la sciabola in alcune circostanze, ad esempio per la messa. Al capitano De Gaulle la sciabola non fu restituita. Lui, pensando a una dimenticanza, la reclamò seccamente. I tedeschi si stupirono della sua richiesta ma, per senso di giustizia, rifecero un'indagine sulle circostanze della sua resa. Dopodiché rifiutarono ancora di restituire la sciabola al capitano».

Al momento della campagna stampa contro di lui, De Gaulle era presidente della Repubblica. L'anno prima aveva sconfitto nettamente al ballottaggio il candidato delle sinistre, François Mitterrand (memorabile la risposta con cui aveva rifiutato il consiglio del suo ministro della Cultura, André Malraux, che insisteva perché facesse campagna elettorale in tv: «Malraux, cosa vuole che vada a dire in televisione? "Mi chiamo Charles De Gaulle e ho 75 anni?"». Alla fine, tra il primo e il secondo turno, l'ebbe vinta Malraux. La performance televisiva del Generale non fu la sua cosa migliore). Dopo le rivelazioni di Perré e lo scandalo che ne seguì, molti militanti gollisti chiesero all'Eliseo una smentita. Che non arrivò.

De Gaulle o i suoi mitografi avevano trasformato una resa in un dramma eroico? È possibile. Certo è stato meglio così, che De Gaulle si sia salvato, e abbia potuto compiere il suo capolavoro morale e politico: l'appello del 18 giugno 1940, con cui invitò i compatrioti a resistere a Hitler, e salvò l'onore della Francia. Anche se De Gaulle non si sarebbe mai riconosciuto nei versi di Archiloco, è possibile che si sia comportato come il poeta-soldato greco, che si consolava per aver abbandonato lo scudo nella ritirata:

Però ho salvato me stesso.
Che importa di quello scudo?
Vada in malora! Me ne comprerò subito un altro
certo non peggiore.

Tra i futuri capi di Stato, fu il croato Josip Broz a vivere una vera epopea durante la Grande Guerra. Settimo di quindici figli, fabbro nel villaggio di Sisak, operaio in Germania alla Benz, pilota collaudatore alla Daimler, sindacalista, nel 1913 è arruolato nell'esercito austroungarico. Dopo l'assassinio dell'arciduca Francesco Ferdinando a Sarajevo, è arrestato per propaganda contro la guerra e viene imprigionato nella fortezza di Petrovaradin, a Novi Sad, in Serbia. Ma quando, dopo i primi mesi di guerra, gli assalti russi hanno aperto ampi vuoti nelle file dell'esercito asburgico, anche i sovversivi tornano utili: Broz viene inviato in Galizia. Combatte con coraggio, viene proposto per un'onorificenza. Il 25 marzo 1915, giorno di Pasqua, è ferito dalla granata di un obice. Il mese dopo tutto il suo battaglione viene catturato dai russi.

Josip Broz passa quasi un anno e mezzo in ospedale; poi, nell'autunno del 1916, è destinato a un campo di lavoro negli Urali. Al regime zarista restano pochi mesi. Nel febbraio 1917 un gruppo di lavoratori in rivolta libera i prigionieri. Il giovane croato, già militante socialdemocratico, si unisce ai bolscevichi. Arrestato, riesce a fuggire. Il 16 giugno 1917 è a San Pietroburgo, dove partecipa alle dimostrazioni contro il governo Kerenskij. Ormai è un rivoluzionario di professione. Ripara in Finlandia, viene ancora catturato. Rinchiuso nella fortezza di Petropavl, in Kazakhstan, è trasferito nel campo di prigionia di Kungur, sul Volga. Durante il viaggio in treno riesce ancora a scappare. Si nasconde presso una famiglia russa, dove incontra Pelagija Belousova, una ragazza che diventa sua moglie.

Si arruola nell'Armata Rossa, combatte in Siberia, entra nel Partito comunista. Alla fine della guerra civile lavora come meccanico a Omsk. Tornerà in patria con la sua Pelagija solo nel 1920, per partecipare alla fondazione del Partito comunista jugoslavo, poi messo al bando da re Alessandro. Nel 1934, per proseguire la sua attività politica nell'esilio di Vienna, prende il soprannome con cui sarà conosciuto in Occidente, e diventa Tito. L'anno dopo fugge in Russia. Sopravvive alle purghe di Stalin, che però fa fucilare sua moglie.

Capo militare del più forte movimento della Resistenza europea, Tito libererà il suo Paese dai nazifascisti, e lo renderà indipendente dalla Russia stalinista. Nel 1952 sposerà Jovanka, la sua segretaria. La Jugoslavia morirà di fatto con lui.

La durezza dei dittatori, e in genere lo sprezzo per la vita umana di quella generazione di leader politici, si spiega anche con la loro formazione legata alla guerra. Pure Palmiro Togliatti, socialista interventista, parte volontario e guida le ambulanze sul fronte dell'Isonzo. Sandro Pertini invece è un socialista che si oppone alla guerra. Anche per questo rifiuta di fare il corso ufficiali, e viene assegnato all'artiglieria. Il 7 aprile 1917 è inviato sul Carso: stavolta non può sfuggire alla direttiva di Cadorna, che impone a tutti coloro che hanno un titolo di studio superiore di seguire il corso.

Da sottotenente gli viene assegnata la medaglia d'argento al valor militare, per aver guidato un assalto al Monte Jelenik, sulla Bainsizza, nell'undicesima battaglia dell'Isonzo. Pertini partecipa alla ritirata da Caporetto e alla resistenza sul Pasubio. Promosso tenente, il 4 novembre 1918 entra a Trento alla testa del suo plotone di mitraglieri. Finita la guerra presterà ancora servizio in Dalmazia. Ma la decorazione conquistata sull'Isonzo non gli sarà mai consegnata: il regime non può tollerare che sia premiato un antifascista.

Alla Grande Guerra, tra tanti ammiratori e ammiratrici di Garibaldi, non potevano mancare i suoi nipoti. Già il Generale era andato a combattere con i francesi contro i prussiani nel 1870, seguito dal figlio Ricciotti, così chiamato in onore di Nicola Ricciotti, compagno dei fratelli Bandiera, fucilato dai Borboni. In Francia i garibaldini si erano battuti con il consueto coraggio, e a Digione avevano strappato al nemico il vessillo del 61° reggimento Pomerania, l'unica bandiera persa dai prussiani durante la guerra.

Quando nel 1914 la Francia è di nuovo in pericolo, i Garibaldi accorrono. Ricciotti ha avuto dalla moglie inglese, Costanza Hopcraft, otto figli, tutti maschi. Sei di loro vanno a combattere da volontari sul fronte occidentale: Giuseppe detto Peppino, Ricciotti junior, Sante, Bruno, Costante, Ezio. Il primogenito, Peppino Garibaldi, pur di menare le mani ha già combattuto con gli inglesi contro i boeri, partecipato alla rivoluzione venezuelana contro il dittatore Julián Castro, guerreggiato in Guyana e in Messico, ovviamente accanto ai rivoluzionari contro le truppe di don Porfirio Díaz. Nel 1912 tutta la famiglia si è portata in Grecia per affrontare i turchi.

Allo scoppio della Grande Guerra, Peppino va a Parigi e crea una Legione garibaldina, cui aderiscono molti giovani italiani residenti in Francia di fede repubblicana, oltre a mazziniani e veterani della campagna di Grecia. I garibaldini sono schierati nelle Argonne e inquadrati come 4° reggimento della Legione straniera francese, ma ottengono il permesso di portare la camicia rossa. Peppino ha il grado di tenente colonnello dell'esercito francese. Il 26 dicembre 1914 è impegnato in un duro scontro da cui i volontari italiani escono vittoriosi; muore però uno dei suoi fratelli, Bruno, 25 anni. Il 5 gennaio 1915, a Four de Paris, la Legione subisce gravi perdite: cade un altro Garibaldi, Costante, 23 anni. A metà marzo 1915 la Legione viene sciolta. Molti garibaldini combatteranno sul fronte italiano nella brigata Alpi, il cui comando viene affidato a Peppino. Proprio perché conosce già il fronte occidentale, la brigata sarà trasferita in Francia nel 1918, insieme con gli arditi di Curzio Malaparte e del volontario Castellani.

Altri fratelli di Peppino combattono sul fronte italiano: Ricciotti junior si arruola come volontario nel 51° reggimento di fanteria, Sante è sul fronte delle Dolomiti come il fratello più giovane, Ezio, che sul Col di Lana il 26 ottobre 1916 ha la gola trapassata da una pallottola austriaca: si salva miracolosamente.

Dopo la guerra le strade dei nipoti del Generale si separano. Ezio dopo qualche anno di esitazione aderisce al regime, viene eletto deputato nel Listone fascista nel 1929 e rieletto nel 1934. Nominato presidente della Fnvg – Federazione nazionale volontari garibaldini –, rompe i rapporti con il fratello Sante, emigrato in Francia, dove anima associazioni antifasciste. Subito dopo l'inizio della seconda guerra mondiale, Ezio fonda i Gruppi d'azione nizzarda, fautori della riconquista di Nizza, la città d'origine della dinastia. Sante invece combatte per la Francia contro i tedeschi. Sorvegliato dalla Gestapo come elemento pericoloso, arrestato nel 1943, accusato di spionaggio, finisce a Dachau. Liberato alla fine della guerra, Sante Garibaldi morirà l'anno dopo a Bordeaux.

Peppino e Ricciotti junior avranno una sorte meno nobile. All'inizio antifascisti, progettano in Francia movimenti di opposizione con l'appoggio della massoneria, ma finiscono per essere ingaggiati come agenti dall'ambasciata italiana, e quindi per lavorare a favore del regime. Accettano anche di inscenare un falso attentato contro Mussolini, per far ricadere la colpa sui fuoriusciti. Scoperti e arrestati dalla polizia francese, confessano e vengono liberati: sono pur sempre dei Garibaldi. Prigionieri del mito delle armi, dell'avventura e di un secolo, l'Ottocento, che non era il loro.

XIV

La memoria delle donne

La madre dei fratelli Calvi e la lettera di Nina

Il Risorgimento ha avuto la madre dei fratelli Cairoli: cinque figli, quattro caduti combattendo con Garibaldi, il quinto, Benedetto, che diventa presidente del Consiglio. La Resistenza ha avuto i sette fratelli Cervi, fucilati dai fascisti, ancora presenti nella memoria collettiva e nella polemica politica. Quasi nessuno ricorda i quattro fratelli Calvi – alpinisti, alpini, destinati a non sopravvivere alla Grande Guerra – e la loro madre: Clelia Pizzigoni Calvi, che la retorica del tempo trasformò nel simbolo della Mater Dolorosa.

«Ella, la Madre martire sublime, non superata da alcuna, oggi è sola nella vuota casetta di Piazza Brembana. Ella piange, inconsolabile, ma ormai da tempo non ha più lacrime» scrivevano i giornali. «Dall'aurora ad oltre il tramonto d'ogni giorno Ella vive ogni istante con lo spirito dei suoi Eroi; Ella lavora infaticabile insegnando tutto il giorno ai fanciulli delle scuole l'amore e lo studio e, soprattutto, come si deve morire per la Patria.» E ancora: «Ella ha sempre d'innanzi l'immagine dei figli, Ella pare sempre li veda, li segua sui campi di battaglia, nelle mirabili fasi della lotta; Ella li scorge sciare veloci all'assalto, sul ghiacciaio aspro, verso il nemico; li vede arrampicarsi sui dirupi infuocati, sui crepacci profondi, li vede ad uno ad uno cadere; li ode invocare "Mamma" nel momento estremo; ne sente l'ultimo palpito. Così Ella vive sempre con loro».

Natale Calvi, detto Nino, era il maggiore. Grande appassionato di montagna, come il fratello Attilio, di due anni più giovane. Insieme combattono in Libia. Nel 1915 addestrano le reclute alla guerra ad alta quota, insegnano ai giovani alpini a sciare, li guidano sul Tonale e sull'Adamello. Nell'aprile 1916 Nino e Attilio Calvi comandano due dei tre reparti che vanno all'assalto del Dosson di Genova, un saliente strategico per il controllo dell'Adamello: giornate da tregenda, nubi basse, cime ghiacciate; si combatte a oltre tremila metri. Gli alpini conquistano il crinale, ma Attilio è ferito gravemente: muore dopo due giorni di agonia, a 26 anni.

Nino è ossessionato dalla scomparsa del fratello. Continua a combattere con gli alpini sino alla fine della guerra, negli ultimi giorni è mutilato a un piede sul Grappa, ma non vuole rinunciare a salire in montagna. Morirà nel settembre 1920, travolto da una valanga, sulla parete sud dell'Adamello, dove era caduto Attilio. Due cime del massiccio portano i loro nomi.

Santino Calvi, il terzo fratello, è ancora più inquieto. Volontario a vent'anni, dopo cinque giorni di guerra gli viene assegnata la medaglia d'argento al valor militare: è uscito per tre volte dalla trincea di cima Vezzena per recuperare i compagni feriti. Una notte, in cordata, viene colpito al volto da una pallottola che gli spezza la mascella. È in convalescenza quando apprende della morte di suo fratello Attilio: chiede di tornare subito al fronte. Combatte sull'altopiano di Asiago. Gli austriaci scavano una galleria nel ghiaccio per sorprendere la compagnia di cui Santino Calvi è al comando, la 62ª del battaglione alpini Bassano: lui li mette in fuga con le bombe a mano, poi si assume la responsabilità dell'impreparazione del suo reparto. Mandato sull'Ortigara a espiare, il 10 giugno 1917 scrive alla madre per prendere congedo e guida l'assalto al passo dell'Agnella, falciato dalle pallottole: prima è ferito a una spalla, poi di nuovo al viso, infine al petto: «Chesta l'è chèla giösta», questa è quella giusta, dice agli uomini che lo soccorrono.

Giannino Calvi, il più piccolo, è anche il più tranquillo della famiglia. Vorrebbe farsi prete. Dopo la morte di Attilio e Santino decide di arruolarsi. Gli alti comandi vorrebbero evitargli la prima linea; lui rifiuta privilegi. Combatte sul Grappa agli ordini del fratello superstite, Nino. Illeso, muore di febbre spagnola sulla via del ritorno a casa. Poco più di un anno dopo, il 15 dicembre 1919, si spegne per il dolore il padre dei fratelli Calvi, Gerolamo, a lungo sindaco di Piazza Brembana.

Clelia Calvi resta sola ad accogliere, il 30 ottobre 1921, le salme dei suoi quattro figli. Scrivono messaggi il re, un leader politico emergente, Mussolini, e l'immancabile D'Annunzio. Il Vate finanzia anche il monumento alla memoria nel centro del paese, e detta l'epitaffio:

Natale, Attilio, Sante, Giannino.
Fiore dell'italica gioventù,
orgoglio della natìa Piazza Brembana.
I quattro fratelli Calvi,
con impeto d'aquila,
difesero in guerra le vette della patria.
Morte li spense,
Gloria li cinse d'alloro immortale.

La madre dei fratelli Calvi ricevette ben 25 medaglie al valore. Una foto la ritrae con il petto sfolgorante di riflessi d'oro e d'argento. Divenne un punto di riferimento per le mamme della zona che avevano perso i figli. Andava nelle scuole a raccontare la storia di Nino, che sciava sotto le granate, e Attilio, caduto con la baionetta in pugno. Sapeva a memoria i nomi delle località dove avevano combattuto: il Corno di Cavento, il Monte Campigoletti, il torrione dell'Albiolo… Morì nel 1953, ancora oggi la Fondazione mamma Calvi premia i ragazzi di Piazza Brembana, ogni anno, il 4 novembre.

C'è nelle donne della Grande Guerra una fedeltà sentimentale che non si limita alla memoria. Maria Boni, romana, non intendeva stare lontana dal marito Costantino Brighenti, maggiore distaccato in Libia, che aveva sposato nel 1914. La situazione delle poche truppe italiane rimaste in Nordafrica si fa drammatica: la Tripolitania e la Cirenaica non sono affatto pacificate, anzi i guerrieri beduini prendono coraggio e assediano le guarnigioni della costa. Maria ottiene dal governo della colonia la qualifica di «assistente alla truppa»: è una delle prime crocerossine a vivere in mezzo ai soldati.

Il maggiore Brighenti deve lasciare la sua base, Tarhuna, in Tripolitania, per prendere il comando del presidio di Beni Ulid, con il II battaglione libico che lui stesso ha formato. Ordina alla moglie di non seguirlo: lo raggiungerà in seguito, quando gli italiani avranno ripreso il controllo della regione. Tarhuna è assediata. Maria è accanto ai fanti. Privi di viveri, medicine e munizioni, nella notte del 18 giugno 1915 i difensori tentano di forzare l'assedio e raggiungere Tripoli, ma cadono in un'imboscata. La colonna italiana viene massacrata. Maria è ferita da una pallottola. Colpita alla nuca da un arabo a cavallo, viene portata via, violentata, uccisa. Restano i suoi vestiti strappati e insanguinati.

Il marito apprende la notizia mentre Beni Ulid è assediata. Resiste fino al 5 luglio. Poi, dopo aver tentato di aprirsi una via di fuga con le armi, si arrende. Fatto prigioniero, si suicida. Sua moglie Maria è l'unica donna della Grande Guerra a ricevere la medaglia d'oro al valor militare. La motivazione per una volta non ha bisogno di aggiungere la retorica ai fatti:

«Durante il lungo blocco di Tarhuna, fu incitatrice ed esempio di virtù militari; con animo elevatissimo e forte, prodigò sue cure a feriti e morenti, confortandoli colle infinite risorse della sua dolce femminilità. Il 18 giugno 1915, seguendo il presidio che ripiegava su Tripoli, rifiutò risolutamente di porsi in salvo, volendo seguire le sorti delle truppe; più volte colpita da proiettili nemici, mentre soccorreva feriti e incuorava alla lotta, moriva eroicamente, in mezzo ai combattenti.»

Nel massacro dell'Ortigara, con Santino Calvi e altri migliaia di alpini, cade il tenente Adolfo Ferrero, del battaglione Val Dora. Quarantun anni dopo, nel 1958, furono ritrovate le spoglie del suo attendente. Aveva addosso l'ultima lettera di Adolfo, indirizzata al padre, alla madre, al fratello Beppe e alla sorella Nina. Passò altro tempo prima che Nina Ferrero venisse rintracciata, quasi per caso. Da Asiago telefonarono a una famiglia Ferrero di Torino: non avevano parenti morti nella Grande Guerra, ma anche la loro donna delle pulizie si chiamava Ferrero, Nina Ferrero. Era lei la destinataria del messaggio. Morta nel 1993, è sepolta nel cimitero di Asiago, accanto al fratello.

L'ultima lettera di Adolfo è citata nel libro di Alessandro Gualtieri *La Grande Guerra delle donne*. Non è un testo meditato. Sono frasi scritte di getto, all'alba del 19 giugno

1917, da un uomo che si sente condannato a morte e si dispera al pensiero di non rivedere le persone care, alternando il desiderio che il proprio sacrificio sia riconosciuto, e la paura che sia dimenticato.

«Cari genitori, scrivo questo foglio nella speranza che non vi sia bisogno di farvelo pervenire. Non ne posso fare a meno. Il pericolo è grave, imminente. Avrei rimorso se non dedicassi a voi questi istanti di libertà, per darvi un ultimo saluto. Voi sapete che odio la retorica... No, no, non è retorica quella che sto facendo. Sento in me la vita che reclama la sua parte di sole; sento le mie ore contate, presagisco una morte gloriosa, ma orrenda.

Fra cinque ore qui sarà un inferno. Fremerà la terra, s'oscurerà il cielo, una densa caligine coprirà ogni cosa e rombi e boati risuoneranno tra questi monti, cupi come le esplosioni che in questo istante medesimo sento in lontananza. Il cielo si è fatto nuvoloso; piove. Vorrei dirvi tante cose... tante... ma Voi ve le immaginate. Vi amo tutti, tutti... darei un tesoro per potervi rivedere... ma non posso. Il mio cieco destino non vuole. Penso in queste ultime ore di calma apparente, a te, Papà, a te, Mamma, che occupate il primo posto nel mio cuore; a te, Beppe, fanciullo innocente; a te, Nina.

Che debbo dire? Mi manca la parola: un cozzar di idee, una ridda di lieti e di tristi fantasmi, un presentimento atroce mi tolgono l'espressione. No, no, non è paura. Io non ho paura! Mi sento commosso, pensando a Voi, a quanto lascio, ma so di mostrarmi forte dinanzi ai miei soldati, calmo e sorridente. Del resto anch'essi hanno un morale elevatissimo. Quando riceverete questo scritto, fattovi recapitare da un'anima buona, non piangete. Siate forti come avrò saputo esserlo io. Un figlio morto in guerra non è mai morto. Il mio nome resti scolpito nell'animo dei miei fratelli; il mio abito militare, la mia fidata pistola (se vi verrà recapitata), gelosamente conservati, stiano a testimonianza della mia fine gloriosa. E se per ventura mi sarò guadagnato una medaglia, resti quella a Giuseppe.

O genitori, parlate, parlate, fra qualche anno, quando saranno in grado di capirvi, ai miei fratellini, di me, morto a vent'anni per la Patria. Parlate loro di me; sforzatevi di risvegliare in loro il ricordo di me... Che è doloroso il pensiero di venire dimenticato da essi. Fra dieci, vent'anni, forse non sapranno più di avermi avuto fratello... A voi mi rivolgo. Perdono, perdono vi chiedo, se vi ho fatto soffrire, se v'ho dato dispiaceri. Credetelo, non fu per malizia. La mia inesperta giovinezza vi ha fatto sopportare degli affanni: vi prego di volermi perdonare. Spoglio di questa vita terrena, andrò a godere di quel bene che credo di essermi meritato.

A voi, Babbo e Mamma, un bacio, un bacio solo che dica tutto il mio affetto. A Beppe, a Nina un altro e un monito: ricordatevi di vostro fratello. Sacra è la religione dei morti. Siate buoni. Il mio spirito sarà con voi sempre. A Voi lascio ogni mia sostanza. È poca cosa. Voglio però che sia da Voi gelosamente conservata. A Mamma, a Papà lascio il mio affetto immenso. È il ricordo più stimabile che posso loro lasciare. Alla zia Eugenia, il crocefisso d'argento; al mio zio Giulio, la mia madonnina d'oro. La porterà certamente. La mia divisa a Beppe, come le armi e le robe mie. Il portafoglio (lire 100) lo lascio all'attendente.

Un bacio ardente d'affetto dal vostro affezionatissimo Adolfo.»

XV

Alpini e cani

Nelle fortezze di ghiaccio: la guerra sulle montagne

«Sopra il passo si inerpicava una mulattiera, che aggirava monticelli di tavole, pietre e terriccio dietro i quali si aspetterebbe di veder spuntare dei montanari indiani. A comparire fu invece un ufficiale italiano di artiglieria, che ci offrì cortesemente un caffè. Era un maggiore con il volto scavato dalle intemperie e lo sguardo puntato verso orizzonti lontani. Per tutto l'anno viveva quassù con le sue mitragliatrici, e da entrambi i lati della sua tana, sugli alpeggi d'alta quota, si scorgevano a decine i neri fori delle granate, che il nemico aveva esploso per cercare di snidarlo.»

Così Rudyard Kipling, paragonando le Alpi al Kashmir, racconta la guerra sulle montagne. All'apice della fama, il grande scrittore passa interi giorni con gli alpini, e resta ammirato dallo spirito con cui affrontano la vita in condizioni estreme: intere città scavate nel ghiaccio, cannoni issati a braccia su cime oltre i tremila metri, bivacchi a 30 gradi sotto zero ancorati alla roccia e riforniti da teleferiche, postazioni coperte da otto metri di neve. E gallerie aperte con l'esplosivo, le trivelle, i picconi. Dalla Marmolada alle Alpi Giulie, gli austriaci controllavano le cime. Quando videro che attaccare dal basso era impossibile, gli italiani cominciarono a scavare le montagne per far esplodere gigantesche mine, in modo da travolgere il nemico, a costo di far crollare le vette.

Gli alpini occuparono Cortina nei primi giorni di guerra, ma poi si trovarono di fronte le Dolomiti. Così i generali decisero di far saltare in aria i reparti che tenevano il passo del Falzarego. La mina più grande fu posata sotto il Castelletto, una fortezza naturale che gli austriaci chiamavano Schreckenstein, la Rupe del terrore. Per scavare una galleria di 500 metri vennero scelti soldati che avevano lavorato come minatori.

I nemici capirono subito quel che stava accadendo. Ogni giorno sentivano avvicinarsi le trivelle. Tentarono di scavare a loro volta una galleria per far brillare una contro-mina, ma le speranze di intercettare gli italiani erano minime. Per comandare la guarnigione era stato scelto il sottufficiale più giovane: Hans Schneeberger, 19 anni, detto la «Pulce delle nevi» per la sua agilità, un tirolese fiero della divisa da alfiere dei kaiserjäger. Di fatto, lui e i suoi uomini erano condannati a morte.

Negli ultimi giorni, tutto indicava che la fine stava per arrivare. La montagna tremava sotto i piedi. Dalle fessure filtrava l'odore del rancio degli alpini italiani. L'alfiere si consultò con i suoi trenta uomini: tutti vollero restare al loro posto. Quando le trivelle tacquero – segno che l'esplosione era imminente –, il comandante chiese al soldato Aschenbrenner, che aveva otto figli, e a un altro padre di famiglia, Latschneider, di 52 anni, se almeno loro volessero andare a casa. Rifiutarono.

La mina italiana scoppiò alle 3 e mezza della notte tra il 10 e l'11 luglio 1916. Il re e Cadorna videro un'immensa fiammata tra la Tofana e il Castelletto. Gli ampezzani pensarono a un terremoto.

Nella montagna si è aperto un cratere. I primi alpini che si lanciano all'assalto muoiono avvelenati dal monossido di carbonio formatosi con l'esplosione. L'alfiere Schneeberger è ancora vivo, insieme con nove dei suoi: manda Latschneider a chiedere rinforzi. Gli austriaci si ritirano e organizzano un'imboscata 500 metri più in basso. Gli italiani cadono in trappola: devono ritirarsi con grave perdite. La mina non è servita a nulla.

Il fronte alpino fu meno sanguinoso di quelli dell'Isonzo e del Carso, ma la vita non era meno drammatica. Le valanghe uccidevano più dei cannoni: in un solo giorno, il 13 dicembre 1916, passato alla storia come il Venerdì Bianco, le slavine inghiottirono diecimila soldati. I nemici avevano inventato le Rollbomben, sfere d'acciaio piene di esplosivo; gli italiani rispondevano facendo rotolare palle di resina e bitume incendiate.

Eppure le testimonianze e le lettere dei soldati sono spesso improntate alla grandiosità, alla magnificenza dei paesaggi, all'eroismo a volte più sportivo che patriottico. Alpini e kaiserjäger erano abituati alla montagna. Spesso combattevano vicino alle loro case. Monarchici e cattolici, non vivevano le tensioni politiche presenti su altri fronti. Tra loro c'erano rocciatori e guide conosciuti da tutti gli appassionati, come Sepp Innerkofler, nato in una famiglia di pionieri dell'alpinismo.

I suoi zii Jakob e Michael avevano conquistato la Cima Piccola di Lavaredo, lui era stato il primo a salire la parete nord, considerata impossibile. Ai piedi delle Tre Cime aveva fatto costruire un rifugio, illuminato con quello che ad alta quota pareva un prodigio: l'energia elettrica. Da mezza Europa venivano escursionisti che volevano essere guidati da Sepp Innerkofler. Ora che il fronte passava proprio lì, lui non poteva non presentarsi volontario, quando l'imperatore aveva ordinato la mobilitazione degli Standschützen, cacciatori e iscritti ai poligoni di tiro: 38 mila tirolesi tra adolescenti, adulti e vecchi.

Sepp aveva cinquant'anni e sette figli. Volle al suo fianco il più esperto, Gottfried, nella pattuglia che comandava. Il secondo giorno di guerra l'artiglieria italiana distrusse il suo rifugio: lui descrisse la scena nel diario, con parole asciutte, senza astio. Dimostrò di saper combattere: in un mese fu promosso prima caporale, poi sergente maggiore.

Quando gli alpini presero il Paterno, chiave di volta della difesa austriaca, Innerkofler si offrì di guidare la sua pattuglia a riconquistarlo, cogliendo gli italiani di sorpresa dopo una scalata notturna. Fu il primo a raggiungere la cima, e si scagliò contro gli alpini lanciando bombe a mano. Colpito alla fronte, cadde nel vuoto. Secondo la versione italiana, fu il soldato Pietro De Luca del battaglione Val Piave a centrarlo con un sasso. Gli alpini recuperarono il corpo e in segno di rispetto lo seppellirono sulla vetta del Paterno. Ma quando, dopo Caporetto, gli austriaci ripresero il monte e riesumarono le spoglie di Innerkofler per portarle nel cimitero di famiglia, si vide che il cranio era perforato da una pallottola. Forse sparata dalla mitragliatrice austriaca che tirava dalla cima di fronte.

Uno era un aristocratico di famiglia ebraica, per cui le Alpi erano un divertimento e una sfida. L'altro era una guida valdostana, per cui la montagna era vita e sostentamento. Quando il conte Ugo Ottolenghi di Vallepiana ebbe l'ordine di aprire una via sulla Tofana di Rozes, per poter attaccare gli austriaci dall'alto ed eludere le difese del Castelletto, pose come condizione di avere al fianco il suo amico montanaro della Valtournenche, Joseph Gaspard.

Ugo era nipote di Emilio Ottolenghi, capo della comunità israelitica di Firenze e dirigente della Banca d'Italia, nominato conte di Vallepiana da re Umberto I. Cresciuto a Firenze, a Palazzo Boboli-Ottolenghi, andava in Valle d'Aosta in vacanza. A 17 anni scalò il Cervino, a 21 il Bianco. Studiò economia all'università di Monaco e sulle Alpi bavaresi imparò a sciare.

In Valle d'Aosta, Gaspard lavorava come guida. Sul ghiacciaio del Lys aveva conosciuto Vallepiana ed era diventato suo amico. A 27 anni compì la prima ascensione della Grivola, a 29 partecipò alla leggendaria spedizione di Mario Piacenza in Caucaso, sulle montagne dove secondo il mito greco era stato incatenato Prometeo; poi salì sul Bianco d'inverno e partì per l'Himalaya, dove fu il primo a conquistare il Kun, 7077 metri.

Gaspard aveva già cinque figli quando nel 1916 fu arruolato negli alpini e mandato lontano dal fronte, al deposito militare di Roma. Vallepiana si era presentato volontario l'anno prima. Quando chiese di avere al fianco l'alpinista più forte che conosceva, Gaspard fu subito richiamato sul fronte del Falzarego.

Insieme aprirono la via sul camino della Tofana di Rozes, che ora si chiama camino Vallepiana, sino alla cima a 2900 metri, oggi cima Gaspard. Impiegarono cinque giorni. Salirono piantando chiodi e assicurando corde, in modo da poter essere seguiti da altri alpini. In un passaggio particolarmente difficile, Gaspard scivola, si aggrappa alla corda doppia, riesce ad afferrare solo uno dei due capi, cade per venti metri ma si ferma su un blocco di neve; Vallepiana lo tira su. Il giorno dopo Gaspard è ferito a una mano da una scheggia di granata e alla testa da un sasso, ma continua a salire. Dalla cima si dominano il Castelletto e la Val Travenanzes: gli italiani issano una mitragliatrice e un lanciabombe lungo il percorso di 300 metri di scalette e corde che i due amici hanno aperto. Ricevono una medaglia d'argento e l'ordine di pattugliare la parete nord della Tofana.

In una notte di bufera si rifugiano dentro una baracca abbandonata. Gaspard è colpito da un fulmine. Vallepiana lo soccorre e lo trova esanime. Dopo due ore di respirazione artificiale, Gaspard rinviene. L'amico lo sente dire: «Oh ma pauvre femme, mes pauvres enfants...». Arrivano i soccorsi, lo calano in un sacco a pelo: il suo corpo manda odore di zolfo. Resterà immobile per sei mesi, poi si riprenderà. Tornerà a casa dopo un altro anno di cure in ospedale, semiparalizzato, zoppo, ma vivo. Non potrà più fare la guida: troverà lavoro in una centrale elettrica. Joseph Gaspard è morto il 4 aprile 1974, a 93 anni.

Per Vallepiana la guerra continua. Trasferito sul fronte dell'Isonzo, nell'agosto 1917 combatte sulla Bainsizza. A ottobre il suo battaglione viene circondato sul Monte Pleca, vicino al Monte Nero: il nemico gli riconosce l'onore delle armi, ma lui vivrà un anno in prigionia. Dopo la guerra sarà consigliere del Cai, il Club alpino italiano; espulso dopo le leggi razziali, nel 1960 ne diventerà presidente. Morirà il 13 gennaio 1978, a 88 anni, ormai cieco. Chiederà di essere sepolto con il cappello da alpino.

Due cani da guerra attaccati a una mitragliatrice è il titolo di una poesia di Karl Kraus, che ne *Gli ultimi giorni dell'umanità* dona la parola ai «Krieghund», appunti i cani da guerra:

È un carico infame e tiriamo ugualmente
ché fino alla morte fedeli noi siamo.
Che bello era il sole di Dio risplendente!
Ma il diavol chiamò e corse il cane al richiamo.

Avevano un'altra visione, i soldati austriaci che sul Monte Santo deposero una lapide in memoria della cagna Senta: «La amavamo tutti. Ha salvato più di sessanta uomini e ritrovati dieci dei nostri camerati che noi davamo per dispersi. Qui ha trovato una morte degna di un'eroina. Ha sacrificato la sua vita di cane come un soldato, fedele sino all'ultimo attimo.»

Purtroppo si sparava anche ai cani. Erano stati addestrati ad abbaiare, quando trovavano un ferito. Ma in questo modo richiamavano i cecchini. Allora furono addestrati a segnalare la presenza di feriti riportando il berretto. La situazione peggiorò quando nel 1916 si passò agli elmetti, più difficili da trasportare. Qualche animale imparò a prendere un brandello delle bende di prima medicazione, che i meno gravi erano riusciti ad applicare sulle ferite.

Allo scoppio della guerra, i proprietari dei cani dell'Impero asburgico furono invitati a presentarsi alla «leva canina». Erano richiesti in particolare i terrier, i pastori tedeschi, i dobermann e i rottweiler. Al padrone era corrisposta una somma, con la promessa che l'animale sarebbe stato restituito, se fosse sopravvissuto. Un'odissea che non ha trovato cantori, a differenza di quella dei cavalli – in guerra ne morirono oltre nove milioni e mezzo –, divenuta un romanzo di Michael Morpurgo, un'opera teatrale di Broadway e un film di Steven Spielberg: *War Horse*. Erich Maria Remarque, l'autore di *Niente di nuovo sul fronte occidentale*, inserì un cane di nome Lupo nel romanzo successivo, *La via del ritorno*, che però non ebbe lo stesso successo.

Oltre che per recuperare i feriti, i cani furono impiegati per portare messaggi, fare da sentinella e tirare carretti, montati su ruote o su pattini da neve. Ricevevano un numero di matricola e, se impegnati in lavori pesanti, avevano diritto a un chilo e mezzo di carne al giorno: un manuale del ministero della Guerra asburgico del 1916 ne stabiliva minuziosamente i doveri e i diritti, tra i quali rientravano «un ricovero asciutto» e il ricorso al veterinario, ma non l'accoppiamento (la disposizione numero 18 imponeva di «prevenire assolutamente la monta di cagne in calore»). Anche l'esercito italiano cominciò a usarli al posto dei muli, in particolare sull'Adamello. Ma furono tedeschi e austriaci a pianificare meglio l'uso dei cani, compresi i Rattenfängerhund: i cani da topi, come Czupi, in servizio sul fronte russo, divenuta la mascotte del 68° reggimento imperiale. Una foto ritrae terribili soldati baffuti che si contendono una bastardina dal pelo lungo, e si inteneriscono ad accarezzarla.

XVI

Lo stupro del Friuli

La violenza sulle donne e gli «orfani dei vivi»

Nell'anno che va dalla rotta di Caporetto alla fine della guerra, migliaia di donne friulane e venete furono violentate, quasi sempre da soldati in gruppo. Un milione di italiani si ritrovò alla mercé di un esercito di occupazione. Tedeschi, ungheresi, croati, bosniaci, austriaci battevano la campagna e i paesi alla ricerca di giovani donne; ma furono stuprate anche anziane di ottant'anni e bambine di sette. Quando padri e mariti tentarono di protestare con gli ufficiali asburgici, si sentirono ridere in faccia: «I soldati devono pure divertirsi», «l'Italia non ha nessuna morale da insegnarci».

I figli nati dalle violenze furono tanti che si dovette aprire un orfanotrofio apposta per loro, gli «orfani dei vivi». Gli uomini non volevano saperne dei «piccoli tedeschi». Ma le madri spesso venivano di nascosto a vederli, a baciarli, a chiedere loro notizie. Finì che il segretario dell'istituto scrisse alle donne di non farsi più vedere: i bambini ormai cresciuti chiedevano della mamma e volevano andarsene con lei.

La tragedia delle terre occupate durante la Grande Guerra non è rimasta nella memoria della nazione. Dimenticate la fame, le pene, le impiccagioni delle «spie», colpevoli solo di aver lasciato una lanterna accesa la notte, violando l'ordine dell'oscurità totale. Il bestiame fu confiscato già a gennaio. Sequestrati verdure, noci, vino, olio. Rubato sia il foraggio sia il concime. A marzo venne portata via pure la biancheria di casa: ai friulani e ai veneti al di là del Piave rimasero solo i vestiti che avevano addosso. Mangiavano topi, cani, gatti, erbe di campo. I più disperati si spostavano verso il fronte per elemosinare un po' di cibo. In diecimila morirono di fame e di inedia, altri 12.500 per infezioni e malattie legate alla denutrizione o ai crimini dell'esercito occupante.

La maggior parte delle donne non raccontò mai quel che aveva sofferto, né ci fu uno scrittore o un regista a fermare storie come quella della Ciociara nella seconda guerra mondiale. Ci fu una «Reale Commissione d'inchiesta», che raccolse testimonianze al fine poco nobile di quantificare i danni di guerra da chiedere al nemico. Degli stupri si tratta nel quarto volume della relazione, intitolato *Delitti contro l'onore femminile* (del resto il codice penale classificava la violenza sessuale tra i «delitti contro il buon costume e l'ordine delle famiglie»; e si dovette attendere il 1996 perché la legge italiana la considerasse un reato contro la persona).

Il quadro, pur tragico, che esce dall'inchiesta è molto inferiore alla realtà. Sindaci, parroci, carabinieri concordano nel dire che la gran parte delle donne violentate rifiutano di parlare; oltretutto le testimonianze erano raccolte solo da uomini. I medici sostengono di aver curato decine di ragazze che negavano di aver subito violenza, o ammettevano l'aggressione ma precisavano di «aver resistito». Il pudore e la mentalità del tempo isolò le vittime e rese ancora più amara la loro sofferenza. Comunque furono 735 le donne che ebbero la forza di rendere la loro testimonianza; molte sono raccolte nel libro di Michele Strazza *Senza via di scampo. Gli stupri nelle guerre mondiali.*

I peggiori furono i tedeschi e gli ungheresi. Nella zona di Vittorio Veneto e di Conegliano, dove i tedeschi rimasero per cinque mesi, e in quella di Feltre, occupata dagli ungheresi, si creò un clima di terrore. Il parroco di Pieve di Soligo racconta di donne e bambine che all'arrivo dei soldati fuggivano dalle case, «correndo per le campagne e i boschi, gridando atterrite». «Molte ragazze,» scrive la commissione d'inchiesta «spaventate dal contegno brutale degli Imperiali, abbandonate le proprie case, si nascosero nelle campagne per aver salvo l'onore.» A Fiume Veneto, in provincia di Pordenone, «in una delle prime notti dell'invasione alcuni soldati ungheresi armati di baionetta si introdussero nella casa isolata di certo M., un povero sciancato, il quale aveva la moglie a letto per recente aborto, assistita dalla sorella: salirono nella stanza dell'ammalata, fecero discendere al piano terreno il marito e la cognata e mentre alcuni di essi li trattenevano impedendo loro di gridare, gli altri rimasti in camera violentarono la puerpera. Poi gli altri ne imitarono l'esempio sulla ragazza».

Testimonia A. d. T. di Carpesica, una frazione di Vittorio Veneto: «Il 17 novembre 1917, verso le ore 22 e 30, si presentarono nella nostra casa tre soldati germanici, i quali sfondarono la porta d'ingresso e salirono al primo piano, penetrando nella mia camera. Io ero a letto e fui svegliata dalla loro presenza. Chiamai ad alta voce mio padre, che dormiva in una camera attigua, ma nel frattempo uno dei tre militari mi diede un pugno sul viso. Accorse mio padre spaventato, chiedendo perché fossero entrati. Uno di essi, senza rispondere, estrasse un pugnale e colpì mio padre in direzione del cuore; mio padre cadde riverso al suolo e fu portato via sanguinante da mia madre, essa pure accorsa. Intanto i militari rimasti in camera si gettarono sul mio letto, mi scoprirono e mi tolsero la camicia. Tentai di sfuggire, ma fui ripresa e buttata nuda sul letto. Caddi in deliquio e tutti e tre, uno dopo l'altro, fecero strazio del mio corpo. Quando rinvenni mi vidi sola e saltai dalla finestra da circa tre metri nell'orto. Dopo questo fatto caddi ammalata e fui in fine di vita tanto che ricevetti anche i supremi conforti religiosi».

Nei primi giorni di occupazione, a Faverga, frazione di Belluno, un maggiore austriaco aggredisce in casa B.L., che si getta dalla finestra. Lì vicino, a Modolo, un gruppo di soldati entra di notte nella cascina di un contadino, lo tramortisce con il calcio del fucile e violenta sua figlia. La scena si ripete il 19 dicembre 1917, in un'altra frazione di Belluno, San Gervasio: soldati austriaci bastonano un contadino, prendono l'unica figlia e la trascinano nei campi.

A Soffratta di Vazzola, in provincia di Treviso, «due soldati ungheresi per violentare più tranquillamente una giovinetta, che vegliava il padre infermo a letto, uccisero con i calci dei fucili quest'ultimo». A Feltre una donna e la figlia di quattro anni sono violentate e assassinate da soldati austriaci nel loro negozio. A Rasai, vicino a Feltre, un uomo viene legato a un palo da quattro soldati «e obbligato ad assistere in quella posizione allo stupro della moglie». Alla fine è torturato e ucciso. In un altro paese «alcuni austriaci, per violentare una madre, che stringeva al seno una bimba di 8 anni, le strapparono la bimba dalle braccia e gliela gettarono fuori della stanza, uccidendola».

A Zuccola, presso Cividale del Friuli, il 1° novembre 1917, «un padre inutilmente supplicò tre soldati ungheresi del 19° Reggimento, che violentarono lo stesso la figlia diciassettenne Z.M.». La sera dopo i soldati tornarono: dopo aver strappato «la ragazza da sotto il letto la trasportarono fuori della casa per abusarne in sette». Nella vicina Sanguarzo, tre soldati entrarono nella casa di B.P., «cacciarono dal letto il marito e l'uno dopo l'altro abusarono della moglie, mentre altri due custodivano il marito colla baionetta in canna». A Trichiana, in provincia di Belluno, il 15 dicembre 1917 soldati tedeschi violentano C.N., alla presenza della suocera. A Soffratta di Mareno di Piave, in provincia di Treviso, altri tre tedeschi legano e stuprano una donna, mentre il marito «per sommo scherno fu costretto a illuminare la scena con la candela accesa».

Il 29 ottobre 1917 M.B. viene sopraffatta a Rubignacco, frazione di Cividale, «dopo inauditi urli e sforzi», davanti ai suoi sei figli. Nello stesso paese un'altra donna è «costretta a lasciarsi possedere in presenza dei cinque figli». Nella notte di Natale del 1917, a Torreano, sette soldati prussiani aggrediscono D.I., 34 anni, «che dormiva tra i suoi bimbi». Nelle frazioni vicine continuano le aggressioni: a Dartignano sono violentate altre due donne in presenza dei figli; a Faedis una madre «è costretta a cedere il letto ai soldati» dopo che loro hanno preso il neonato dalla culla e l'hanno buttato a terra; siccome continua a piangere, lo gettano sotto il letto a calci.

La notte del 4 novembre gli austriaci rastrellano Ronchis. Testimonia B.E., trent'anni: «Verso le 10 quattro militari austriaci del 311° reggimento circondarono la mia casa, penetrarono nella mia stanza strappandomi due bambini che dormivano sul mio letto, ed uno dopo l'altro vollero giacere con me». F.R., 25 anni: «Cinque soldati austriaci entrarono nella stanza dove io dormivo e, con minacce e percosse, hanno commesso successivamente violenze sulla mia persona. Due bambini, che gridavano spaventati da questa ferocia, furono battuti sul letto. Questi soldati che avevano cacciato mio marito dalla stanza e lo avevano sorvegliato finché consumavano il loro reato, non desistettero dal commetterlo alla presenza delle mie bambine, costrette a tacere con minacce e con battiture inferte loro col calcio del fucile. Questa disgrazia lasciò per lungo tempo conseguenze sul mio sistema nervoso».

T.A., 29 anni, di Arta, frazione di Tolmezzo: «In una notte che non so precisare, ma nei primi giorni dell'invasione austriaca, quattro soldati penetrarono nella mia casa forzando alla porta. Io mi trovavo con mio suocero e con i miei piccini, essendo mio marito in servizio militare. Quei forsennati vollero entrare nella mia stanza e mentre tre di essi trattenevano mio suocero, che alle mie grida era sopraggiunto, il quarto sfogò su di me la sua libidine alla presenza dei miei figliuoli». A Belluno le truppe tedesche violentano una vedova davanti ai suoi due figli; lei poi si barrica in municipio, con altre venti donne, ma arriva un ufficiale, spara nella serratura, ordina che la porta resti aperta: guai ai vinti.

A Conegliano e a Farra d'Alpago, vicino a Belluno, vengono violentate due vecchie di ottant'anni. Stupri di ragazze e di bambine avvengono a Campeglio di Soffumbergo, Caorle, Santa Maria la Longa, Cassacco, Rivolto di Codroipo, Montanez di Vittorio, Remanzacco di Cividale. A Torreano quattro graduati ungheresi bloccano A.M., una ragazza di 15 anni, «spianando le rivoltelle contro la madre accorsa e la trascinarono nella cucina di una casa vicina», violentandola a turno. A Ovaro, in provincia di Udine, una ragazza di 14 anni viene aggredita in casa da soldati austriaci: morirà soffocata. Un'altra quattordicenne «fu deflorata violentemente» da soldati austroungarici a Zuccola, presso Cividale del Friuli. A Zenola militari «per due notti di seguito» abusarono di una ragazza di 15 anni. In una casa di Polcenigo (Pordenone) «le donne maritate, per risparmiare le ragazze, dovettero andare a dormire con gli ufficiali germanici». Il 10 novembre 1917, a San Donà di Piave, due ragazze tra i 12 e i 13 anni vennero «prese e violentate». A Riva Zoncana di Mareno è stuprata una tredicenne insieme alla madre. A Tovena, frazione di Cison di Valmarino, la vittima è una bambina di 9 anni, a Pordenone una piccola di 7. Annota la Commissione: «Molte di queste sventurate fanciulle, rilasciate con il corpo straziato e con la coscienza perduta, restarono contagiate da insanabili malattie, che dovranno trascinare per tutta la vita».

Nel dicembre 1917, nella campagna attorno a Feltre, quattro soldati entrano nella casa di un mendicante, privo del braccio sinistro, lo rinchiudono in una stanza e «sfogano tutta la loro libidine» sulla moglie M.T., «d'anni 50 e malaticcia». La violenza si ripete la notte successiva e la donna viene ricoverata all'ospedale di Feltre, «perché contagiata». E gli ufficiali non sono meno colpevoli della truppa, anzi; a San Donà di Piave, dove si è attestato il nuovo fronte, incaricano i soldati di procurare loro ragazze per la notte.

Tre anni di guerra, oltre al disprezzo per gli italiani e per le donne, hanno trasformato un esercito in una banda di fuorilegge. A Forgaria, in provincia di Udine, vengono ammassate cinquanta ragazze. Nell'ospedale di Oderzo sono rinchiuse in un ospedale duecento profughe delle zone di guerra; gli austriaci violentano anche le suore infermiere, che troveranno la forza di testimoniare davanti alla commissione. Quando scoppia la febbre spagnola, neppure le pazienti vengono risparmiate.

Spesso sono crimini di gruppo. A Udine, N.G. viene aggredita da dieci soldati. A Valdobbiadene, due sorelle sono vittime di venti militari. A Faedis T.E. «fu violentata nella propria casa da una quindicina di soldati austriaci penetrativi a mano armata». A volte le vittime riescono a resistere: il 15 novembre 1917, a Sanguarzo, P.L. mette in fuga gli austriaci con un forcone; negli stessi giorni, a Latisana, P.A., 22 anni, uccide un soldato ungherese a colpi di accetta, e viene arrestata. Il 18 novembre 1918, alle Rive, frazione di Vittorio Veneto, la gente affronta due austriaci che tentano di violentare una ragazza: uno viene ucciso, l'altro ferito. Più spesso finisce con la morte delle vittime: i casi documentati sono 93, quelli realmente accaduti molti di più. Ad Azzano Decimo, in provincia di Pordenone, B.R. si getta dalla finestra per sottrarsi agli austriaci: muore pochi giorni dopo per le ferite. A Torreano, il 7 novembre 1917, in pieno giorno, soldati croati aggrediscono per strada C.S., 22 anni, «usandole tale violenza che la ragazza ammalò e dopo pochi mesi morì». A Prata di Pordenone, il 25 aprile 1918, altri croati entrano in casa di S.E., 19 anni: lei grida per chiedere aiuto, loro sparano e la uccidono. A Gorgo al Monticano la gente del paese cerca di salvare una giovane sposa, gli ungheresi aprono il fuoco e feriscono gravemente una bambina di 4 anni. A Brealis una madre e tre figlie «si difesero risolutamente» da due bosniaci, riuscendo a cacciarli e a chiudere la porta. Ma uno di loro «sparò una fucilata e la palla colpì al petto una delle figlie». Trasportata all'ospedale, morì il giorno stesso. A Follina, in provincia di Treviso, L.M. – 38 anni, sette figli – muore d'infarto a seguito di un tentativo di stupro. In provincia di Udine la ventenne C.L. si ribella a un austriaco che le spara un colpo di rivoltella: morirà in ospedale. A Teglio Veneto, in provincia di Venezia, la trentenne D.M. si oppone allo stupro ma viene «malmenata in tal modo che finì per morirne». Nello stesso paese una ragazza viene salvata dalla madre, ferita gravemente.

A Sacile un uomo è pugnalato da un soldato tedesco per aver difeso la figlia. A Nemeggio, vicino a Feltre, un contadino viene ferito a morte per aver difeso «l'onore delle figlie». Il 29 novembre 1917, a Villaga, vicino a Feltre, un padre, accorso alle urla di Z.G., 21 anni, aggredita da soldati tedeschi, è ucciso con cinque colpi di rivoltella. A Godega di Sant'Urbano un altro padre «fu legato alle mani ed ai piedi e percosso tanto da ridurlo in fin di vita».

Nove mesi dopo Caporetto, cominciarono a nascere i primi bambini. Riferisce alla commissione il sindaco di Tarcento (Udine): «Di notte, la vedova M.L. fu costretta da due soldati armati di rivoltella a cedere alle loro voglie. La disgraziata ha recentemente dato alla luce un bambino, frutto degli amplessi di quella notte». Racconta M.E.: «La sera del 9 novembre 1917, non appena entrati i tedeschi in Conegliano, un militare con una croce rossa sul braccio, che aveva preso alloggio nel piano sottostante al mio, entrò a mezzanotte nella stanza mia e per forza volle giacere con me. Io cercai di oppormi in ogni modo, cercai di svincolarmi dalle sue strette, ma egli mi si fece sopra, mi strinse il collo e abusò della mia persona per 2 ore. Dopo di che tornò nel piano sottostante e la mattina appresso partì con altri suoi compagni. Io mi trovavo in istato di verginità e purtroppo questo violento contatto ebbe la conseguenza ch'io rimasi incinta pur avendo 42 anni, e nove mesi dopo, esattamente il 10 agosto, diedi alla luce una bambina che allevo con molto stento, avuto riguardo al mio depresso stato fisico. Ho inteso che a Mareno di Piave in quel torno di tempo alcuni soldati germanici entrarono in una casa dove si trovavano un vecchio con tre sue nuore i cui mariti erano sotto le armi. Una di queste poté sfuggire alla violenza; due invece dovettero sottostarvi, né il vecchio poté difenderle perché fu reso all'impotenza in un canto della stanza dove si consumavano tali atti brutali. La conseguenza fu che una delle spose rimase incinta e partorì una bambina».

Furono chiamati «figli del nemico» o «figli della guerra». E non si sapeva dove metterli. Non potevano andare in orfanotrofio, perché non erano orfani. Ma quasi mai gli uomini di casa permisero alle madri di tenere i «piccoli tedeschi». Ci si interrogò pertanto sul loro status giuridico: in quanto «figli della colpa» non avevano «diritto di nascere», ma avevano pur sempre «diritto di vivere». Così il 2 dicembre 1918 fu creato, a Portogruaro, l'«Ospizio dei figli della guerra», poi chiamato Istituto San Filippo Neri, per accogliere i bambini e «ricomporre la pace familiare turbata e la rovina morale portata da queste vittime innocenti».

Subito furono accolte più di cento donne che stavano per partorire e temevano le reazioni dei mariti rientrati dal fronte. Nel giro di poche settimane nacquero o arrivarono in istituto 327 bambini. Di questi, 59 furono dati in adozione o restituiti alle madri, che avevano convinto i familiari a tenerli. Altri però continuavano ad arrivare. Il ricovero di una bambina è imposto dal commissario prefettizio, perché «a casa era maltrattata». In un altro caso, «la presenza del detto bambino bastardo è stata tollerata nella famiglia, ma ora i tre fratelli della madre del bambino, congedati dal servizio militare, non vogliono più saperne del tedesco, vogliono che sia assolutamente allontanato dalla casa paterna». A volte, come racconta Andrea Falcomer nel suo saggio *Gli orfani dei vivi*, è il padre ad andarsene: «Un bel giorno l'ha abbandonata portandosi via le due bambine legittime; le ha portate lontano, in un collegio, le hanno detto, chi sa dove. La madre non lo sa, le cerca, le cerca, ma l'Italia è tanto grande e il suo affannoso cercare è tanto grave! Per trovarle ha abbandonato questa, la piccola sua e dell'ufficiale nemico, scomparso anche lui per sempre. Non ha più nessuno, perché questa, la creaturina inconsapevole senza babbo, che le ha sorriso, non potrà mai riprenderla, mai. Anche se il marito non perdona, i parenti non lo permetteranno: "È la tedesca"».

La donna era colpevole, anche nel caso di violenza, perché «aveva disonorato la famiglia». Numerosi furono i casi di infanticidio. Qualcuna aveva tentato di liberarsi del figlio ma non c'era riuscita: «Speravo che morisse. Non gli ho dato il mio latte. L'ho nutrito con latte di scatola; ma è così forte...». La mortalità nell'istituto era alta proprio per questo: 205 neonati non sopravvissero perché gli uomini di casa impedivano alle madri di andare ad allattarli. «Essi non tolleravano neppure che la moglie provasse pietà per il bimbo morto.»

Eppure molte mamme non dimenticarono i bambini che avevano tenuto nella pancia per nove mesi. «Nel primo anno si vedeva ancora giungere, la faccia nascosta dal fazzoletto, qualche donna che proprio non poteva quel figlio strapparselo dal cuore, e appena il marito se ne era andato per due giorni a Udine o a Treviso, aveva a piedi fatto miglia e miglia e supplicava sfinita: "Me lo lascino baciare. Come sta? Sta bene? È cresciuto?"».

Finì che il segretario del San Filippo Neri scrisse alle madri per intimare loro di restare a casa: «Allo stato attuale delle cose l'Istituto non può permettere le visite, perché i bambini sono giunti ad un'età in cui la presenza della madre di qualcuno di loro li indurrebbe a chiedere della loro madre: e che cosa dovremmo rispondere le suore e noi?».

XVII

Ecce homo

I soldati senza più volto

Nel suo diario, il tenente Carlo Salsa racconta la storia di un ferito che arriva all'ospedale da campo con un proiettile nel cranio, piantato in mezzo alla fronte come se fosse un chiodo. Una pallottola vagante, ormai al termine della sua corsa. Il soldato sembra stare apparentemente bene, ha solo sentito una gran botta in fronte. Nessuno però sa cosa fare. Nessuno sa misurare la gravità della ferita. Si ha l'impressione che se solo si tenterà di estrarla, il soldato morirà. Ma neppure si può pensare che possa vivere il resto della sua vita con un proiettile incastonato nel volto...

Diceva Stalin che una morte è una tragedia, un milione di morti è una statistica. L'Italia nella Grande Guerra ebbe un milione di feriti, tra cui 500 mila mutilati, 74.620 storpi, 21.200 rimasti senza un occhio, 1940 senza occhi, 120 senza mani, 3260 muti, 6740 sordi. Tra i soldati schierati in prima linea all'inizio della guerra, la percentuale dei feriti arrivò al 90 per cento: praticamente tutti passarono attraverso il momento di terrore in cui si perde o si rischia di perdere una parte di sé.

Bastarono i primi giorni di guerra per riempire gli ospedali militari di mutilati. La rudimentale medicina dell'epoca, anche se il tempo e l'esperienza permisero in seguito ai chirurghi di guerra di operare con maggior discernimento, induceva di continuo ad amputare. Gambe e braccia venivano segate con una frequenza impressionante, usando anestetici rudimentali, in ospedali da campo dalle condizioni igieniche precarie.

È uno spettacolo che poche generazioni ricordano, ma per anni in Italia fu frequente vedere per strada mutilati di guerra. Tranne alcuni, che furono accuratamente nascosti – allo sguardo, alla contabilità burocratica, alla ricerca storica –, al punto che ancora oggi non è facile trovare documentazione su di loro. Sono i 5440 mutilati al viso.

Le ferite al volto, insieme con quelle all'addome che portavano di solito a una morte lenta e dolorosa, erano le più atroci. La chirurgia del viso era ancora agli inizi. Con gli strumenti dell'epoca, negli ospedali da campo dell'immediato retrofronte si doveva molto spesso rinunciare a rimuovere le schegge più grandi, specialmente dalla mascella, la parte più frequentemente colpita del volto. La faccia di questi uomini spesso diventava un orribile assemblaggio di carne e pezzi di metallo, che non solo deturpavano la fisionomia, ma impedivano di masticare, rendevano penoso anche respirare, toglievano la parola e spesso anche la vista.

La mostruosità di queste ferite era tale da alimentare notizie incontrollate. Ancora nel 1919, in un'informativa della questura di Milano, si rendeva conto di voci su «speciali ospedali pel ricovero coattivo dei mutilati di guerra più deformi, ai quali si impedirebbe di corrispondere con i propri congiunti, per far credere che sono morti o dispersi». Se si considera che i dispersi in guerra furono circa 200 mila, la cui morte era giuridicamente da ritenere solo presunta, si comprende come queste leggende metropolitane rappresentassero una pietosa illusione per molte famiglie di caduti.

Sui mutilati al viso è calato un lungo oblio, infranto dal documentario girato nel 2004 da Yervant Gianikian e Angela Ricci Lucchi. Il titolo, *Oh! Uomo*, è tratto dai versi di Georg Trakl, il grande poeta espressionista tedesco morto giovanissimo nei primi mesi di guerra. I due cineasti hanno mostrato, grazie a immagini censurate per quasi novant'anni, le conseguenze umane e sociali della Grande Guerra. Una parte è dedicata agli sfigurati e ai tentativi dei medici di ricomporre il loro volto. Sono immagini quasi insostenibili, di un'eloquenza crudele, dalla quale spesso si è costretti a distogliere lo sguardo. Forse solo questi fotogrammi riescono a rappresentare in maniera definitiva l'orrore indicibile della guerra: il volto dell'uomo, immagine di Dio, trasformato in una ferita che non guarisce.

Va detto però che, durante la guerra, in questo campo per una volta l'Italia si comportò meglio di altri Paesi con i propri soldati. La sanità militare diede inizio a un'opera efficace, e destinò a ospedali specializzati gli uomini che, dopo i primi interventi nelle retrovie, richiedevano altre operazioni per recuperare la capacità funzionale della bocca o della mandibola, e per tentare una parziale ricostruzione del viso.

Si distinse l'ospedale Rizzoli di Bologna, dove operavano due grandi chirurghi, Arturo Beretta e il suo assistente Cesare Cavina, che diventarono i pionieri della chirurgia maxillo-facciale. Il professor Cavina, convinto che in alcuni casi fosse necessario intervenire il più presto possibile, chiese e ottenne di essere inviato in prima linea sul Carso. Grazie a loro, le tecniche sviluppate dalla medicina italiana furono prese a esempio in molti ospedali militari dell'Intesa.

I successi della chirurgia non devono far dimenticare l'atroce sofferenza dei feriti, costretti a subire una lunga serie di interventi, destinati a deludere ogni volta le loro aspettative. Nella relazione statistica della Direzione generale di sanità militare, si racconta la vicenda di un medico specialista: «Molti dei suoi infermi, i quali avevano già subito lunghissime cure e molte operazioni delicate e dolorose, ed avevano a poco a poco visto i tratti del loro viso riavvicinarsi a quelli che erano prima della ferita, non si stancavano di tornare da lui per chiedere ancora una piccola operazione che togliesse una cicatrice troppo visibile o deforme, che rendesse meno manifesta un'asimmetria della faccia, che ricostruisse una palpebra, un labbro...». Nasce allora una specializzazione poi usata per motivi talvolta più futili: la chirurgia plastica.

Il dramma di questi mutilati esigeva una risposta non solo chirurgica, ma anche politica e sociale. Già nel 1916 alcuni quotidiani italiani, tra cui si distingueva il progressista «Secolo», segnalarono la questione. Furono organizzati incontri per indurre il governo e il Paese a farsi carico dei feriti. Nel 1917 la legge sull'assistenza dei ciechi di guerra si occupò finalmente dei grandi invalidi e di sfigurati «che non hanno quasi più forma umana», come affermò il relatore della legge al Senato, Ferrero di Cambiano.

Dopo la guerra, però, l'Italia perse la memoria storica di questo dramma. Non ci sono rimaste testimonianze scritte di uomini che avevano subìto simili menomazioni. Venne fondata l'Associazione nazionale mutilati e invalidi di guerra, che ebbe un peso politico importante nelle tormentate vicende di quegli anni. Il suo segretario fu Carlo Delcroix, che aveva perso le mani e la vista durante un'esercitazione sul fronte della Marmolada, ed ebbe una lunga carriera politica, prima durante il fascismo e poi nell'Italia repubblicana con il Partito monarchico. A lungo però le sofferenze degli uomini senza volto rimasero avvolte nel mito eroico della patria e del regime, senza poter contare su quella *pietas* che sarebbe stata necessaria per conservarne la memoria. È merito di studiosi come Antonio Gibelli e Barbara Bracco se si è cominciato a ricercare e scrivere su questa pagina di storia.

Negli altri Paesi europei le cose sono andate in modo diverso. La Germania ne ha tramandato il ricordo attraverso l'opera di grandi artisti come Georg Grosz e Otto Dix. Dix era stato un volontario di guerra pluridecorato e rimase per tutta la vita ossessionato dalla figura dei mutilati. In uno dei suoi quadri più celebri, dipinto nel 1920, *I giocatori di skat*, i tre personaggi raffigurati con le carte da gioco in mano hanno i corpi e in particolare i volti devastati dalle mutilazioni, e sono rappresentati con un corollario di protesi, sonde e tubi. Non a caso Dix usa la tecnica del collage, per rappresentare «uomini malamente ricostruiti».

In Francia c'è l'associazione delle «Gueules Cassées» (letteramente: facce distrutte), che si prese cura degli sfigurati della Grande Guerra, e tuttora assiste i soldati feriti alla testa in tutte le guerre combattute dall'esercito francese. Ha ormai una lunga storia e viene finanziata con i proventi della lotteria nazionale. Il premio Goncourt del 2013 è stato vinto dallo scrittore Pierre Lemaître, con un libro tradotto in italiano *Ci rivediamo lassù*: è un racconto duro ed emozionante, i cui protagonisti sono una «gueule cassée» e un altro reduce, che la salva e vede la propria vita intrecciata alla sua.

Proprio nello stesso periodo è uscita una biografia romanzata dell'attore e regista ebreo tedesco Kurt Gerron, molto noto negli anni della Repubblica di Weimar. Amico di Marlene Dietrich, recitò con lei nell'*Angelo azzurro*. Gerron durante la guerra era stato vittima di una mutilazione ancora più temuta: era stato evirato a causa di una ferita riportata sul fronte francese. (Perdere i testicoli era una delle paure più diffuse nelle trincee. Lo stesso Mussolini raccontava che, quando era rinvenuto dopo l'esplosione del lanciagranate, per prima cosa si era portato una mano all'inguine per verificare di «essere ancora un uomo».) Dopo la guerra, Gerron intraprese una fortunata carriera di caratterista. Dopo l'ascesa di Hitler avrebbe potuto emigrare a Hollywood, ma sottovalutò la minaccia nazista. Catturato, fu deportato con la moglie a Terezín e poi ad Auschwitz, dove morì nelle camere a gas il 28 ottobre 1944.

XVIII

«L'esercito dei matti»

Gli «scemi di guerra», i prigionieri, le donne uccise dalla spagnola

Ci voleva una donna per recuperare la memoria dei soldati resi folli dalla guerra. Annacarla Valeriano, ricercatrice all'università di Teramo, ha ritrovato le cartelle cliniche e le lettere dei fanti ricoverati nel manicomio della sua città. Poi ha esteso la ricerca agli altri luoghi di dolore nel resto d'Italia. Ne è uscito un martirologio straziante, che la Valeriano ha pubblicato dalla casa editrice Donzelli con un titolo tratto dalle annotazioni cliniche dell'epoca: *Ammalò di testa*.

Paolo C., romano, soldato del 13° fanteria, appare «confuso e in stato quasi sognante. Non sa dare alcuna notizia di sé, del suo passato, e risponde alle domande con ritardo eccessivo». Dopo un paio di settimane però ritorna lucido. Riccardo T., del 2° artiglieria da montagna, resta invece in stato confusionale, mantenendo «sempre l'identica posizione»: guarda in basso, mangia pochissimo, non fa domande, se interrogato risponde con una sola parola: «Austriaci». Per Nicola S. viene coniata una nuova patologia: definito «austrofobo», si sente sempre circondato da nemici. Geremia F. avverte intorno a sé «diavoli neri dappertutto: sotto i guanciali, sotto le lenzuola, sotto i materassi, sopra il letto, aggrappati alla lettiera»; sostiene di averne uccisi centoventi; «gli altri si sono gettati dalla finestra, ma se avessi avuto un fucile li avrei ammazzati tutti». Anche Filippo M. non si muove dal letto, «quasi in estasi», e rifiuta il cibo: bisogna alimentarlo con la sonda. E Pasquale S., 26 anni, «non sa spiegare come si trovi qui, né perché»: sguardo incerto e pauroso, «non mangia, emette involontariamente feci e orine».

Spesso la nevrosi o l'isteria sono dovute a traumi di guerra. Giacomo M., soldato del 138° fanteria ferito alla testa sul Monte Sei Busi, diventa infantile e allucinato al punto da essere sottoposto a «dolce violenza», cioè legato al letto. Vincenzo D. è caduto in «uno stato depressivo con confusione e disorientamento nel tempo e nel luogo» dopo lo scoppio di una granata; come Pasquale B., semisepolto dopo un bombardamento sul Monte Grappa. Vincenzo D., stordito da un'esplosione, risponde alle domande «con suoni gutturali, simili a quelli di un sordomuto».

Un contadino soldato di 25 anni arriva in manicomio «agitatissimo, legato e accompagnato da sei persone», dopo lo choc «per un furibondo attacco sul fronte»: morirà in otto giorni, tormentato da «scosse profonde che spostavano in ogni senso perfino il letto». Pasquale A. grida e fa il gesto di sparare con il fucile o la rivoltella. Enrico D. del 17° fanteria «si contorce e si dimena, intollerante alla disciplina». Tommaso G. si mette «a correre lungo l'infermeria, gridando di disperazione», poi «si getta a terra dimenandosi furiosamente». Leonardo A., arruolato a vent'anni nel 14° fanteria, ferito a Selz, sull'Isonzo, diventato muto, ansima «come un cane che abbia fatta una lunga corsa in un'ardente giornata di luglio»: capisce le domande, ma risponde solo con gesti del capo e delle mani. Angelo T., cui una pallottola ha spezzato un femore, ha manie di persecuzione, sostiene che lo porteranno a morire, rifiuta di scendere dal letto perché teme di essere ucciso in bagno.

A volte i traumi affiorano attraverso parole sconnesse. Mario D., di Messina, soldato del 91° fanteria, ferito due volte, grida: «Mi portano ad ammazzare, mi volete mettere i ferri». Raffaele C. invece dice sempre: «I figli sono stati uccisi. Assassini, assassini, un capitano è complice, deve essere punito». Mario B. mormora: «Non ho fatto niente, non ho fatto niente». Leopoldo L. si crede perseguitato da un commilitone e anche lui ripete: «Non ho fatto nulla, sono innocente». Alessandro M. chiede «una mazza, un fucile, un'arma qualunque» per ammazzare un tenente. Carmine G., contadino della campagna abruzzese che il suo tenente l'ha davvero colpito con un coltello, afferma che «della sabbia mi circola nel sangue, mi si ferma nel cuore». Rinaldo D. vorrebbe invece uccidere un colonnello, «perché anch'io debbo comandare una volta, perché deve comandare sempre lui? Io sto benissimo, non ho fatto niente, il colonnello vuol comandare sempre lui».

Lo straordinario lavoro di Annacarla Valeriano è una discesa agli inferi di una sofferenza immensa e dimenticata. Pietro R., bracciante soldato, 42 anni, ha un'idea fissa: teme di essere fucilato, e «questo lo induce a un pianto continuo». Francesco M. tenta due volte di suicidarsi per la paura di essere giustiziato. Nicola F., dichiarato disertore dopo che si è allontanato dalle linee per soccorrere un compagno ferito, viene ricoverato nel 1929, undici anni dopo la fine della guerra, con «idee deliranti di colpa»: sostiene che il fratello, caduto sul Carso, sia «morto dannato per lui». Nicola D. scrive alla madre: «Sento che mi dicono vigliacco, pentiti traditore, confessa il tuo tradimento, la patria fra poco si vendica». Natale M., sergente di 32 anni che ne ha passati due al fronte, chiede ai medici: «Come debbo fare per morire? Sono stanco di ubbidire ora a una legge ora a un'altra e perciò desidero morire. Io non dovrei parlare così ma sono stanco».

Altre volte la causa della follia è un annuncio drammatico. Salvatore L., fante contadino di 25 anni, alla notizia della morte in combattimento del fratello si riduce a «persona smarrita con sguardo vuoto e privo di espressione». Lo stesso accade a Giuseppe B., combattente in Trentino: quando gli dicono che il fratello è caduto, sviene e perde la parola; non si riprenderà più. Un altro momento critico è la fine di una licenza, prima di tornare in trincea. Spesso il teatro dei drammi sono le stazioni: Saverio G. dà in escandescenze sul treno che lo riporta al fronte, «accasciato dal dolore di dover lasciare i genitori e i figli». Antonio F. viene preso da una crisi con allucinazioni nella stazione di Castellammare Adriatico e ricoverato in manicomio. Un fante contadino tenta di gettarsi dalla tradotta nella stazione di Silvi, in Abruzzo. Giovanni G. sviene sul treno e dal letto di contenzione scrive: «Mi volio vendicare fino alultimo sangue. Tanto la mia vita non la calcolo più niente miauguro la morte a giorno per giorno bruti viliachi miavete presi la vita e lonore vergogniatevi portami subito il mio cortello e la mia rivoltela che mi sono stanco di vivere al mondo». Altre volte le reclute fuggono dal fronte, gettano la divisa, arrivano a casa seminudi e in stato confusionale, derisi dai ragazzi del paese e inseguiti dai carabinieri. Gennaro M. ha chiesto una licenza per rivedere i genitori gravemente malati, l'ha avuta troppo tardi, è impazzito per il senso di colpa e ora piange «papà e mamma morti senza assistenza». E Antonio D. appare ai medici «un individuo vinto da un vivo dolore che non è possibile determinare. Si limita a tirar fuori lentamente un pezzo di pane dalla tasca per i figli che lo attendono e che evidentemente vorrebbe rivedere».

Un giovane cuoco di 25 anni impazzisce all'annuncio che deve andare in prima linea: «Perdette la parola, rifiutò alimenti e rimase in uno stato di incoscienza quasi completa». Un commerciante di 37 anni, trasferito dalla sanità alla fanteria dopo Caporetto, viene ricoverato e ripete di continuo la stessa frase: «Madonna mia, cinque figli. Madonna mia, cinque figli».

Le ferite o le mutilazioni mettono in dubbio la propria identità, il proprio ruolo sociale. Il fante tornato a casa non sa più chi è. La guerra è qualcosa di troppo più grande di lui. La tecnologia della morte lo sovrasta. Il nemico che uccide senza mai mostrarsi diventa un'ossessione. A volte i peggiori nemici sono gli ufficiali italiani: è lo Stato, tradizionalmente assente, che si manifesta in modo improvviso, con tutto il suo potere coercitivo e la sua ottusità al limite della crudeltà. Giuseppe P., mutilato a un piede sul Carso, è affetto da «episodi deliranti di paranoidismo»: non si sente rispettato dai suoi compaesani, che dovrebbero «tenerlo in maggior considerazione», visto che «ha fatto il proprio dovere verso la patria». Eugenio C. preferisce il manicomio alla promozione a caporale, perché avverte di non avere «autorità e forza sufficiente a farsi ubbidire». Michele Z., in preda al senso di colpa perché non può più combattere, vuole morire e chiede che gli sia tagliata la testa, sentendosi «un lazzarone che non ha servito a niente».

Poi ci sono i più deboli, già segnati nel fisico e nella mente e per questo dichiarati inabili, per essere infine richiamati nei momenti più duri della guerra. Francesco C., «degenerato» di vent'anni, si è lasciato andare ad «atti strani, fughe, cadute senza senso dall'alto» per cui dev'essere rinchiuso. Romolo P., che aveva già dato segni di squilibrio dopo essere stato sepolto dalle macerie nel terremoto della Marsica (13 gennaio 1915), è stato ferito al fronte nel 1917 ed è impazzito. Come Geremia F., 19 anni, «ritardato mentale», e

Vincenzo M., internato con la diagnosi di «imbecillità grave»: «Cranio a carena, faccia mongoloide, fisionomia scimmiesca»; incapace di parlare, si esprime solo con «urli che assomigliano a quelli del cane»; le autorità militari l'hanno mandato in guerra lo stesso.

Altri soldati, «regrediti a uno stato infantile», sono tornati bambini. Giuseppe R., 19 anni, resta a letto tutto il giorno con gli occhi sbarrati e chiama il padre: «Papà, papà, dove sta papà, vieni, vieni». Anche Francesco C. grida di continuò «papà papà papà». Ernesto R. si rivolge invece alla madre: non mangia e non dorme, piange e la invoca di continuo. Vito G. non risponde alle domande, singhiozza e ripete: «Oh mamma, oh mamma, debbo parlare col re per la mamma mia». Guerino C. invece respinge la visita della madre: «Maledetto il tuo latte che mi desti e la nascita!». Altri rivivono la battaglia, gridano ordini, riproducono con la bocca il rombo del cannone, si accovacciano come per ripararsi dalle bombe, si lanciano in fughe improvvise come se avessero di fronte il nemico. Antonio B., «aspetto di persona che ha molto sofferto», «un giovane magro, pallido, anemico», declama le proprie gesta sul San Michele, «con evidente sentimento esagerato della propria personalità». Gustavo C. vede aeroplani nemici dappertutto, mentre un marinaio che ha prestato servizio a Valona, in Albania, dice di continuo: «Sottomarino a mare uf, uf, uf», «uf, uf, uf, i sottomarini». Angelo C., sepolto da una granata, tenta di scavare, riproduce la battaglia «con la voce e con i gesti in modo impressionante», poi insiste per contare i morti, «perché questo è l'ordine che aveva ricevuto».

I soldati si sono abbrutiti per sopportare il lezzo della morte, la convivenza con i cadaveri, il tormento di topi e pidocchi, il terrore dei gas, il palese disprezzo della loro vita da parte dei superiori. Molti però hanno perso il controllo, si sono estraniati al punto da uscire da se stessi, hanno varcato la soglia che separa l'alienazione dalla pazzia. Luigi B. è convinto di essere ancora in trincea e pretende di dormire per terra, accanto al letto. Giovanni D. chiede di continuo aria, gli spalancano la finestra ma dice che non basta, gli serve altro ossigeno, si sente soffocare. Luigi F. racconta che aveva fame ma poiché nessuno gli dava pane è stato costretto a mangiare i propri capelli con i pidocchi. Francesco T. sostiene che gli hanno conficcato «un chiodo sul vertice del capo». Giovanni D. ripete di continuo la parola «cervella». E un soldato pugliese di 21 anni dice sempre: «Vedo solo ragazzi ammazzati intorno a me».

Psichiatri si portano in prima linea, per curare di persona i casi meno gravi e distinguere i simulatori dai folli autentici. Emilio R., ad esempio, è dichiarato «volgare simulatore»: finge di non capire le domande, ma «gli occhi sono mobilissimi e vigili». Umberto S. ha crisi di epilessia, però «fa lo gnorri» ed «è sempre vigile nel timore di compromettersi». Francesco V. rifiuta il cibo, ma a smascherarlo è la minaccia di alimentarlo con la forza; a quel punto, impaurito, ha chiesto di «mangiare colla bocca». Alberto R., riservista all'Aquila, percorre le vie del centro gridando «Viva Trieste!», rompendo le vetrine e mordendo i passanti; ma per i medici si tratta di «volgare simulazione di pazzia». Alfio C. ha «l'aspetto di un animale e modi quasi scimmieschi»; però i carabinieri del suo paese, Paternò, vicino a Catania, informano i medici che sta simulando, come già hanno fatto «altri suoi compagni di dubbissima moralità».

Dalle storie dei ricoverati si indovinano anche le sofferenze delle donne, che hanno quattro, cinque, a volte sei figli al fronte. Alcune finiscono in manicomio. Una casalinga della provincia di Teramo, alla notizia della morte del figlio, comincia a gridare disperatamente dicendo di essere dannata, e invoca la fine per mano «di cento soldati». Angela R. alla chiamata del marito sotto le armi è caduta nell'ipocondria, e urla che la guerra è stata la sua rovina. Maria Vincenza D., contadina di 23 anni, tre figli, emette «un continuo lamento» e dev'essere nutrita a forza. Maria A. sente una voce che le dice di affogare i figli e poi se stessa. Ida S. è tormentata da visioni terrificanti e grida: «La guerra, la guerra... si battono... I soldati feriti, poveri figli, devono andare alla vigna a mangiare tutta l'uva». Una vedova di 66 anni si sente in colpa verso il figlio, di cui non ha più notizie, e dice che la sua esistenza è finita: deve «morire ed essere castigata». Angela D., contadina di 31 anni, afferma di aver visto la Madonna che le ha vaticinato la fine della guerra: il sindaco del suo paese ha emesso un'ordinanza di ricovero, perché la donna «aveva suscitato il fanatismo di tutto il popolo che accorreva numeroso nella di lei abitazione». È l'aprile 1917: manca un mese alla prima apparizione di Fatima. Anna C. invece è convinta che il medico del manicomio sia Dio e la suora la Madonna. Trasognata, saluta il loro passaggio battendo le mani e gridando: «Pace, pace!».

Le lettere dei reclusi sono terribili. Bernardo L. scrive alla figlia Cristina: «Vieni immediatamente perché qui all'ospedale non è più il caso di resisterci; va di male in peggio; si può dire quasi senza mangiare e cattivissimo. È proprio una torre di Babele non si capisce più niente. Quando verrai ti dirò tutto. Ti saluto e ti bacio di cuore. Tuo affezionato Patre». E Florindo G., nel settembre 1918, mentre infuria l'epidemia di febbre spagnola: «Mio carissimo Fratello, qui si muore a diecina come pulcini, senza cure necessaria perché il male è quasi generale, manca il personale manca tutto, i letti sono ricolmi di malati non resta uno salvo. ... Non che mi dispiace di morire, ma di fare una morte così miserabile; ma se per caso dovesse succedere: non vi scoraggiate, bisogna rassegnarsi al destino. Lascio di scrivere perché non mi fido di dire altro, perdonatemi se qualche volta vi ho fatto inquietare, benedico e bacio tutti vostri figli e dandovi a tutti un saluto di cuore Addio Addio. Vostro disgraziato fratello». E ancora: «Stimatissima moglie, non so vedere ha me stesso, ogni volta sento il cuore mio bagnarsi di lagrime or bene che posso fare trovandomi giusto qui in mezzo pazzi e coi malati. Ora mi rassegno piegando la notte il capo sconsolato, figurandomi che son morto». Altri si rivolgono al direttore dell'ospedale, al prefetto, al parroco, al procuratore del re, allo stesso re, alla regina. Lettere che spesso nessuno leggerà, destinate a essere censurate o mai spedite.

Il linguaggio popolare li chiamò «scemi di guerra». Le loro storie raccontano in realtà di un dolore indicibile, di una dignità offesa. Come traspare dalla lettera che Pietro N., soldato del 130° fanteria, scrive dal manicomio di Teramo il 22 gennaio 1918: «Cara Sorella, mi scusi tanto che sin adesso non ti o potuto scrivere, perché la testa e la vita mi e stato troncato di nuovo, a sopportare una nuova pena, per strapazzi che o ricevuto con la nuova guerra mi ritrovo al manicomio di Teramo Abruzzi, salvo e sano. Siccome che la colpa ricade sempre sopra ai poveri, per tanto non si finisce di tribolare sin che non si muore sotto il governo o l'esercito dei matti. ... La guerra non finisce più. Io per essere buono mi ritrovo qui. Fammi sapere quanti figli ciai, cerchi di non farne più che vedi che succede per tanti figli non si puole vivere».

L'inverno del 1917 fu durissimo per i 600 mila prigionieri di guerra italiani. Caffè d'orzo al mattino, una minestra con qualche foglia di cavolo a pranzo, un poco di pane nero per cena («Ogni tre giorni si divideva la pagnotta in 32. Potete immaginare che bella razione ci è toccata. Oggi abbiamo una bella razione di pane di mezzo etto: vuol dire che una pagnotta si divide in 28» ha scritto un soldato). Meno di mille calorie al giorno, un terzo di quelle che sarebbero servite per resistere alle notti gelide nelle baracche, in condizioni igieniche precarie che favorivano la diffusione del colera e del tifo. Morirono in centomila. Solo a Mauthausen, il campo che Hitler avrebbe trasformato in lager, tra il novembre 1917 e l'aprile 1918 spirarono cinquecento italiani di enterite. A Sigmundsherberg almeno duemila morirono di fame e di malattie legate alla denutrizione. I campi per i prigionieri di guerra, in tedesco Kriegsgefanlager, erano stati ribattezzati in dialetto lombardo «Crist, che fam del lader!». Si trovavano a Terezín in Moravia, a Pilsen in Slesia, e poi in Ungheria, in Boemia, in Bulgaria.

Anche le condizioni degli ufficiali erano durissime. Lo testimonia lo stesso Gadda, prigioniero nel campo tedesco di Celle, detto «il cimitero dei viventi». Da ingegnere, Gadda racconta così il modo in cui venivano divise e assegnate le razioni: «Trangugiavo, divoratolo a morsi, l'esiguo pane: la solita fetta, un quinto, impastata di castagne d'india, dicevano, e poi di tritume della paglia, forse di segale. Questo quinto risultava da una divisione meticolosa della pagnotta: le cinque porzioni, tagliando, si misuravano per successivi confronti, cubandole al millimetro, soppesandole al grammo. Alcune squadre s'erano preparate delle bilancette rudimentali, di filo e cartone, perché fosse un comparare più certo. Poi si sorteggiavano i pezzi con il tratto delle dita o con la buschetta, e ancora l'occhio e l'animo speravano, speravano: cercavano il pezzo che pareva maggiore, invidiandolo biecamente al fortunato compagno».

Va detto che gli austriaci dopo Caporetto si trovarono tra le mani 300 mila prigionieri, e ne avevano già altrettanti nei campi. Il governo italiano fu l'unico a rifiutare qualsiasi aiuto di Stato ai propri uomini, e a tentare di impedire alle famiglie di mandare pacchi di viveri e vestiti attraverso la Croce Rossa: i prigionieri erano considerati alla stregua di disertori – «imboscati d'Oltralpe» li chiamava D'Annunzio –, che non avevano «ben meritato» in combattimento; qualsiasi tentativo di alleviare le loro sofferenze era considerato un modo di incoraggiare altre rese. Oltretutto la tattica di Cadorna – assalti frontali cui seguivano spesso contrattacchi nemici – esponeva interi reparti al rischio di essere isolati e circondati. La somma tra inadeguatezza del comando e disprezzo dei «vinti» fece sì che la mortalità tra i prigionieri italiani fosse la più alta di tutti gli eserciti in lotta.

Le lettere che i reclusi spedivano alle loro famiglie sono impressionanti. Quasi sempre si parla di fame, di cibo, di pane; oltre che dell'angoscia di non sapere quel che oggi noi sappiamo: quando e come sarebbe finita. Massimo Gibelli ne *La grande guerra degli italiani* riporta i messaggi di Alfredo Vaccari, ventenne di Alessandria, catturato dopo Caporetto e rinchiuso nel campo di Milowitz, in Boemia. Il soldato Vaccari implora la sua famiglia di mandargli qualcosa da mangiare. Soltanto dopo sei mesi riceve il primo pacco, seguito da altri, quando ormai è troppo tardi: Alfredo muore il 23 luglio 1918. La sua ultima cartolina è del 17 luglio. Nel certificato di morte la causa indicata è «edema». E Angelo Piccinini, prigioniero a Mauthausen, matricola 72986, scrive alla madre: «O ricevuto un pacco di pane da casa ma è tutto mufito. Fallo più piccolo che grosso ci si muffa tutto...». Angelo sopravvisse alla prigionia ma tornò a casa distrutto: morì nel 1922. Il governo italiano si oppose pure allo scambio dei prigionieri. Quelli che furono liberati spontaneamente dall'Austria rientrarono in patria tramite la Svizzera in condizioni ai limiti dell'umano.

Anche il ritorno a casa, quasi sempre a piedi, fu duro. A decine di migliaia, «quelli di Caporetto» finirono in campi di raccolta circondati da filo spinato – prima nel porto franco di Trieste, poi a Castelfranco Emilia, Rivergaro, Gossolengo –, dove venivano interrogati sulle circostanze della resa, e magari irrisi dal comandante del campo. Come accadde a Pietro Ronco, alpino del battaglione Aosta, che si sentiva di continuo ripetere: «Se aveste fatto il vostro dovere, dovreste essere morti». Spesso fu necessario l'intervento dei familiari per abbreviare i tempi di questa seconda detenzione. Il comando supremo aveva anche considerato seriamente di mandare i prigionieri a «disintossicarsi» in Africa.

L'influenza spagnola arrivò sul fronte italiano nella primavera del 1918, e sembrò passare subito. Ma nel luglio tornò a uccidere, per raggiungere l'apice a ottobre. Nella terza settimana ci furono tremila nuovi casi al giorno fra le truppe. Il giorno peggiore fu il 23 ottobre, quando parve che l'offensiva finale su Vittorio Veneto dovesse essere rinviata, perché l'intero esercito sembrava sul punto di ammalarsi.

Eppure la maggior parte dei 350 mila italiani morti di spagnola – mezzo milione se si considerano le complicazioni legate all'influenza – non furono soldati, ma donne, soprattutto ragazze. Non solo perché l'epidemia fu particolarmente feroce con i giovani. Ma perché le donne rimasero fino all'ultimo al capezzale dei malati, e ne pagarono il prezzo.

La microstoria è piena di vicende di maestre di scuola, di infermiere, di madri che scontarono l'attaccamento al lavoro, alla cura, alla famiglia. Fu stabilito che i fanti rimasti vedovi potevano tornare a casa, a patto che avessero almeno tre figli di meno di 18 anni «in stato di assoluta miserabilità». Raffaele Ghirardi nel suo libro *La febbre cattiva* riporta il caso del soldato Teodoro Benatti, che ottenne il congedo dopo la morte della moglie per occuparsi dei cinque figli: il più grande aveva 12 anni, tutti vivevano con la nonna. Il soldato Angelo Capella, tornato a casa per una licenza agricola, dopo la vendemmia andò a portare una cesta d'uva al padrone malato: contrasse l'influenza e la trasmise a sua figlia Desolina, sei anni, e a Giovanni, quattro anni: il padre si salvò, i piccoli morirono. I rapporti medici segnalano che nell'estate 1919 ci fu la più grave depressione nel numero dei neonati, «a causa dell'epidemia influenzale che diradava i matrimoni, interrompeva le relazioni coniugali e favoriva interruzioni di gravidanza per aborto o morte della gestante».

I sintomi erano quelli consueti dell'influenza: brividi, senso di spossatezza, poi tosse e febbre alta. Però la mortalità raggiunse picchi mai visti, in particolare al Sud. Al fronte i fanti malati si trovarono in condizioni tragiche, come testimonia il diario del soldato Silvio Piani di Imola, 7° reggimento alpini battaglione Belluno: «Dopo un paio di settimane mi è venuta la febbre, eravamo in 2, ci anno portato alospedale da campo n° 305. Si anno messo nella camera mortuaria. Perché cera fuori delle febbre che si moriva in 2 giorni. Una rete senza materazzo con uno sporco cusino senza federa, e poi ci anno chiusi dentro a chiave. A me la febbre mi stava passando, ma al mio povero amico ci omentava. Alla notte mi chiamava che voleva un po' daqua, eravamo senza luce, o provato di acendere fiammiferi per vedere se ce nera, non ne ò trovato, o provato a batere nella porta ma nessuno mi a risposto. Ci sono andato li vicino e poi ciò detto – aqua non ce né –. Lui mi a risposto – adesso chiamo mamma – Dopo circa unora non a più detto nulla. Mi a fatto tanto piangere, era un mio amico, della mia classe di 19 anni. Quando alla mattina sono venuti à aprire la porta anno preso su il morto e poi sono andati a sepelirlo. Io senza dire nulla sono scapato e poi guardavo dietro che avevo paura che mi venissero a prendere. Il mio reparto era distante 2 chilometri, o fatto tutta una corsa. Alla mattina dopo sono tornato in trincea».

Anche un membro della famiglia reale morì di spagnola: Umberto di Savoia Aosta, nipote di re Umberto, che gli aveva attribuito il titolo di conte di Salemi, il paese del proclama di Garibaldi. Mentre ai Savoia di solito si affidavano prestigiosi e comodi ruoli di comando nelle retrovie, il conte di Salemi volle combattere in prima linea. Ferito, decorato con la medaglia d'argento, si ammalò di febbre spagnola sul Grappa e morì il 16 ottobre 1918, nell'ospedale militare allestito a Villa Chiavacci. Fu valutato che non fosse una morte abbastanza eroica, degna di un'Altezza Reale: il bollettino ufficiale di corte scrisse che Umberto era morto per le ferite riportate in battaglia. Pure la lapide posta sul muro della Villa evita con cura di nominare la malattia: «Nelle prime luci della vittoria, S.A.R. Umberto di Savoia-Aosta Conte di Salemi, folgorate le nemiche trincee col fuoco della sua bombarda, qui si è spento fedele al segno glorioso della sua stirpe sacro alla patria più grande».

Del resto non c'era quasi traccia dell'epidemia neppure sui giornali: il presidente del Consiglio, Vittorio Emanuele Orlando, aveva imposto la censura. Vietati gli annunci mortuari, il suono delle campane a morto, le corone, le cerimonie in chiesa; il prefetto di Reggio Emilia arrivò a vietare i funerali. Gli assembramenti favorivano il contagio e i segni del lutto deprimevano il morale della nazione, proprio nei giorni in cui maturava la vittoria. Siccome nei cimiteri si andavano accumulando le bare, a fine ottobre furono vietate pure le tradizionali visite ai defunti. Si scavarono fosse comuni, si stabilì che in ogni camposanto ci fosse un sacerdote per l'ultima benedizione. I monatti passavano ogni mattina con il carretto a portare via i morti. È rimasta la «nota spese» di uno di loro, Antonio Boffetti detto Maslon, di Borgotaro (Parma), dov'erano rinchiusi anche prigionieri di guerra austriaci: «Un militare profogo N. 1 lire 15, due donne profoghe N. 2, lire 30. Preso a San Roco quello di Bonici, lire 15. Un bambino di Nango, lire 15». Altri suoi colleghi chiedevano 30 lire, il doppio. Maslon era di forte costituzione, e non si ammalò. Morì invece di spagnola sua moglie Catterina.

XIX
L'ultimo fante
L'ascensore di Carlo Orelli e i 650 mila fantasmi

Mario Rigoni Stern, nella prefazione al *Diario di un imboscato* di Attilio Frescura, racconta di un bracciante che, a guerra finita, una sera stava tornando a casa a piedi sull'altopiano di Asiago, quando vide passare un'interminabile colonna di soldati. Erano italiani e austriaci, pallidi e disarmati, che marciavano senza far rumore. Il contadino li vide sfilare per tutta la notte, finché l'alba non li disperse.

Racconti di «resurrezioni» e apparizioni spettrali furono frequenti negli anni successivi al 1918. Nascevano dalla suggestione e dall'orrore per la grande strage, dal rimpianto per i caduti, dal fascino sinistro di una vicenda immane che sovrastava individui, famiglie, nazioni. Poi, poco alla volta, la memoria viva della Grande Guerra si è andata spegnendo.

Quando entrai al «Corriere della Sera», nell'estate del 2003, mi misi alla ricerca di storie da raccontare, legate all'identità italiana, un tema su cui lavoravo da tempo e che stava a cuore al direttore che mi aveva assunto, Stefano Folli, come ai suoi successori. Rimasi colpito dalla frequenza con cui si leggevano sui giornali i necrologi dei cavalieri di Vittorio Veneto. Gli ultimi superstiti tra i testimoni del 15-18, ormai centenari, stavano morendo. Mi rivolsi agli archivi del Quirinale alla ricerca del fante più anziano. Trovai così

Carlo Orelli, nato a Perugia il 23 dicembre 1894, mobilitato il 24 maggio 1915: III Armata, brigata Siena, 32° reggimento, 3ª compagnia. Un veterano che poteva raccontare la guerra per intero.

Andai a casa sua alla Garbatella, uno dei quartieri più romani di Roma. Abitava al quarto piano e da anni non usciva più di casa: aveva la forza per scendere le scale, ma non era più sicuro di riuscire a risalirle. Ricordare gli dava dolore, ma era disponibile a rispondere alle domande. Cominciò a parlare delle cose che ricordava meglio della guerra: gli odori, i rumori. Ogni tanto si interrompeva e chiudeva gli occhi, come a tenere sotto controllo le ondate della memoria. Poi riprendeva a raccontare nel suo italiano ottocentesco, appreso nelle scuole del Regno ai tempi di De Amicis: «Seguiti pure a interrogarmi...».

«Voi non avete la minima idea del suono che fa un obice austriaco da 420. È tutto diverso da quello che immaginate.» Carlo Orelli rievocava con voce un po' chioccia ma ancora ferma. «Non è come nei film. Il cannone non fa: bum. Troppo distante dalle trincee. Il cannone fa piuttosto un brontolio, un rombo lontano, poi un sibilo sempre più forte, più vicino. Il proiettile sta per arrivare. A volte non esplode subito. Altre volte non esplode mai. È la lotteria della morte. Un mio amico di Napoli si era sempre salvato proteggendosi dentro un tubo di cemento. Spuntavano solo le gambe. Centrate da una cannonata. È morto dissanguato.»

«La guerra era un finto segreto. Sapevano tutti che sarebbe stata dichiarata. Io ero di leva, a Capua, in fanteria. Ci portarono a Napoli, e da lì in treno verso il fronte. L'ordine era di avanzare con cautela in territorio austriaco. Sagrado. L'Isonzo. Il Carso. Il nemico si era ritirato. Entravamo nelle case vuote, chi aveva preso le piattole cercava vestiti di ricambio, a volte vestiti da donna. I combattimenti scoppiarono presto. L'avanzata si fermò nell'estate. Cominciarono gli assalti. Il massacro della Trincea delle frasche.»

La famiglia Orelli ha fatto tutte le guerre d'Italia. Il nonno materno, Tommaso, con i difensori di Perugia, insorta e domata nel 1859 dai mercenari papalini. Il padre Gabriele richiamato per la campagna d'Abissinia. Il fratello maggiore Alfredo combattente nel 1911 in Libia. Il fratello minore Guglielmo chiamato alle armi dal Duce e fatto prigioniero dagli inglesi in Sicilia nel luglio '43.

Carlo entra a scuola nell'anno dell'assassinio di re Umberto. Si trasferisce a Roma nell'anno della guerra russo-giapponese. «La sorella di mia madre aveva una trattoria in via del Viminale. Io ero operaio aggiustatore meccanico, quando mi chiamarono al fronte. Nessuno va alla guerra volentieri. Quella però non era una guerra di conquista. Era una guerra patriottica. Nella mia brigata c'erano soldati di ogni parte d'Italia, contadini del Sud che non sapevano né leggere né scrivere, ma non si lamentavano mai. Morivano in silenzio.» I più coraggiosi, «i sardagnoli», i sardi.

Contro la Trincea delle frasche si sgretola il meglio dell'esercito italiano. «Un giorno siamo usciti all'assalto in 330. Siamo tornati in 30. Non so come mai a me non è toccata. La sera prima dell'attacco portavano in prima linea il liquore, ma io non l'ho mai bevuto. Quella roba faceva passare la paura ma toglieva lucidità, dopo ti buttavi avanti urlando "Savoia!", e morivi. Dall'altra parte urlavano "Hurrah!", e morivano. Io avevo un altro modo per darmi coraggio. Non pensare a niente. Svuotare la testa. Non pensare mai alla casa, agli affetti, agli amori. Non scrivevo, anche perché non c'era tempo. Un giorno ho incontrato mio fratello Alfredo, ci siamo salutati, non l'ho più pensato sino alla fine, l'ho rivisto a casa, ferito ma salvo. Dovevo restare lucido per avere un colpo in più del nemico. Il fucile degli austriaci sparava cinque proiettili; il nostro, sei. La vita era legata al sesto proiettile.»

Orelli aveva il cranio lucido e gli occhi blu. Sorrideva di rado. Mi accorsi che i suoi tratti ricordavano quelli di Gustavo Rol, il sensitivo torinese. «Mi hanno sempre detto che ho gli occhi magnetici» disse lui. «Nessuno in famiglia ha i miei occhi, tranne Angela, la figlia di mio nipote Carlo.» Sui mobili c'erano le foto dei sei figli, da Lia nata nel 1923 a Lucia nel 1935, in mezzo Alfredo, Marcella, Liliana e Maria. Nove nipoti, undici pronipoti, tra cui Christian, militare di carriera, che da lì a poco l'avrebbe reso trisnonno.

«Abbiamo fatto tutti la guerra senza amarla, ma anche senza far storie. Attorno alla Grande Guerra c'erano grandi passioni e grandi personaggi, nelle retrovie arrivava il re sull'auto scoperta, ogni tanto si sentivano notizie di D'Annunzio, si annunciava un proclama del comandante della nostra Armata il Duca d'Aosta, su Cadorna si leggevano poesie. Gli idealisti arrivavano al fronte e il giorno dopo morivano. Nel mio reggimento c'era Filippo Corridoni.» Caduto davanti alla Trincea delle frasche il 23 ottobre 1915. Una terra maledetta, cui i fanti davano nomi sinistri, Passo della morte, Buca dei bersaglieri, Sassi rossi, e ancora Ridottino dei morti. «Della guerra colpisce che tutto succede di colpo. Un momento dormi, mangi, ridi; un momento dopo non ci sei più. Un mio amico era appoggiato a un muretto. Parlava. È arrivato il rombo, è arrivato il sibilo. La granata gli ha staccato la testa di netto. Il corpo è rimasto lì, dritto, innaturale.»

Eppure è con orgoglio che Carlo Orelli parlava della sua guerra. Non aveva un cattivo ricordo degli ufficiali, «i generali non si vedevano mai, gli altri però morivano come noi.

Il fango, le malattie, non erano nulla, in confronto all'assalto». Usava un'espressione efficace per definire il rapporto con il nemico, «odio involontario». «Ci sparavamo addosso, eravamo legati alla nostra bandiera, alla nostra divisa, ma non c'era astio ideologico, non c'era volontà di annientamento. Ognuno sapeva che l'altro stava facendo il proprio dovere. Le trincee erano lontane duecento metri ma noi avevamo l'ordine di non sparare: l'accordo tacito era di far tacere i cecchini, di non molestarci nelle pause tra i combattimenti. Quando riuscivamo a conquistare una trincea austriaca la trovavamo piena di sigarette, vino, pure cioccolata; i prigionieri ce la offrivano, noi avevamo la disposizione di rifiutare, si temeva una trappola, un avvelenamento; così si faceva assaggiare la cioccolata a un prigioniero, poi si faceva a mezzo.»

«Fino a quando non toccò a me. Gli austriaci si erano trincerati nel parco di una tenuta nobiliare. Assalto. Non arrivammo mai ai reticolati. Una mitragliatrice ci prende d'infilata – le mitragliatrici non si vedono mai, si sentono solo –, l'artiglieria aggiusta il tiro. Una granata uccide il comandante della compagnia, il tenente Occhipinti, e ferisce molti di noi. Muore il mio migliore amico, Ercolanoni, umbro come me. I compagni continuano a sparare, ma così si fanno individuare dagli austriaci. Ci colpiscono come al tiro a segno. Il sottotenente sdraiato accanto a me ha una pallottola in fronte. Io ho schegge in tutto il corpo e una ferita di striscio all'orecchio sinistro, un centimetro più in là e sarei spacciato. Mi portano indietro a braccia, in un casolare. Poi all'ospedale da campo, quindi a Bologna, a Perugia. La mia guerra è finita. Il resto è un'idea sfumata di medicine, odori, letti bianchi, convalescenza. Ricordo bene i versi che studiavo a scuola da bambino, non ricordo nulla della malattia. La gamba destra mi fa ancora male. Non è mai guarita.»

La guerra in casa Orelli era una croce di ferro, esposta in una teca, accanto al diploma di cavaliere di Vittorio Veneto con la firma di Saragat e a una vecchia tessera del Psi, ancora con falce e martello. «Sono sempre stato socialista. Nenniano. Avevo orrore per il fascismo. Ma sarei bugiardo se dicessi che sono stato un oppositore. Semplicemente, non ero d'accordo. Non ho mai preso la tessera, non ho mai preso botte. Sono inorridito quando a Roma arrivarono i tedeschi. Ma ero già nonno, cosa potevo fare? Dopo il congedo mi avevano trovato un posto a Gaeta, alla direzione di artiglieria, dove ho conosciuto mia moglie Cecilia. Poi sono tornato a Roma, capotecnico dell'Atac. Ho badato ai miei pensieri, non mi sono mai arrabbiato troppo, ho cercato di avere buoni rapporti con le persone che incontravo. Cecilia se n'è andata nel 1969. Mi aspetta al Verano.»

«Dal 15-18 non ho avuto alcun vantaggio. L'unica pensione che ricevo è quella dell'Atac. Ma non ho certo combattuto per un vantaggio, per nulla che non fosse il mio Paese. E a Trieste alla fine ci siamo arrivati. Poi il mio Paese pian piano si è dimenticato di noi. Un po' lo capisco, è passato così tanto tempo. Dei miei vecchi fratelli d'arme, di tutti questi ragazzi che vede nella foto della mia compagnia, non è rimasto nessuno. È cambiato tutto, c'è l'Europa, i nemici sono alleati, in Austria i miei nipoti vanno senza passaporto, a sciare.»

Orelli fece però notare che l'allora presidente della Repubblica, Carlo Azeglio Ciampi, gli pareva molto attento a queste cose. Poi si lasciò andare a un momento di malinconia: «Ero un uomo molto forte. Avevo una forza incredibile. Adesso non faccio un passo senza Valentina, la signora ucraina che mi guarda. Se Valentina non mi sostiene, crollo. Chissà quanto dura ancora. Qui alla Garbatella non c'è nessuno che ha l'età mia». Nessuno in tutta Europa, forse.

Arriva il momento in cui ci si dice: il più vecchio sei tu. E già stava per arrivare il momento, che nel frattempo è giunto, in cui non c'è più nessuno a custodire la memoria, e la Grande Guerra appartiene solo agli accademici e agli archivisti, oltre che ai nostri racconti di famiglia. Chiesi scusa al signor Carlo se avevo risvegliato ricordi dolorosi. «Sono io che mi scuso se non ho detto tutto» rispose. «Ci sono cose che non ricordo. Ci sono cose che non voglio ricordare.»

Il racconto di Carlo Orelli ebbe grande eco. Ciampi lo chiamò al Quirinale e gli conferì la medaglia d'oro al valor militare. La Rai e il Tg5 andarono alla Garbatella a intervistarlo. Scrissero libri su di lui. Soprattutto, gli fecero l'ascensore, e poté di nuovo uscire di casa.

Non si è mai sentito un eroe; solo un superstite. Ha conosciuto tre secoli, in famiglia aveva la storia d'Italia. La Trincea delle frasche fu presa dalla brigata Sassari il 14 novembre 1915. Il fante Carlo Orelli è morto alla Garbatella novant'anni dopo, il 22 gennaio 2005. E sta a noi ricordare, e far sapere, che è vissuto e ha molto sofferto, insieme con i cinque milioni di nostri nonni mobilitati dall'Italia nella Grande Guerra, e con i 650 mila che nonni non sono diventati.

Spoon River su Facebook

«Vi racconto la storia della mia famiglia»

Mentre scrivevo il libro, ho chiesto ai miei amici su Facebook (che purtroppo frequento pochissimo) di raccontarmi dei loro nonni alla prima guerra mondiale. L'invito è stato rilanciato dalla rivista dell'Anla (l'associazione dei seniores d'azienda). Ho ricevuto molte piccole storie, talora commoventi, che considero tesori preziosi, salvati dall'immenso oceano della dimenticanza. Per questo desidero metterli in comune con le lettrici e i lettori.

«Il gentiluomo morto in duello»

Mio bisnonno Carlo Zinzler era un nobile, mezzo romano mezzo austriaco, che però all'inizio del secolo era diventato ufficiale di cavalleria in Italia: Reggimento Piemonte Reale. Poi per vicissitudini strane si era trasferito con moglie, madre, nonna e servitù in Argentina. Qui aveva messo al mondo tre figlie.

Entrata l'Italia in guerra, il nostro eroe – credimi: mia nonna, sua figlia, lo considerava effettivamente così – piglia baracca e famiglia, varca l'Atlantico, schiva le mine della Royal Navy e si rimette in uniforme. È tenente, ma passa in fretta a capitano. «Nell'entrare sulla rotta guerriera degli antenati», così si legge in calce alla fotografia inviata alla madre dalla zona di operazioni. Combatte. Viene decorato con la croce di guerra. La madre, figlia di una dama di compagnia della regina, riesce a farlo trasferire a Tolfa, vicino Roma, come comandante di un campo di internamento di prigionieri austro-ungarici. Ma Carlo non ne vuole sapere: non ha attraversato l'Atlantico per stare nelle retrovie. Torna quindi in prima linea, dove si distingue al punto da meritare una medaglia di bronzo, ma anche assumendo atteggiamenti di indisciplina. Per esempio prende a pugni un superiore per motivi poco chiari. Finisce la guerra e organizza i primi campionati italiani di pugilato. Scrive un libro sulla boxe, che Hoepli ha ancora in scaffale e tutt'oggi è riconosciuto come il padre della boxe in Italia. Muore in circostanze misteriose – forse un duello – nel 1922, dopo che lo sterminato patrimonio argentino se l'era divorato il suo amministratore mentre il fu Carlo combatteva sul Piave.

Antonio Picasso

«Una croce sotto il cipresso»

Mio nonno Giuseppe Casagrande, nato a Tarzo nel 1898 e poi residente a Refrontolo, due paesi della provincia di Treviso, è stato arruolato in fanteria prima della disfatta di Caporetto. È stato inviato al fronte nel '18 e ha combattuto nella battaglia del Solstizio sul Piave, quando attorno al 21 giugno gli italiani fermarono l'ultima disperata offensiva austriaca. Parlava poco di quella guerra, era solo un ragazzo. Diceva che i fanti vivevano in trincea, quasi senza cibo, mangiando patate che facevano bollire loro stessi. Ogni giorno però ricevevano le razioni di tabacco da masticare per tenere lontana la fame e sopportare la fatica. Della battaglia non ha mai parlato: troppi morti e troppe sofferenze. Poco prima di morire ha ricevuto l'onorificenza di Cavaliere di Vittorio Veneto di cui era molto fiero. Il suo paese era occupato dal nemico. A Refrontolo, dopo Caporetto, si era insediato il comando generale dell'esercito austroungarico, a Villa Spada. Su un colle vicino, proprio di fronte al Montello, era stato appostato un mortaio con cui bombardavano il fronte italiano oltre il Piave. La chiesa di Refrontolo era diventata l'ospedale per i soldati austriaci feriti. Un fratello di mio nonno è morto in guerra: ha una croce con il suo nome sul vialetto che porta al cimitero di Refrontolo, sotto un antico cipresso.

Graziella Casagrande

«Un giorno mi disse: ho ucciso un uomo»

Mio nonno, Antonio Bernacchioni, classe 1900, è morto nel 1992. Voglio lasciarle questo ricordo senza nessuna ambizione che non sia quella di manifestare un affetto che tarda a sbiadire nel tempo per una persona che con coraggio ha affrontato una lunga vita, rimanendo sempre onesta e generosa.

Da bambino mi hanno sempre affascinato le sue storie, soprattutto quando mi parlava di una vita senza luce, telefono, acqua corrente. Una vita semplice quella del nonno da bambino, in una casa toscana in provincia di Arezzo dove a garantire l'ordine familiare si ergeva indiscusso un padre con un nome da progenitore, Noè.

Quando da poco avevo cominciato a studiare a scuola la storia, il nonno mi raccontava con orgoglio di come in qualche modo nel suo piccolo l'aveva attraversata. Mi raccontava episodi scarni, risparmiandomi probabilmente le parti più dure e crude della guerra; quando finiva di raccontare o quando io ne avevo a sufficienza, lo vedevo perdersi nella memoria e spesso lo sentivo canticchiare le canzoni del Piave («il Piave mormorava calmo e placido al passaggio / dei primi fanti il ventiquattro maggio...»).

Ho ritrovato da poco nascoste nella sua cantina le carte con cui fece domanda, all'inizio degli anni Sessanta, per la nomina a cavaliere di Vittorio Veneto. Fu una scelta dettata forse anche da ragioni di lavoro, per integrare un magro stipendio da colletto bianco, ma penso soprattutto che fu un motivo di orgoglio a fargli fare quella domanda, come se volesse dimostrare a se stesso e agli altri che lui, cresciuto nelle campagne senza istruzione, aveva attraversato indenne due guerre, cambiamenti epocali nella vita del paese, si era trasferito in città con la famiglia e da guardiacaccia era diventato impiegato, aveva costruito una famiglia. Fatto sta che ottenne la nomina e non smise più di farsi chiamare Cavaliere. Ma quel che passò in pochi mesi al fronte venne da lui quasi rimosso, le foto e le lettere nascoste in una valigia sull'armadio. Tenne in evidenza solo le medaglie dell'Ordine di Vittorio Veneto e la nomina controfirmata da Aldo Moro, oltre a una foto, che conservo ancora, in divisa da bersagliere.

Quelle carte da poco ritrovate confermano quello che mi disse più di 30 anni fa. A poco più di 18 anni, venne richiamato alle armi; era il marzo 1918, la guerra quasi al termine. Inquadrato nel II reggimento bersaglieri, si trovò in mezzo a tanti ragazzi, poco più che adolescenti, provenienti da terre di cui a malapena aveva sentito parlare, essendo andato a scuola solo fino alla terza elementare. Era a volte difficile, ricordo perfettamente quando me lo disse, capire la loro lingua e spesso anche quella degli ordini dati dai superiori. Era un Paese, l'Italia, ancora tutto da costruire. In una foto che mi mostrò figurava tra i suoi compagni anche un giovanissimo Eduardo De Filippo.

Partirono da Roma nell'ottobre 1918 e dopo un giorno di viaggio in treno arrivarono a Quaderni, nella zona di Verona. Partecipò alla battaglia di Vittorio Veneto e all'avanzata degli ultimi giorni di guerra. La sua esperienza al fronte fu prima nella zona del Carso, poi dalle parti dell'Istria (Umago). Non so bene quali atrocità visse e che sofferenze patì, perché non ne volle mai parlare. So solo che una volta mi disse che in guerra aveva ucciso un uomo. Ricordo bene che lo disse quasi senza volerlo, con un dolore e una sofferenza negli occhi, che portava con sé a più di 70 anni di distanza. Lui cattolico e allo stesso tempo socialista, portò con sé nel silenzio questo peso per tutta la vita. Non mi raccontò molto di come avvenne, un po' per pudore nei miei confronti visto che ero appena un ragazzo, ma soprattutto credo per questo senso di rimpianto e angoscia. Dalle poche parole che mi disse compresi che si trovò con i compagni a respingere un assalto in trincea; uccise un povero austriaco con la baionetta. Credo non ci possa essere choc più grande per un ragazzo di appena 18 anni. Non me ne parlò mai più, né mia nonna a cui poi in seguito chiesi informazioni sapeva dirmi altro della guerra del nonno, malgrado fosse vissuta con lui per quasi 60 anni.

È una piccola storia, me ne rendo conto, che non comprende racconti di eroismo o nuovi dettagli sulla dura vita del fronte. È una storia che sta tutta nello sguardo doloroso e malinconico di un vecchio, che di nascosto ha portato con sé un fardello per quasi 75 anni.

Gianluca Capri

«Legato a un palo, ma il nemico non sparò»

Mio nonno Francesco Negro, di cui porto il nome, classe 1892, è ormai morto da parecchi anni. Durante la guerra di trincea lui caporalmaggiore era stato insultato da un soldato. Come reazione gli aveva sferrato un pugno. Per punizione mio nonno è stato legato a un palo fuori dalla trincea per 24 ore in balìa dei cecchini nemici. In tutto questo tempo mai nessuno gli ha sparato. Un episodio simbolico del fatto che al di là delle guerre l'umanità fra persone contrapposte può e deve uscire.

Mio nonno ha fatto tutta la guerra di trincea. Noi siamo di Acqui Terme, in Piemonte. Quando veniva a casa in licenza, una volta ogni anno, si fermava nel piccolo giardinetto di famiglia e sua madre, mia bisnonna Margherita Topino di Priocca, lo faceva svestire completamente e gli faceva il bagno perché era pieno di pidocchi e di pulci. Dormiva poi a terra perché non riusciva più a dormire in un letto normale.

La consuetudine del palo serviva a terrorizzare i soldati ed evitare scaramucce o disobbedienza fra loro. Queste ventiquattr'ore al palo provocavano ancora in lui il pianto, quando me lo raccontava nei giorni in cui alle elementari io rimanevo a casa da scuola perché affetto da qualche malattia dei bambini. Soprattutto perché c'era l'umiliazione di venire esposto al fuoco nemico da parte di quelli che riteneva amici.

Francesco Negro

«Lo mandarono a recuperare Francesco Baracca»

Mio padre Vittorio era nato a Fossano nel 1900, nel mese di aprile. L'inizio della sua vita l'ha trascorsa in un collegio, perché i suoi genitori erano venuti a mancare. A scuola ha appreso la professione di tipografo. Così è andato a Torino e ha mandato avanti una tipografia. Ma in quel periodo non era bella cosa per un giovane operaio andare sotto i signorili portici di via Sacchi, con il berretto sulle ventitré. Così lo trovano le Guardie Regie, gli chiedono i documenti e lo spediscono a Pinerolo, nel corpo degli alpini.

Le regole sono ferree: non bisogna andare sotto i portici, riservato agli ufficiali; vietato entrare nei bar non idonei alla truppa. Ma mio padre non la trova una cosa giusta, così con altri frequentano un'osteria. Una sera dalle parole passano alle mani e sfasciano il locale. Il proprietario avverte gli ufficiali suoi clienti. Al rientro in caserma, nelle prime ore del giorno, trova il suo bagaglio in mezzo al cortile con cambiamento di destinazione: non più alpino, bensì Ardito; destinazione, prima linea. Come mi raccontava non aveva nessuna arma da fuoco, solo una baionetta, e quando lo mandavano all'assalto prima lo obbligavano a bere del liquore in modo disumano: grappa, rhum e altre porcherie. Tutto questo per non rendersi conto di quello a cui andavano incontro. I suoi compagni erano o esaltati o persone in punizione, come mio padre. In questi assalti ha avuto due ferite alle mani, e sul campo o lì vicino è stato operato, gli hanno ricucito i tendini delle dita. Ho anche una sua fotografia nell'ospedale da campo.

Uno degli assalti, o meglio una delle sue missioni, fu recuperare Francesco Baracca, l'asso dell'aviazione, dopo due giorni dal suo abbattimento. Pensa che lui non avrebbe neppure dovuto andare a fare il militare, perché era il capofamiglia; ma in tempo di guerra queste cose non venivano prese in considerazione.

Ho una sua medaglia di bronzo. Dopo la guerra andò a Bengasi in cerca di lavoro, poi rientrato a Torino andò a lavorare nella tipografia della «Stampa» in piazza Solferino. Anch'io sono stato tipografo, quando i giornali si facevano con il piombo.

Luciano Pellizzari

«La mia collana è sua se…»

Mio nonno Baldassarre De Luca, riformato a causa di una errata riduzione di frattura al braccio, rimasto rigido, era all'epoca il più giovane funzionario del Regno d'Italia e svolgeva le sue funzioni al ministero della Guerra. Ai tempi della famigerata disfatta di Caporetto, il suo ufficio era assai frequentato da chiunque cercasse di far richiamare dal fronte qualche suo caro, o di evitare che vi venisse mandato. Baldassarre raccontava che una gran dama, con una collana di perle vere lunga fino ai piedi, fece capire che se ne sarebbe privata se il proprio figlio, ufficiale, fosse stato richiamato a casa. Inutile dire che mio nonno fece altrettanto sottilmente capire alla gentildonna che non poteva fare proprio nulla…

Carla Franzini

«Da quanto tempo non ripetevo il suo nome…»

Mio nonno materno, cavaliere di Vittorio Veneto, ha vissuto tutta la vita dopo il 1918 ricordando non la guerra, ma l'esperienza che quella guerra gli aveva regalato. Quel conflitto infame gli aveva portato via tanto, a cominciare dal suo lavoro: al ritorno dovette fare l'operaio siderurgico, nonostante i suoi studi di musica. La spagnola aveva scardinato la sua numerosa famiglia. Ma quella guerra l'aveva davvero portato nel mondo: da un paesino della montagna pistoiese, il soldato semplice Alfredo Giani (da quanto tempo non ripetevo il suo nome…) fu catapultato nel Nord-Est d'Italia e lì, sul fronte, sul Carso, con la melodia del Piave che mormorava, conobbe altri Italiani: umbri, padani, napoletani, siciliani… E li ricordava tutti, un vero elenco telefonico di soldati. La sua storia era quella storia.

Patrizia Solaro

«Il nonno cominciò la decimazione»

Mio nonno, Aurelio Zardini, classe 1895, all'età di 18 anni ricevette la chiamata alle armi. Partecipò alla battaglia dell'Ortigara. A me bambina raccontava gli aneddoti di quelle giornate.

Un segno tangibile è l'elmetto che conservo, con i fori causati da una pallottola che lo attraversò, scalfendo la testa del nonno, che io accarezzavo cercando di investigare quel piccolo solco lasciato dalla pallottola. Ora, da adulta, il suo elmetto mi racconta quanto non potevo capire allora.

È stato proprio il nonno a guidare il primo plotone durante l'attacco sull'Ortigara, ad appena 22 anni, eseguendo gli ordini trasmessi al telefono dal generale Cadorna. Ho ancora l'attestato della medaglia d'argento, dov'è scritto che condusse «pronto e ardito» l'attacco; ferito una prima volta, continuò all'arma bianca, poi venne portato in ospedale solo dopo una seconda ferita più profonda.

Papà mi ha anche raccontato della decimazione che aveva iniziato a fare, perché Cadorna aveva ordinato l'attacco ma il plotone si rifiutava. Allora mio nonno iniziò la decimazione. Prima di terminarla il plotone decise di procedere unito, allora lui disse: «Io farò strada e sarò il primo». Però papà mi ha anche raccontato che il nonno in quel frangente aveva avuto timore che gli sparassero alle spalle.

Dopo le ferite sull'Ortigara, il nonno ottiene un congedo per andare a casa dai miei bisnonni, a Marano, in Valpolicella. Allora la mia bisnonna, troppo contenta di avere il figlio a casa, corre dal generale Graziani, che all'epoca risiedeva da quelle parti, chiedendo il favore di non far ripartire il figlio, appena arrivato a casa dopo due ferite. Due giorni dopo il generale Graziani inviò il nonno sull'Adamello.

Su entrambi i fronti (Ortigara e Adamello) il nonno, come raccontava a me bambina, era solito farsi la barba, la mattina presto, con la neve al posto della schiuma, mentre dall'altra parte della trincea, alla stessa ora, facevano la stessa cosa gli ufficiali austriaci. Mentre si consumavano queste abitudini, si facevano cenno con la mano, quasi per salutarsi, pronti poche ore dopo a riprendere la battaglia. Del nonno e di uno dei suoi sette fratelli, Ottavio Zardini, possiedo la cassetta delle armi, in legno, dove appunto venivano riposte la baionetta e le munizioni. Un'iscrizione in metallo riconduce all'appartenenza.

Anche mia nonna materna veniva da una famiglia numerosa: era l'ultima di nove figli. Viveva in un'altra parte della campagna veneta, a Marcellise, frazione di San Martino Buon Albergo. Mi raccontava che all'uscita della scuola sentiva spesso suonare gli allarmi, ad annunciare le bombe austriache in arrivo. Le alternative erano due: o correre al rifugio più vicino; o gettarsi nei cespugli. E io ho sempre in mente l'immagine di una bimba di otto anni, la stessa età che avevo io quando ascoltavo i suoi racconti, che si getta nei cespugli per proteggersi. Uno dei suoi fratelli morì in guerra. Aveva poco più di vent'anni.

Francesca Zardini

«L'ultima lettera alla madre»

Mio padre custodisce una lettera originale di un suo zio morto a 28 anni nel novembre 1915, rivolta alla mamma e ai genitori e scritta tre mesi prima di morire. La riporto in maniera testuale, anche con le sgrammaticature:

«Giorno 9 agosto 1915. Carissimi Genitori, non appena ho ricievuto la vostra amatissima lettera subito mi suplico a scrivervi onde farvi sapere il mio ottimo stato di salute come pure mi sono rallegrato di voi tutti di famiglia grazia a Dio. Dunque Cari Genitori Con la vostra amata lettera aspettavo parecchie notizie ma invece fui di no, perché non mi avete fatto sapere quello che vi mandai a dire con la mia lettera scorsa, vi dissi se è vero che luva la stanno caparrando a lire 90 il quintale che io lo saputo di un mio amico di Racale che mi trovai giorni indietro col 59° Reggt, è mi fece leggere la lettera che li haveva mandato suo padre e parlava di questi prezzi dell'uva diceva che oltrepassa le 90 lire, quindi quando mi scriverai mi farai sapere la verità. Altro non mi resta di tirvi solo ricambio i saluti a tutti zi e zie cugini cugine è tutto il convicinato saluti alla famiglia di mia Suocera saluti alla famiglia di zio Angelo saluti alla mia cugina Tempesta Giuseppa baci affettuosi agli miei fratelli insieme a voi padre è madre e mi firmo vostro figlio Benedetto».

Poi prosegue rivolgendosi alla madre: «Cara Mamma Per lettera della mia Suocera mi è stato riferito che tu ti hai fatto male al ginocchio, quanto dispiaciere ho provato, ma speriamo che con laltra lettera mi darai buone notizie. Mamma stai attenta. Il mio fratello Salvatore mi a scritta una lettera molto allegra diciendomi che al suo reggt. gli hanno dato il cambio, ma per me non si sa ancora ma speriamo che sarà presto quello giorno che mi farà felicie a me ed io farò felici voi tutti di famiglia. Altro non mi resta di tirvi solo pregare il Signore che ci libera di tutti gli ostacoli che oggiggiorno possiamo affrontare io pregherò quanto posso e così fate anche voi tutti altrettanto. Baci affettuosi insieme… firmo Benedetto. Pronta Risposta.»

Purtroppo non fece in tempo a ricevere risposta perché dopo tre mesi morì colpito da una granata. La lettera è scritta con una matita, e a parte due tratti è integra e ben leggibile.

Andrea Cacciatore

«Scappate subito, arrivano gli italiani»

I miei nonni vivevano a Gradisca, vicino a Gorizia. Si sentivano in realtà austriaci (mio nonno si era laureato a Vienna nel 1913), però io li ho sentiti parlare quasi sempre in italiano; parlavano tedesco solo quando non volevano che noi capissimo cosa stessero dicendo. Gli italiani, per loro, erano gli invasori. Un giorno, all'inizio della guerra, qualcuno li avvertì che dovevano lasciare subito la casa perché gli italiani erano vicini. Loro chiesero: per quanto tempo? Risposero: per qualche ora. Mio bisnonno con i suoi nove figli fuggì portando con sé solo una bottiglia d'acqua per il più piccolo. Riuscirono a tornare in quella che un tempo era stata la loro casa dopo cinque anni. Era ancora in piedi, sia pure crivellata dai colpi, ma era stata completamente svuotata: in parte dagli italiani, in parte forse dai vicini. Rimane la bottiglia dell'acqua, conservata da mio cugino, Hansmichael Hohenegger. Il bambino per cui era stata presa si è salvato e ha fatto il missionario in Africa. Io sono andato a studiare medicina a Roma, ho insegnato all'università di Cagliari e ora faccio il pendolare con Boston.

Leonardo Tondo

«L'incidente della bomba»

Il dispiacere più grande di mio nonno Pietro Dell'Osa fu non poter applaudire quel grande evento. Accadde il 20 agosto 1923. A Bocca di Valle. Più che una frazione di Guardiagrele, uno sparuto gruppo di case alle pendici della Majella. Il futuro presidente del Tribunale speciale per la difesa dello Stato Guido Cristini era riuscito a deviare il treno «presidenziale» che riportava Mussolini a Roma. Così il Duce, di ritorno dalla «Settimana Abruzzese» al Circolo Aternino di Castellammare Adriatico, sostò davanti alla grotta. Il sacrario scavato nella roccia per tumulare le spoglie della medaglia d'oro al valor militare Andrea Bafile, colpito a morte mentre soccorreva i suoi marinai sul Piave a Cortellazzo l'11 marzo 1918. La «Sagra della Majella» si sarebbe celebrata il 20 settembre di quel 1923. Come da volere dell'affondatore della *Viribus Unitis* a Pola Raffaele Paolucci. Si rivelerà un'apoteosi di reduci. Che la matita di Achille Beltrame sulla «Domenica del Corriere» eternerà.

Pietro Dell'Osa rappresentava l'orgoglio degli ex al fronte, per lo più in transito verso il fascismo. Pianse quando gli lessero l'iscrizione sulla roccia: «Ai figli d'Abruzzo morti combattendo per l'Italia e sepolti lontano tra le Alpi e il mare la Majella madre vi guarda e benedice in eterno». S'era sentito in colpa per essere tornato. Gli sembrava persino ingiusto ricevere il vitalizio. Carico di croci di ferro e nastrini tricolori s'era fatto trovare circondato dai suoi beni più preziosi: i cinque figli. Nicola, Donato, Paolo, Antonio e Silvio. Che teneva sulle spalle non potendolo abbracciare.

Pietro era il riferimento dei grandi mutilati di guerra della zona. Classe 1890, di mestiere carbonaio sui monti, già reduce del conflitto italo-turco, era stato spedito sul Carso come fante. Non s'era risparmiato fino a quando lo scoppio d'una granata austriaca gli aveva staccato le braccia, procurato un'infinità di ferite alle gambe e tolto l'udito. Rispedito a casa dopo peripezie negli ospedali da campo divenne cieco. Un'ulteriore conseguenza dell'esplosione. Nonostante le mutilazioni s'ingegnò a essere utile nell'orto. Di restare tutto il giorno su una seggiola non voleva saperne. Come non aveva voluto rinunciare a una bella famiglia. Mai una volta che avesse maledetto l'incidente con «la bomba». Questo status di eroe dall'esistenza normale lo aveva reso noto in provincia di Chieti. Aveva contribuito anche la fotografia che troneggiava in casa sua come una reliquia. C'era scritto

«Al mio compagno Pietro Dell'Osa. Firmato Gabriele D'Annunzio. Gardone Riviera, settembre '22». Tutto vero. E la notizia fu ripresa anche il 15 settembre 1929 quando il «Giornale d'Abruzzo e Molise» lanciò la Coppa dell'Ascensione a Francavilla al Mare. Una gara impreziosita dalla presenza di Giuseppe Bottai e Giacomo Acerbo per premiare la famiglia più numerosa d'Abruzzo. Iniziativa che poi sarà ripresa a Torino anche dalla «Gazzetta del Popolo» diretta da Ermanno Amicucci.

Pablo Dell'Osa

«Il figlio della colpa»

Il nonno si chiamava Gustavo Fantinati ed era nato il 19 settembre 1876 a Bottrighe (Rovigo). Figlio della colpa, cioè nato da un latifondista di Treviso – tale Rossati, non so se borghese o aristocratico, che aveva vasti possedimenti nel Polesine – e da una sua contadina, poi fatta sposare, come spesso accadeva, a uno dei suoi dipendenti. Era un uomo alto e piuttosto bello, si racconta viziatissimo dalla madre. Liberale di simpatie giolittiane, più tardi in eterna lite coi figli maschi acquisiti ai miti del fascismo. Fu arruolato nel '15, si fece tutta la guerra, e tornò a casa solo dopo Vittorio Veneto. Non rimane della sua partecipazione alla Grande Guerra che questo tenue sbiadito ricordo, ma vorrei poterlo salvare.

Pier Paolo Pedriali

«Quando prese prigionieri un sacco di austriaci»

Mio nonno, Andrea Villa, è nato nel 1892 a Sesto San Giovanni, vicino a Milano. Fu chiamato a fare il servizio militare nel 1912. Rivide i suoi genitori dopo sette anni. Era quasi arrivato al congedo, quando in caserma cominciò a girare la voce che l'Italia sarebbe entrata in guerra; lui però si sentiva ormai sulla strada di casa. Arrivò invece un alto ufficiale ad annunciare che ormai era deciso: i congedi non sarebbero mai arrivati. Gli fu quindi impedito di lasciare la caserma e con altri soldati venne spedito al fronte, coinvolto nella mobilitazione il 24 maggio 1915, come risulta da documenti che ancora abbiamo. Mio nonno non era tipo da disperarsi, ma quando gli diedero la notizia si sedette in un angolo e scoppiò a piangere.

Era caporale del 9° Reggimento Artiglieria da Fortezza (in un altro documento si parla del 9° Artiglieria da Campagna). Mia madre Giancarla mi ha detto che, per la verità, era stato nominato caporalmaggiore, ma poi pare che lui e altri ragazzi abbiano fatto una birbonata (mia madre non si ricorda quale) e gli venne tolto il titolo di «maggiore», restando caporale semplice.

All'inizio fu mandato sui monti sopra Asiago. Raccontava degli arditi, sempre ubriachi prima di un assalto alla baionetta: facevano impressione per violenza e coraggio, si truccavano con strisce nere sul viso, attaccavano urlando e alcuni col coltello tra i denti e, in generale, non erano tipi molto raccomandabili. Ricordava di aver visto morire tanti amici, giovani come lui, e un numero impressionante di feriti, alcuni molto gravi. Mio nonno miracolosamente non riportò neanche un graffio, credo che sia stato uno dei pochissimi a tornare completamente indenne, e lui stesso non si spiegò mai questa incredibile fortuna. Raccontava spesso di quando, con un altro soldato, mentre portava dei pezzi di artiglieria su una montagna, si trovarono di fronte gli austriaci che cominciarono a gettare granate. I due sentirono il sibilo della granata avvicinarsi, il suo compagno decise di ripararsi dietro un grande masso a poca distanza, mio nonno capì che non sarebbe arrivato in tempo e si riparò dietro un tronco. La granata arrivò al masso, lo fece reclinare su se stesso e il ragazzo morì schiacciato.

Mio nonno riuscì, con un piccolo numero di soldati guidati da un giovanissimo tenente, a fare molti prigionieri mentre tornavano da una ricognizione (i nemici erano almeno quattro o cinque volte più numerosi di loro). Sentirono parlare tedesco e capirono che c'erano dei nemici riparati in una galleria dentro la montagna, probabilmente stavano mangiando perché chiacchieravano, ridacchiavano e usciva del fumo dalla galleria. Siccome gli Italiani erano pochissimi, organizzarono una messinscena: entrarono decisi con le armi in pugno dentro la montagna, facendo credere che all'esterno ci fosse un intero battaglione nascosto. Dissero che non li avrebbero uccisi ma che li avrebbero fatti prigionieri se avessero fatto come gli veniva ordinato. Presero il nemico di sorpresa, senza armi alla mano, nessuno fece resistenza. Li fecero uscire incolonnati, mentre ogni tanto il tenente urlava verso l'immaginario battaglione di non sparare, di stare ben nascosti, che era tutto sotto controllo, di fare attenzione e ancora non sparare! Il numero dei prigionieri che usciva dalla galleria aumentava di continuo, mio nonno e gli altri avevano intuito che fossero tanti, ma non pensavano così tanti! Li portarono al campo, sotto gli occhi sorpresi di tutti.

Un episodio piuttosto drammatico accadde in prossimità di un fiume. Dovevano avanzare, c'era molta tensione e un ufficiale diede ordine di passare un ponte. Un primo soldato avanzò sul ponte ma venne freddato. L'ufficiale diede ordine a un altro soldato di passare e anche questo venne ucciso. Arrivò ancora l'ordine di avanzare, ma a quel punto alcuni soldati si ribellarono, presero l'ufficiale per il collo minacciando di ucciderlo, se non avesse revocato l'ordine. Seguirono momenti drammatici, coi compagni già morti sul ponte. Qualcuno propose di trovare una diversa strategia per avanzare e di allontanarsi da quel posto, perché sarebbero morti tutti. L'ufficiale diede ordine di ritirarsi.

Sappiamo per certo che mio nonno fece la ritirata di Caporetto. Non conosciamo però dettagli. Finita la guerra, tornando a casa a piedi, Andrea passò per la campagna di Verona, dove incontrò Maria, mia nonna, che sposò e portò a Milano. La Milano dell'immediato dopoguerra era orrenda agli occhi di una contadina veronese, che si aspettava tanto dalla grande città e rimase delusa. Gli uomini, soprattutto in periferia, portavano sempre il coltello alla cinta, spesso c'erano risse e i ragazzi milanesi avevano l'orecchino, un cerchietto d'oro che pendeva da un solo orecchio come le pop star di oggi. Dicevano che l'oro all'orecchio avrebbe protetto la vista, così giustificavano il vezzo. Sovente i milanesi erano miserabili, non usavano tovaglie a tavola né tende alle finestre, qualche volta li si vedeva mangiare alla porta con la scodella in mano. Se proprio dobbiamo dirla tutta, spesso appendevano le lenzuola ben in vista dopo la prima notte di nozze, come nei paesini del Sud. Questa umiliazione, fortunatamente, non fu procurata a mia nonna, che era entrata in una famiglia umile ma già più evoluta di altre. Forse quello che scrivo potrebbe sorprendere i Milanesi di oggi, ma era proprio così.

Di mio nonno conserviamo ancora la croce al merito di guerra, due medaglie e quattro attestati del Regio Esercito Italiano. Guardando le foto, penso che era stato mandato a combattere un giovane con splendidi occhi azzurri. Mi perdoni la digressione fuori contesto, ma sono quegli occhi così belli che hanno visto le cose che ho raccontato.

Elena Ghigo

«La foto con il colbacco d'orso»

La storia di mio nonno paterno credo sia un poco diversa dalle altre. Il nonno è morto quando io avevo solo sei anni e la sua storia di guerra così mi è stata raccontata.

Giuseppe Alberti nacque a Bocenago nel 1882, come suddito dell'impero austroungarico, pur essendo discendente da boscaioli del Trentino da almeno tre generazioni. Si sposò con Virginia Pollini, nata a Pelugo, ed ebbe cinque figli di cui l'ultimo, nato nel 1913, sarebbe diventato mio papà.

Allo scoppiare delle ostilità nonno Giuseppe fu chiamato a Vienna, insieme ad altri suoi conterranei, per passare a una specie di revisione dei «ribelli tridentini» ed essere poi arruolato tra le file dell'Imperial Regio Esercito Austro Ungarico, nel Genio. Combatté all'inizio sul confine italiano e fu poi trasferito sul fronte orientale in Bucovina (1916), dove l'Austria inviò un enorme contingente di soldati per difendersi dall'attacco dell'impero russo. Fu una strage su entrambi i fronti ed egli, pur salvandosi, fu fatto prigioniero dai russi e trascorse circa un anno di internamento in un campo di prigionia presso il Don, di cui sappiamo il nome (pare fosse vicino a Nikolaevka, dove i nostri alpini avrebbero poi combattuto la tragica battaglia durante la ritirata di Russia).

Fu liberato dopo la Rivoluzione d'ottobre e riuscì a rientrare in Trentino, dopo mesi di viaggio a cavallo, in calesse e anche a piedi, poco prima della fine della guerra. Il buon «Bepi», divenuto cittadino italiano a tutti gli effetti, decise di trasferirsi con la famiglia a Milano, precisamente a Greco Milanese (comune non ancora inglobato nella metropoli), e ritornò a Bocenago alla fine degli anni Trenta, perché – diceva – gli mancava l'aria della sua Val Rendena. Le allego la foto del nonno a Vienna e della famiglia a Milano. Purtroppo non sono riuscita a trovare la foto del nonno prigioniero in Russia con tanto di colbacco d'orso e la dedica a nonna Virginia. Se salta fuori, la avverto.

Maria Rosa Alberti

«Per chi è morto Egisto Sabatini?»

Mio nonno si chiamava Egisto Sabatini e morì nella furiosa battaglia che si svolse nel giugno 1917 sul Monte Ortigara. Di lui mi rimangono solo una piastrina di riconoscimento con il nome, una medaglia di bronzo attaccata a un nastrino con i colori della patria e una piccola foto in divisa militare, dove appare un bell'uomo con gli occhi buoni e onesti delle persone semplici, vicino ad altri commilitoni morti durante la Grande Guerra.

Di lui so poco. Mia nonna piangeva se parlava del marito. Fu lasciata vedova a soli 26 anni, con due gemellini di tre: mio zio e mia mamma. Vendette alcuni campi che possedeva e s'improvvisò lavandaia per crescere i suoi figli. A entrambi assicurò un avvenire: sarta mia madre e finanziere mio zio. Soprattutto, inculcò loro un grande valore di onestà che mi è stato trasmesso e di cui sono fiera.

Quando iniziai a frequentare l'università e ad appassionarmi alla storia mi tornò in mente mio nonno e la volontà di sapere dove era stato sepolto o almeno dove riposavano i suoi resti. Insieme a mio zio cominciammo a scrivere al ministero della Difesa senza ricevere risposta, finché grazie a un amico finanziere venimmo a sapere che la maggior parte dei poveri resti di quella sciagurata battaglia si trovavano in un ossario a Vittorio Veneto. Così ci siamo ritrovati davanti a una fredda lapide di marmo e abbiamo potuto dire una preghiera.

Al mio paese, dove riposano anche le ceneri di Indro Montanelli, c'è una Cappella dei caduti tenuta in un degrado incredibile. Ogni anno vado ad accendere un lumino alla memoria di mio nonno, il cui nome è impresso in una lapide di marmo e mi domando per quale patria sono morti tutti quei soldati. Indro diceva che un Paese che non ricorda il passato non ha futuro, e ce ne rendiamo conto oggi quando sentiamo fischiare l'inno nazionale. Il nostro mi sembra ormai un popolo senza identità. Davvero: per chi è morto mio nonno, e tanti come lui?

Mirella Ugolini

«Cichino si cavò tutti i denti»

Un antenato della mia famiglia, Francesco Barbiero detto Cichino, nato nel 1896 a Mombarcaro, il paese più alto delle Langhe – si chiama così perché nelle giornate terse dalla cima della collina si vedono le barche nel Mar Ligure –, fu mandato in guerra nel 1915, a 19 anni. Partì per il fronte insieme al suo migliore amico, Carlo Luzzo, e a suo fratello Ernesto Barbiero, nato nel 1895.

A ognuno fu assegnato un compito diverso. Ernesto fu messo al servizio del cappellano militare don Roattino, che era di Sale Langhe, cioè delle sue parti. Carlo Luzzo fu mandato in prima linea e perse la vita. Cichino, sconvolto per la morte dell'amico, promise a se stesso che avrebbe fatto qualsiasi cosa pur di non essere mandato in trincea. Così si fece estrarre tutti i denti, sostenendo che gli procuravano atroci dolori, anche se in realtà erano tutti sani. Rimase nell'esercito sino alla fine della guerra, ma non partecipò a nessun combattimento.

Tornò a casa nel novembre 1918, con suo fratello Ernesto e con un grande dolore: aveva perso Carlo, il compagno di scuola, il coscritto e l'amico con cui, in paese, faceva squadra per tagliare il fieno, mietere il grano, arare i campi e spogliare la meliga, al tiepido della stalla, nelle notti nebbiose d'autunno.

Franca Benedusi

«Mio papà prigioniero a Mauthausen»

Mio padre, Felice Zandano, classe 1895, Cavaliere di Vittorio Veneto, ha combattuto nel 3° Reggimento Alpini, 84° Compagnia, Battaglione «Exilles» comandato da Vincenzo Arbarello, alla conquista il 16 giugno 1915 del Monte Nero, dove perì in battaglia l'eroe Alberto Picco. Dopo la battaglia mio padre, che aveva 19 anni, fu fatto prigioniero dagli austriaci che lo deportarono nel campo di prigionia di Mauthausen, dove nel 1938 Hitler fece costruire il suo lager. A Mauthausen papà rimase fino alla fine della guerra, mangiando solo patate. Dormiva su un giaciglio dove i topi facevano il nido. Forse la sua giovane età gli permise di sopravvivere, mentre molti altri italiani spirarono.

Non so se questo racconto possa interessare il suo libro, ma sarò ben lieta, nonostante la mia età avanzata (sono nata nel 1925), di poterlo leggere. Chi le scrive questa mail è mia nuora Anna Riganti, il cui nonno Alfredo combatté come fante nella Grande Guerra. Però non ne parlava mai. L'unico ricordo è la spada con cui combatteva sul Carso.

Maria Zandano

«Gli austriaci lo deridevano, e lui sparò»

Nonno Agostino era un trovatello cresciuto in un orfanotrofio. Era abituato a sentire i morsi della fame, a patire il freddo, a non avere nessuna carezza.

Nonno Agostino chiamato sotto le armi nella Grande Guerra si ritrovò a Caporetto, e in fuga insieme a tanti altri in quella disfatta terribile. Aveva visto il nonno tanti morti, troppi morti, e nella sua testa cercava come sempre il modo di sopravvivere e salvarsi, che questo aveva sempre fatto, da quando era nato.

Correva insieme a molti altri, correvano insieme e scappavano dal fronte della battaglia; e a un certo punto vide un drappello di persone e in mezzo qualcuno che urlava, e lui cercò di avvicinarsi, erano ufficiali, voleva capire se c'erano ordini oppure indicazioni su cosa fare.

Cercò di farsi largo per meglio comprendere, nel mezzo c'era un generale che urlava come un pazzo ai suoi ufficiali. Poi il generale lo vide e tacque, e facendosi largo fra i suoi gli andò incontro. Gli mise una mano sulla spalla e gli disse: «Bravo soldato, sei l'unico ad avere ancora il tuo moschetto in spalla!».

Il nonno non sapeva perché lui lo tenesse ancora, forse era semplicemente accaduto che non lo avesse perduto, o non lo avesse buttato. Correvano tutti verso il Piave, e anche lui seguendo la massa di poveri soldati; e quando fu a una certa distanza vide il ponte gremito di soldati italiani saltare in aria, e con il ponte quei poveri corpi straziati.

Il ponte lo avevano fatto saltare gli artificieri italiani per tagliare la strada al nemico, e gli ordini impartiti non prevedevano di salvare altre vite umane, che non avevano alcuna importanza: chi aveva dato quello scellerato ordine era italiano, come tutti quei poveri morti maciullati nell'acqua del fiume o appesi su quello che restava del ponte.

Il nonno allora tornò indietro, e non sapeva dove andare, non sapeva che fare: aveva fame, freddo e aveva paura. Nella fuga incontrò un paesino, e vi entrò. Ma c'erano soldati austriaci là, che appena lo videro cominciarono a beffarlo, «soldato italiano», e ridevano. Certo era lacero sporco e spaventato; allora si gettò in un fosso, e cominciò a sparare verso quei soldati che lo deridevano. Forse non se lo aspettavano, e qualcuno cadde sotto i suoi colpi; ma il nonno non restò a guardare, approfittò dello sbandamento di quelli per riprendere la fuga, e si buttò nei boschi, che forse erano più sicuri.

Gli austriaci cercavano i soldati italiani fuggiaschi per farli prigionieri. Il nonno riuscì per qualche tempo a nascondersi, nutrito talvolta dalla mano pietosa di qualche contadino. Entrato in un villaggio per cercare cibo, incontrò di nuovo gli austriaci: si gettò in un abbeveratoio per le mucche e si coprì di fieno. I soldati nemici in perlustrazione affondarono le baionette nella paglia e l'avrebbero infilzato se qualcuno non li avesse distolti, il latrare di un cane forse che li fece girare e cercare altrove. Non riuscì il nonno a nascondersi a lungo; lo trovarono e lo deportarono in Austria in un campo di prigionia, e con lui tanti altri.

Come sopravvisse non lo so, il cibo era costituito da barbabietole in salamoia, ma il suo fisico era abituato agli stenti, e forse anche da quel poco riusciva a trarre sostentamento. Venne liberato come tanti altri con l'armistizio del 1918. Il nonno tornò in Italia, aveva ventisei anni, e un orrore negli occhi che mai raccontò a mio padre, mai fino in fondo. Le sarei grata se pubblicherà il suo ricordo. Era un uomo buono e di un'onestà grande. Emigrò poi in Francia, e fece il minatore in Lorena. La silicosi lo uccise che aveva solo cinquantanove anni.

Gabriella Cipriani

«Il compagno annegato nel Timavo»

I miei nonni, Pietro Alloatti, classe 1890, e Giuseppe Gallina, classe 1897, parlavano spesso della Grande Guerra, a cui entrambi avevano partecipato. Col trascorrere degli anni, ormai sono anziana anch'io, i ricordi si intrecciano e si modificano, per cui mi limito a narrare due fra gli episodi da loro raccontati, probabilmente quelli vissuti più intensamente.

Nonno Pietro, come quasi tutti i suoi coetanei, parte per la guerra; per tre lunghi anni è militare in varie parti d'Europa, sopravvivendo ai terribili inverni vissuti in condizioni disumane, affrontando malattie, fame, gelo e neve. La sera, in trincea o negli accampamenti, tornava il ricordo e la nostalgia di casa.

Dopo vari combattimenti in cui riesce a salvare la pelle viene fatto prigioniero a Leopoli, una città che ricorderà per sempre, perché l'esperienza di un campo di prigionia non si può dimenticare. Il campo si affaccia su una campagna desolata e distrutta dalla guerra, unica presenza umana è quella di una donna senza una gamba, che ogni mattino si avvicina al reticolato e porta un secchio di latte ai prigionieri; parla una lingua incomprensibile, ma con quel suo povero dono riesce ad alleviare la fame aiutando a sopravvivere molti uomini ormai allo stremo.

La guerra finalmente finisce e i prigionieri sono liberi; Pietro impiegherà ancora mesi per ritornare a casa, qualche tratto in treno, la maggior parte dei chilometri a piedi, dormendo dove capita, mangiando quello che trova. Un giorno un colpo di fortuna: in un campo scopre delle patate dimenticate, accende un fuoco e usa come pentola una vecchia latta arrugginita, la latta si fonde, le patate cadono nella brace che si spegne; Pietro le prende e mangia: patate mezze crude, buccia, cenere e lacrime. Non importa, pur ancora lontano, pregusta già l'aria di casa; tutti quelli che riescono a camminare stanno facendo ritorno.

Il nonno non sa ancora che di tutta la sua numerosa famiglia, genitori e otto fratelli e sorelle lasciati al paese, è rimasta soltanto una sorella che ha visto morire di spagnola padre madre e le altre sorelle, mentre i fratelli partiti anche loro per la guerra non ritorneranno più.

Voci di paese portate dai soldati riferiscono che Pietro è vivo, ma che ha perso una gamba, la sorella pensa che anche se impiegherà più tempo per tornare l'importante è che almeno lui sia sopravvissuto. Quando finalmente Pietro ritorna a casa, con un piede congelato, ma ancora al posto giusto, non crede ai suoi occhi: pensava di avere patito già tutto, eppure la fame, il freddo, l'orrore della guerra stessa non l'avevano sconvolto quanto il ritrovarsi in una casa vuota. Se durante i combattimenti in trincea, nei lunghi mesi di prigionia, nelle marce estenuanti del ritorno era stato sorretto dalla forza della speranza di riabbracciare i suoi familiari, in un attimo scopre che la guerra non ha solamente sconvolto il mondo intero, ma ha distrutto la sua famiglia.

Pietro riceverà poi delle medaglie e la croce di guerra e verrà infine nominato Cavaliere di Vittorio Veneto. «Mi hanno fatto cavaliere per scriverlo quando sarò morto» sarà il suo amaro commento; ma in fondo questo titolo arrivato dopo mezzo secolo lo rese orgoglioso.

Voglio parlare anche dell'altro nonno. Quando scoppia la guerra Giuseppe è ancora giovane e questo è un sollievo per lui: si preannuncia una guerra lampo e la sua famiglia pensa che egli non vi parteciperà. Si sbagliano, Giuseppe viene chiamato al fronte e non sarà fra i più giovani, anche le due classi successive, i ragazzi del 1898 e del 1899, dovranno combattere.

Per sua fortuna non è in prima linea e fra i soldati di nazionalità diversa, accomunati dalla giovinezza, ci sono spesso gesti di amicizia, come i lanci da una trincea all'altra di sigarette o di cose da mangiare. Erano armati e pronti alla lotta perché questo era l'ordine indiscutibile cui bisognava ubbidire, ma tutti ne avrebbero fatto volentieri a meno.

Proprio il fatto di essere così giovane porta Giuseppe a compiere un'imprudenza. Sta finendo l'estate, fa ancora caldo nelle assolate campagne venete, insieme a due compagni si allontana dal campo senza autorizzazione per andare a rinfrescarsi nel Timavo. È un bravo nuotatore, anche se non ha mai visto il mare, ha imparato nel Po, non ha paura. Uno dei suoi amici si trova presto in difficoltà nell'attraversare il fiume, annaspa, poi riemerge, riesce comunque a raggiungere la riva opposta. Giuseppe gli dice che se non se la sente di ritornare a nuoto possono camminare alla ricerca di un ponte, oppure organizzarsi per aiutarlo, ma l'altro ribatte che ce la fa benissimo a nuotare da solo. Si rituffano e il nonno sente un urlo di aiuto, cerca invano di soccorrere il compagno, trova un ramo, ma l'altro non riesce ad afferrarlo, con il ramo sfiora la sua schiena, mentre lui annega.

Quel ragazzo morto invocando il suo nome rimarrà nella sua memoria più di tutti gli altri compagni caduti in battaglia. Non si sente responsabile, ma continuerà a domandarsi perché non sia riuscito a salvarlo.

I due superstiti devono presentarsi dal colonnello per denunciare la morte dell'amico e spiegare la loro fuga. Per punizione vengono mandati a combattere in trincea. L'umidità della terra e il fresco della notte provocano a Giuseppe i reumatismi, il ginocchio diventa rigido; chiede una visita, ma l'ufficiale medico lo accusa di fingere, gli colpisce la gamba con il calcio del fucile, poi acconsente a farlo ricoverare nell'ospedale da campo. Lui sale a fatica sul camion che lo porta nelle retrovie, ignaro del fatto che la sorte gli sta salvando la vita: pochi giorni dopo, la disfatta di Caporetto portò la morte a tutti i suoi compagni che combattevano in prima linea. Egli invece ritornerà a casa con tre medaglie e tanti ricordi, portando nella memoria quei luoghi che vorrebbe ritornare a vedere in tempo di pace. Poi però non l'ha mai fatto.

Piera Alloatti

«Scriveva lettere anche per gli altri»

Mi prende ancora tanta emozione a raccontare ciò che ricordo della partecipazione alla Grande Guerra di mio nonno Mario Loffreda, classe 1890, di Isola del Liri (Frosinone).

Il nonno aveva già partecipato alla guerra italo-turca nel 1912, 18° Reggimento Fanteria, di cui conservo medaglia commemorativa. Del '15-18 conservo la Croce di Merito di Guerra (18° Corpo D'Armata - 23° Fanteria).

Nonno Mario faceva parte del reparto degli «Zappatori», essendo di origine contadina. Ha combattuto sul Carso, in particolare sul San Michele. Quando ne parlava gli scendevano ancora le lacrime sulle guance; per questo le sue parole e i suoi ricordi mi sono rimasti nel cuore. Tre anni fa sono anche andato sul Monte San Michele, cosa che mi ero ripromesso di fare da tanto tempo.

I ricordi di mio nonno erano soprattutto sulla grande carneficina che vedeva, sia per i continui bombardamenti che avevano tolto qualsiasi forma di vegetazione dal suolo, rendendo davvero molto macabro vedere gli intestini dei poveri soldati appesi a quei pochi alberi rimasti dopo i massicci bombardamenti, sia per i primi attacchi con il gas. Per salvarsi, con i compagni cercavano una parte di suolo leggermente rialzato, dove si sdraiavano per terra a raggiera, con gli elmetti che quasi si toccavano, e fumavano i sigari toscani (il nonno ha fumato sino alla morte nel 1969): il fumo dei sigari, concentrato tra i 4-5 o più soldati, formava una specie di cortina fumogena che il gas lanciato dagli austroungarici non riusciva a penetrare.

Altra storia che mi raccontava è che durante una licenza, tornando a casa sul treno che lo riportava a Frosinone, incontrò un prete a cui raccontò anche la sua vicenda familiare: aveva infatti lasciato a casa con la moglie, mia nonna

Clementina, un primo figlio, Paolo, nato nel 1914 (poi diventato carabiniere e decorato con la medaglia d'oro al valor militare durante la seconda guerra mondiale). Il sacerdote, conscio di questo enorme dispiacere che il nonno si portava appresso, gli scrisse alcune righe su un foglio e gli disse di non privarsene mai. Mio nonno prese il biglietto e lo conservò nel suo portafoglio. Mia nonna lo aspettava a casa con la tinozza pronta, per liberarlo finalmente dai pidocchi che si riportava dalle trincee del Carso. Consumata la licenza e ritornato sul fronte, durante un bombardamento delle trincee venne colpito da una scheggia di artiglieria al petto che gli si conficcò nel portafoglio dove conservava il foglio del prete, insieme con altri documenti, che fecero da barriera e gli salvarono la vita.

Mio nonno Mario è stato fortunato ma i 670.000 soldati massacrati, direi quasi inutilmente, chiedono ancora giustizia. In occasione del centenario, sarebbe stata cosa meravigliosa fare una rigorosa ricostruzione storica di quanto accaduto, e trasmetterla anche in varie puntate in televisione. Ho ascoltato al riguardo il nostro grande regista Ermanno Olmi, che conosce molto bene queste vicende. Spero di aver fornito qualche spunto utile al suo libro e in memoria di un uomo molto umano come mio nonno Mario.

P.S. Mio nonno sapeva scrivere, cosa che non tutti sapevano fare cento anni fa, e spesso scriveva anche per i suoi compagni.

Carlo Loffreda

«Mio papà volava su aeroplani di legno»

Sono nato nel 1932. Mio padre aveva fatto la Grande Guerra nel Battaglione Aviatori ma, a parte le medaglie raccolte in una bacheca, il casco, gli occhialoni e pochi altri cimeli conservati in una vetrinetta, non sapevo altro: lui evitava sempre di parlarmene, ma capitò un'occasione che mi permise di vincere la sua reticenza. Mio padre era da sempre socialista e durante il regime fascista ricordo bene come veniva trattato. Un giorno del 1935 o del 1936 accompagnavo i miei genitori alla manifestazione organizzata dal Fascio a Frascati per la consegna delle fedi nuziali alla patria quando un mio coetaneo, che mi camminava accanto, molto felice per la circostanza e perché accompagnava il padre in divisa grigioverde da ufficiale, mi interpellò chiedendomi cosa avesse fatto mio padre per la patria. La domanda mi creò imbarazzo ma, senza pensarci troppo, risposi che aveva fatto una lunga guerra e l'aveva vinta volando con aeroplani di legno. Lui non mi credeva, ma suo padre che aveva sentito lo rimproverò e gli disse: «Il papà di questo bambino è stato un eroe e un esempio». Mio padre rimase in silenzio ma appena a casa mi fece una ramanzina e mi pregò di non parlare mai più con nessuno di queste stupidaggini. Io promisi ma volli che mi raccontasse qualche sua esperienza. Cominciai così a sapere della sua vita da soldato, e i suoi racconti, benché riportati in forma semplice, mi mettevano dentro angoscia e paura che dovesse ritornare al fronte.

Arrigo Crisanti era un giovane tecnico della classe 1895, già dipendente della Società Elettrica che aveva portato la luce a Roma. Nel 1915 ha già finito il servizio militare, ma il 7 dicembre 1915 viene richiamato alle armi e arruolato nel Battaglione Aeronautico, in forza alla 12ª Squadriglia Caproni da bombardamento con la qualifica di elettricista, ma nel tempo ricopre anche il ruolo di motorista a bordo di biplani Caproni da 300 HP, tipo A10, trimotori di tela e legno. Fino al settembre 1916 la 12ª Squadriglia opera sul confine austro-ungarico, di stanza negli aeroporti dislocati tra Verona e Vicenza. Le loro missioni sono incursioni contro Zeppelin tedeschi, bombardamenti di obiettivi sensibili e anche di trincee e retroguardie nemiche. Altezza dei voli 300-800 metri, quindi rischi provenienti anche da semplici cecchini. Nella seconda settimana di settembre 1916 alla sua squadriglia viene assegnata una missione speciale: raggiungere la periferia di Gorizia e radere al suolo un edificio considerato punto strategico della difesa austriaca contro l'avanzata italiana. Arrivati sulla verticale, in una bellissima giornata di sole, si rendono conto che dalla struttura escono un centinaio di bambine: era una scuola elementare ed era l'ora della ricreazione. Momenti terribili di esitazione; poi il capo squadriglia dà l'ordine di tornare indietro. Siccome è considerata un'operazione importante, al rientro è prevista una cerimonia. Dopo l'atterraggio tutto il contingente della squadriglia è sull'attenti davanti all'alto comando della base, che attende il comunicato ufficiale del capo squadriglia. Un silenzio mortale cala sul campo d'aviazione dopo la dichiarazione di «missione non compiuta» e dall'alto comando si grida al tradimento, alla connivenza con il nemico, alla diserzione: significa fucilazione immediata per alto tradimento per più di cinquanta militari di tutti i gradi.

Non andò così: per mancanza di unanimità dei componenti l'alta gerarchia il caso fu demandato alla decisione del tribunale militare che si sarebbe insediato con urgenza; nel frattempo la squadriglia al completo fu trattenuta agli arresti. Siccome gli aviatori mancavano, si decise di non fucilarli ma di trasferire per punizione la squadriglia in Tripolitania e Cirenaica per contrastare le rivolte arabe.

Mio padre e gli altri arrivarono a Tripoli il 22 settembre 1916, nell'aeroporto di Zuara. Gli aerei erano poco sicuri, spesso capottavano in atterraggio, le fucilate sparate da terra provocavano danni ingenti a serbatoi e motori perché, per attaccare il nemico, si volava a bassa quota e, come capitato più volte, moriva il pilota. Il ruolo ufficiale di mio padre sul Caproni era di mitragliere: non era certo un posto tranquillo, stare in piedi o accucciato dentro una gabbia da trapezista, al freddo, alla pioggia, al caldo soffocante tranne quando arrivavano a 5000 metri per controllo motori, a 35 gradi sottozero, svolazzante nel vuoto e battagliando su deserti e montagne, mare e oasi. Si mangiava una volta al giorno, la sera: una gavetta piena di riso; per mangiare qualcosa d'altro pescavano di nascosto qualche pesce. La loro attività è però servita anche per effettuare ricerche per il miglioramento dei materiali e delle tecniche di assemblaggio degli apparecchi, oltre che per sperimentare le prime apparecchiature trasmittenti-riceventi dei nuovi mezzi di comunicazione a distanza. A fine guerra non tornarono a casa ma rimasero sotto le armi fino al 27 giugno 1919.

Mi è capitato spesso di pensare a mio padre come a un esaltato che ogni volta giocava con la morte; e quanti saranno stati in quella maledetta guerra i mitraglieri a cavallo dei Perseo? Senz'altro un numero irrisorio rispetto ai 4.200.000 soldati italiani, forse 100 o 200 non di più, e quanti saranno tornati a casa? In realtà, mio padre non era un pazzoide bensì un giovane già nel nuovo secolo, sempre alla ricerca di obiettivi rinnovatori della vita sociale; la guerra fu la sua parentesi negativa, ma nel corso della sua vita ha lavorato per la crescita tecnologica finalizzata alla convivenza civile e al miglioramento delle società umane. Mio padre ottantatreenne è morto da 37 anni, io ora ne ho 82. Mi scuso per le tante parole ma l'occasione è troppo coinvolgente ed io, contravvenendo agli ordini del mio papà, sentivo la necessità, da sempre, di far sapere che di eroismi anche diversi ce ne sono stati tanti e meritevoli di menzione.

Giulio Crisanti

«I bisnonni partirono a cercare il figlio»

Questa breve storia racconta come i miei bisnonni Anna Manetti e Ottavio Regoli hanno affrontato il dramma della prima guerra mondiale.

Il loro figlio Achille Regoli, nato nel 1898 alla Sassa, frazione di Montecatini, come tanti altri giovani contadini viene arruolato e spedito al fronte. Alla fine della guerra i genitori vengono informati che Achille è ricoverato a Milano perché sta male.

Anna e Ottavio, che non si erano mai allontanati dai loro campi, decisero di andare a Milano per trovare Achille. Il viaggio in treno fu una vera avventura perché durò tre giorni! Quando alla fine giunsero all'ospedale, il loro ragazzo era già morto. Era il 6 febbraio 1919.

Mio nonno Ferdinando Regoli, fratello di Achille, mi ha sempre raccontato questa storia e ogni volta si meravigliava del coraggio che Anna e Ottavio avevano dimostrato sollecitati dall'amore per un giovane figlio vittima di una spaventosa guerra.

Tatiana Regoli

«Era più facile raccontare della Libia»

Quand'ero bambino, mio nonno Attilio si sedeva accanto al letto e mi chiedeva: «Vuoi racconti di terra o di mare?». Poi cominciava a parlare del Golfo della Gran Sirte, di Bengasi, dei beduini e degli ascari, dei berberi con le sciabole e delle dune mobili del deserto, dei grandi e forti Granatieri di Sardegna e delle stelle del cielo sul deserto: non ne aveva mai più viste tante in tutto il resto della sua vita, durata 92 anni.

Mio nonno era Attilio Franchini, nato il 16 dicembre 1892 a Vigevano, ultimo di 5 figli. Nasce in una famiglia di piccoli commercianti di tessuti e cresce in via Santa Croce, traversa di Piazza Ducale, che per tutta l'infanzia sarà il suo luogo di gioco. Era la «sua» piazza, con i portici dei «signori», quelli sul lato in ombra, sotto la Torre bramantesca del castello visconteo, e i portici dei cittadini e dei poveri, sul lato soleggiato opposto.

A 14 anni Attilio comincia l'apprendistato in una impresa edile per imparare il mestiere di muratore, ma studia anche estimo e disegno tecnico alle scuole serali della Cooperativa Muratori di Vigevano per diventare perito edile. Sogna di disegnare case. Gioca come portiere nelle squadre di calcio amatoriali di Vigevano, perché è un ragazzo alto 1 metro e 82, forte e di «buona costituzione». Per questo a 18 anni, chiamato alla leva militare, viene arruolato nella Brigata Granatieri di Sardegna, 1° Reggimento di stanza a Roma: è il corpo più antico di fanteria del Regio Esercito, composto da soldati scelti e addestrati per azioni di avanguardia, attacco e sfondamento. Lui ne andava molto fiero, era un punto d'onore che ha sempre sottolineato nei suoi racconti di guerra.

Mi raccontava che nel battaglione i soldati tendevano a socializzare per gruppi di provenienza regionale e linguistica. I dialetti e le diverse consuetudini erano ancora un ostacolo molto forte, e le diffidenze reciproche tra lombardo-veneti-piemontesi e «meridionali della Bassa Italia» erano ancora ben radicate e sfociavano a volte in scontri fra gruppi «etnici», ai quali seguivano punizioni e consegne collettive da parte degli ufficiali.

Nell'ottobre 1911 il suo battaglione viene imbarcato a Napoli e spedito a conquistare la Tripolitania e la Cirenaica, nella 3ª Divisione Speciale comandata dal Tenente Generale De Chaurand (che lui pronunciava come si scrive). In Libia Attilio viene per la prima volta a contatto con uomini di colore: i reparti di ascari, soldati eritrei, sudanesi e libici, arruolati in affiancamento ai reparti italiani, particolarmente arditi e aggressivi, che combattono scalzi, con la divisa bianca, la fascia e il fez biancorosso. Ma quelli che più lo impressionano sono i beduini del deserto, alleati all'esercito turco: sono abili cavalieri, vestiti con tuniche e turbanti e combattono con armi bianche come pugnali, sciabole e scimitarre ricurve.

L'attrezzatura dei Granatieri non è diversa da quella, inadeguata al clima e al territorio, degli altri soldati italiani: divise grigio-verdi di flanella pesante, elmetto coloniale che surriscalda la testa, scarponi che si rompono presto mostrando suole di cartone anziché di cuoio. Gran freddo di notte sotto le stelle del deserto, all'aperto o nelle tende troppo leggere, e durante il giorno un caldo feroce sotto il sole. Cibo pessimo, acqua scarsa e che sa di metallo e di marcio. Sulle piste e nelle oasi pozzi avvelenati dai nemici con rifiuti e animali morti.

Epidemie di tifo e compagni morti di febbre tifoidea sotto le tende, senza neanche una possibilità di cura.

Attilio in caserma non aveva accettato di fare la vaccinazione antitifica, avendo visto alcuni compagni morire per reazioni allergiche, e non beve l'acqua cattiva dei pozzi, resiste alla sete e cerca di farsi furbo per sopravvivere. Filtra sempre anche l'acqua dei bidoni che arrivano dalla costa con i fazzoletti di cotone che gli aveva dato sua madre, e non si ammala. Un giorno a Bengasi il suo tenente gli affida la guardia di due bidoni di acqua potabile appena arrivati dal porto: segna davanti a lui con un lapis il livello dell'acqua sotto il coperchio e gli dice: «Franchini, se al mio ritorno il livello dell'acqua è sceso anche solo di un centimetro di mando alla Corte Marziale». Attilio ha una gran sete e l'acqua è fresca e pulita... la lamiera è dura ma flessibile... comincia a comprimerla intorno con braccia e le mani, e il livello dell'acqua sale piano piano; beve l'acqua migliore della sua vita, si rifà della sete patita in tutti quei mesi grami di sabbia e rocce e stenti. Al ritorno il tenente controlla il livello, lo guarda e gli dice: «Bravo granatiere, per premio beviti questo uovo fresco che ho preso al mercato». Che felicità bere un uovo fresco in Cirenaica...

I beduini attaccano di notte le ridotte degli italiani intorno alla città con sabotaggi e colpi di mano, conducendo azioni di guerriglia alle quali l'esercito regio non è abituato. I Granatieri vengono inviati con Bersaglieri e Lancieri a cavallo a fare rappresaglie nelle oasi, ma spesso si trovano in difficoltà per il numero dei nemici e per l'ostilità dei civili che li proteggono. Molti morti e feriti, vendette e fatti cruenti e terribili avvengono, passati per atti di coraggio e di eroismo dalla propaganda italiana; Attilio cerca di starne alla larga, ma non è facile sottrarsi agli ordini e comunque in guerra sembra essere tutto accettabile, anche le cose più efferate. Nei suoi racconti di Libia appare spesso la figura di un giovane tenente dei Granatieri, Rodolfo Graziani, estremamente duro con i soldati e spietato con i nemici, e per questo molto sgradito a tutta la truppa.

In dicembre, in un'incursione nel territorio interno di Bengasi che avrebbe dovuto sorprendere un accampamento di turco-arabi, ma che si rivela piena di errori logistici, strategici e tattici, i Granatieri del suo battaglione vengono lanciati in avanguardia contro un nemico agguerrito e preparato, che li sta aspettando: Attilio ad altri 80 soldati sono feriti con armi bianche e riescono a rientrare vivi solo dopo l'arrivo di rinforzi. Altri 11 soldati perdono la vita. Attilio viene ferito all'inguine da una sciabolata e medicato nella tenda dell'infermeria: per evitare l'infezione il medico gli infila nella ferita una matassa di garza e alcool iodato avvolta intorno a un tronchetto metallico. Un bruciore tremendo, i compagni che lo tengono fermo sulle cassette vuote delle munizioni che fanno da lettino dell'infermeria.

Attilio rientra dalla Libia solo all'inizio del 1914, ma a Roma non viene congedato come sperava, perché di lì a poco esplode la Grande Guerra in Europa e l'esercito rinvia tutti i congedi in attesa degli sviluppi. Vita di caserma, in una Roma capitale bella e piena di sorprese, i turni di guardia al Quirinale, i vestiti eleganti delle signore, la Bell'Epoque che continua. Lui diceva di aver imparato allora a essere sempre in ordine, e infatti il nonno Attilio era sempre così, inappuntabile, elegante, anche se solo in camicia. Ma nel maggio 1915 è ora di partire per il fronte: l'Italia è in guerra, e nel 1° Reggimento Granatieri di Sardegna, rinnovato da nuove reclute, arrivano i volontari che inneggiano all'interventismo e alla patria offesa. Sono studenti, borghesi e ufficiali di buona famiglia che vogliono andare al più presto in prima linea, come fosse una passeggiata in montagna. I veterani di Libia li odiano e li disprezzano per la loro pericolosa ingenuità. Il nonno non li può proprio vedere, quei giovani esaltati, se ne sta con i suoi compagni d'Africa, nelle divise un po' rigide del suo battaglione.

La tradotta li porta verso Monfalcone, dove cominciano subito gli scontri contro gli austriaci, sempre più cruenti e ravvicinati. Ma i racconti di Attilio sulla Grande Guerra sono più sfumati nella mia memoria, probabilmente perché meno narrati e sicuramente, ripensandoci ora, dovevano essere ricordi di tale durezza e di così profonda paura che non potevano essere raccontati a un bambino di 10 anni.

Mi parlava delle trincee, del fango e del freddo, mi parlava dell'attesa e dell'ora dell'attacco e del salto mortale fuori dalla trincea, con la baionetta innestata, quante volte non lo sapeva nemmeno più, e del ritorno fortunoso dopo il combattimento. «Sono un sopravvissuto,» diceva «ho avuto solo fortuna.»

Mi parlava dei turni di guardia nelle garitte, di giorno e di notte, dove era facilissimo restarci perché i cecchini aspettavano con l'arma puntata qualsiasi tuo piccolo movimento per farti secco... ma se devi fare la guardia devi pure guardare fuori ogni tanto, no? E poi i bombardamenti terribili che partivano all'improvviso e duravano intere notti e giorni, preparando l'assalto alla baionetta degli austriaci, e l'attesa dell'ordine di fare fuoco dalla trincea... Ma erano discorsi più sfumati e vaghi, immagini istantanee che poi ho rivisto e mescolato ai ricordi delle storie del nonno Attilio.

Ora so che fu una carneficina terribile per la sua Brigata Granatieri di Sardegna, e che nelle Battaglie dell'Isonzo e dell'Altopiano di Asiago il suo Reggimento fu massacrato più volte e nove volte ricostituito. La brigata ebbe più di 12.700 tra morti e dispersi in quattro anni di scontri, più di 14.000 feriti e fu impiegata in zone diverse dove gli scontri erano più cruenti e sanguinosi. Le bandiere dei due reggimenti Granatieri di Sardegna vengono premiate con due medaglie d'oro e una d'argento per la resistenza sul fronte del Cengio, sull'altopiano di Asiago, a Monfalcone, sul Sabotino e in altri punti critici del fronte.

Finisce la Grande Guerra, e Attilio, sopravvissuto al massacro, viene trattenuto in ferma obbligatoria fino alla fine del 1919: nel frattempo si ammala di tubercolosi, diffusissima nelle trincee e nelle caserme. Torna a Vigevano, gli danno 6 mesi di vita, ma i genitori lo portano da un famoso professore che aveva inventato la terapia del «pneumotorace», un buco nel polmone e un dolore fortissimo nel petto. Pur perdendo un polmone si salva e torna alla vita civile. Tutta da reinventare, per l'ultimo figlio della famiglia, con una pensione da invalido di guerra e niente altro.

Ado Franchini

Una lettera dal fronte

Il soldato Claudio Giletti Barberis scrisse questa lettera alla moglie Margherita al ritorno in trincea, dopo essere stato a casa in licenza. Era nata la sua seconda figlia, Claudina, e aveva ottenuto di poterla vedere e di salutare la primogenita Margherita, di un anno e mezzo. Il 21 maggio 1916, tre mesi dopo aver scritto queste righe, fu dichiarato disperso nei combattimenti sull'altopiano di Vezzena, dove l'esercito italiano riuscì a fermare la Strafexpedition austriaca.

Giovedì, 3 febbraio 1916

Carissima moglie,

vengo con questa mia a domandarti perdono del mio ritardo e spero di essere perdonato. Siamo partiti da Novara alle 4 di domenica ed alla sera alle 6 e mezza eravamo già a Thiene, lunedì alle 8 di nuovo in treno sino a Rocchette. Da lì a piedi sino a Cesuna da dove, dopo un breve sonno, abbiamo ancora marciato sino al fronte, dove eravamo prima. Non ho mangiato per tutto il viaggio, mi sentivo un nodo alla gola ed il mio cuore, gonfio di dolore, si scoppiò in un pianto.

Nemmeno adesso sto bene e non ho voglia di mangiare, il mio pensiero è tutto per le mie povere creature. Penso, oh cara, ai giorni belli che abbiamo passato insieme, ed ora siamo di nuovo separati. Ma che fare? Rassegniamoci! Tutto questo finirà ed allora ti potrò riabbracciare e saremo per sempre vicini, noi e le nostre bambine e rammenteremo i tempi che ora si passa. Ti raccomando loro cara, abbine cura, e tu riguardati e non prendertela per me, io sto bene e presto ti manderò dei soldi. Quando ti spedirò il vaglia ti manderò pure una lettera. Sei contenta? Mi raccomando di usare i soldi prima per sfamare te e le bambine, per i debiti ci sarà tempo anche dopo la guerra. Spero di averti spiegato bene tutto sempre nella speranza di ritornare presto da te.

Dovrà finire questa guerra terribile ed allora saremo di nuovo uniti come siamo sempre stati. Spero che la fortuna prosegua ed allora dimenticheremo tutto, le fatiche il freddo ed il pericolo, tutto scomparirà e tornerò insieme alle mie più care creature. Ti saluto e ti bacio di cuore e bacia le mie due bambine per me.

Mi firmo il tuo per sempre marito Claudino

MISTO
Carta da fonti gestite in maniera responsabile
FSC® C115118

N046857

Arnoldo Mondadori Editore S.p.A.

Questo volume è stato stampato
presso ELCOGRAF S.p.A.
Stabilimento - Cles (TN)

Stampato in Italia - Printed in Italy